XINSHIDAI DAXUESHENG
XINLI JIANKANG JIAOYU

新时代大学生
心理健康教育

金天星　刘　洋　主编

河北大学出版社
·保定·

出 版 人：刘相美
选题策划：杨显硕
责任编辑：韩立霞　冯博楠
装帧设计：张彦琪
责任校对：李　易
责任印制：常　凯

图书在版编目（CIP）数据

新时代大学生心理健康教育 / 金天星，刘洋主编
. -- 保定 ：河北大学出版社，2024.7
ISBN 978-7-5666-2370-6

Ⅰ. ①新… Ⅱ. ①金… ②刘… Ⅲ. ①大学生－心理健康－健康教育 Ⅳ. ① G444

中国国家版本馆 CIP 数据核字 (2024) 第 094138 号

出版发行：河北大学出版社
地址：河北省保定市七一东路 2666 号　邮编：071000
电话：0312-5073033　0312-5073029
邮箱：hbdxcbs818@163.com　网址：www.hbdxcbs.com
经　　销：全国新华书店
印　　刷：保定市正大印刷有限公司
幅面尺寸：185 mm × 260 mm
印　　张：14.75
字　　数：280 千字
版　　次：2024 年 7 月第 1 版
印　　次：2024 年 7 月第 1 次印刷
书　　号：ISBN 978-7-5666-2370-6
定　　价：58.00 元

如发现印装质量问题，影响阅读，请与本社联系。
电话：0312-5073023

编委会

主　编　金天星　刘　洋

副主编　丛　峰　李丽英

编　委　臧　倩　杨　贝　王若茵

刘筱芃　李旭鹏　张藏云

河北省高等学校人文社会科学重点研究基地
河北大学文化传承创新研究中心支持项目

前言

大学生心理健康教育是高校思政教育体系重要组成部分。全面贯彻新发展理念，深入落实“大思政课”建设要求，提升心理健康教育工作质量是高校全面落实立德树人根本任务的重要途径，也是大学生健康成长、全面成才的现实需要。

大学生心理健康教育是一项因事而化、因时而进、因势而新的工作，需要我们适时更新观念，更新内容，增强时代适应性。其一，心理健康教育的宏观系统正在发生深刻变化，世界百年未有之大变局加速演进，新一轮科技革命和产业变革纵深推进，世界舞台呈现诸多不确定性和不稳定性，差异性思想文化交流交融交锋更加频繁，无时无刻不在影响大学生群体的心理认知，进而对教育内容和方式产生新的需求；其二，心理健康教育的局域环境沧桑巨变，中华民族伟大复兴战略全局在新征程中稳步推进，新时代中国大学生，生逢其时、重任在肩，其心理能力的提升势必要与其历史责任和社会担当相匹配，这在教育教学过程中必须充分体现；其三，数字时代构建的个体心理发展微观系统迭代更新，特别是自媒体传播应用的广度不断拓展，作用于个体情绪和心态的规律特点尚需动态把握，对高校的心理健康教育工作而言既是机遇又是挑战。心理健康教育课程作为思想政治教育的重要内容，是落实立德树人根本任务的关键课程。在面对世界之变、时代之变、历史之变的新阶段，高校心理健康教育最重要的是以习近平新时代中国特色社会主义思想为指导，全面贯彻落实党的二十大精神，从培养担当民族复兴重任的时代新人的战略高度出发，立足新时代伟大实践，洞悉时代青年群体发展的外部环境制约，把握大学生群体心性成长的差异需求，不断推动心理健康教育课程内容革新和教育教学方式的转变。

大学生心理健康教育是培育良好社会心态的基础性工作，需要立足一域而胸怀全局，需要笃定工作目标，增强历史使命感。习近平总书记指出：“加强社会心理服务体系建设，培育自尊自信、理性平和、积极向上的社会心态。”个体心理健康的基本状态是指个体能够对来自自身与外界环境的变化适时反应、科学应对，破解认知困惑、疏解生活压力、化解工作冲突，进而实现自我价值，积极贡献社会。据教育统计数据，截至目前高等教育毛入学率 60.2%，各种形式的高等教育在学总规模 4763.19 万人。个体和群体的健康心态是良好社会心态的基石，大学生群体在整个青年群体当中的特殊规模、特殊地位，让每一个高等教育工作者深感责任重大、使命光荣。大学是文明的灯塔，新时代大学担负着人才培养、科学研究、社会服务、文化传承创新和国际交流合作等五大职能。教育部等十七部门联合印发了《全面加强和改进新时代学生心理健康工作专项行动计划（2023—2025 年）》，提出要培育学生热爱生活、珍视生命、自尊自信、理性平和、乐观向上的心理品质和不懈奋斗、荣辱不惊、百折不挠的意志品质，促进学生思想道德素质、科学文化素质和身心健康素质协调发展，培养担当民族复兴大任的时代新人。高校开设规范系统的心理健康教育课程、组织丰富多彩的心理能力提升活动、实施及时精准的心理咨询干预行动，其意义不仅是个体心理问题的处置和心理素养的提高，更重要的是群体健康心理状态的培育，乃至良好社会心态的养成。

大学生心理健康教育是一项协同融合的系统工程，需要回归常态、回归生活、回归发展，增强实践融通性。随着技术迭代发展和社会深度变革，社会大分工越来越细，人类的知识源信息源裂变扩张，每个领域都被无限细分成若干更精细的专业分支。中国高校的心理健康教育工作，必然要坚持中国特色的路径选择，必然要充分结合各高校的传统优势、学科特点和发展需求。心理学科的深入发展为我们应对心理危机提供了科学工具和有效方法，新时代新阶段新的发展特征，又为我们提供了一个融通的视域，迫切需要高等教育工作者统筹学科规律和大学生发展的全息规律，在课程教学和实践层面融通式推进落实心理健康教育工作。一是在主体上回归常态，打破过度封闭的“个体”限囿，既考虑先赋要素，又关注后置要素，回归大学生生存发展的真实“常模”。综合考虑“医－校－院－班－舍＋家庭空间＋网络空间”的各自作用及其贯通交叉影响，透析全主体要素剖析心理问题产生原因，发挥全主体作用化解心理困惑，集约全主体优势提升心理能力。二是回归生活，重视生活启迪和实践训练，在学思践悟中理顺心理纠结，在知行意行贯通里筑牢坚韧心性，在感受体验中培养积极心理状态。“全面发展的人”是在现实世界中培养成就的，大学生的健康心态在真实生活当中是一个系统性的存在，既包括智力、情感、意志、人格的健全稳定，又包括人际关系和社会适应的协调完整，进而涵盖家国情怀和国际视野的提升。三是回归发展，绝不滞留于具体情形的完全处置，而是依托心理认知的更加成熟、心理判断更加精准和心理能力的持续提升来破解大学生成长中出现的问题困惑。发展是解决我国一切问题的基础和关键，在高校心理健康教育领域，发展同样是关键所在。心理能力的提升，必须坚持心理健康教育融入思想政治教育的全过程，潜移默化渗透于爱国主义教育、传统文化教育、革命史与党史教育、品德与法治教育、社会主义核心价值观教育之中，回归学生思想政治能力发展；必须融入各学科课程教学的全领域，发挥专业教师的指导作用，实现心理知识与学科课程教育的同向同行，回归学科专业能力的发展；必须融入职业选择和生涯教育，与职业自信培树和职业道德引领契合一体，回归未来发展积极指向。

大学生心理健康教育是互动互补的生命成长历程，需要由外而内、由内而外主动学思践悟，增强大学生群体的自主参与性。从初入大学到奔赴山海，大学生成熟社会角色的养成，既依赖周遭环境系统提供约束或激励范导，又需要自身对所承担职责使命的认知、熟悉和理解，这是一组交互运动并不断修正调整的过程，是一段喜怒哀乐惊恐悲交织淬炼的历程。一方面这种成长需要具备突出的完整性，无论是心理健康教育工作者还是大学生自身，都应把心性成长放置于学业生涯的全程，科学把握阶段性差异特征和身心发展规律，增强心理健康教育工作的闭环意识，“思其始而成其终”。从大一到大四，从本科到研究生，直至学业生涯阶段性完成，始终伴随着环境和心境的变化，随波逐流还是纵横捭阖结果定然迥异，最理想的状态当是胸有成竹地面对和积极稳妥地经营。另一方面这种成长具有突出的开放性，参与的环境和主体均具有一定主观选择空间。在环境选择上摒弃“躺平”“摆烂”心态，顺势而为，利用好优势条件，或是迎难而上，主动接受挑战，不同的场景选择会带来不同的心境，自然有不一样的成长路径和不一样的生命体验。在主体选择上，心理教师的专业指导、学科教师的融合辅导、父母亲友和社会力量隐性引导，特别是朋辈群体支持和自我参与，每个主体都不可或缺。但多主体间互动的实现，多主体合力的凝聚，关键在于自我参与的广度、深度和持久度。从他律到自律、从自主到自觉，每个人都可以从积极有效的交往中获得认可和帮助，输出自信和支持，成就精彩人生。

大学生心理健康教育是一个常新性的主题，是一项奠基性的工程，是一场融通性的实践，对大学生而言更是一次自主发展、师生互动和社会参与协同修习的新征程。我们起而行之，久久为功！

金天星

2024 年 7 月

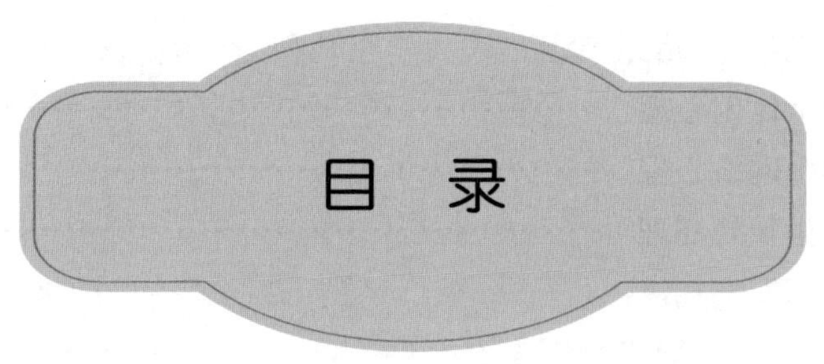
目 录

第一章　希君生羽翼，一化北溟鱼

——大学生心理健康教育概述

休对故人思故国，且将新火试新茶。诗酒趁年华。

——苏轼《望江南·超然台作》

万事须己运，他得非我贤。

——孟郊《劝学》

学习目标：

1．了解心理健康的含义，掌握个体心理发展基本脉络。

2．认识和识别常见大学生心理困扰，结合实际情况对自身心理健康状况有初步了解。

3．掌握基本心理调适方法。

我们经常谈心理学、心理活动，那什么是心理活动，怎样才算心理健康呢？心理学这门学科源远流长，为我们揭示了人类心灵的奥秘和认知的复杂性。从古希腊哲学家们初步探讨人类的心灵和认知过程，到 19 世纪末和 20 世纪初心理学成为一门独立的科学，再到如今多个心理学流派的发展与交融，它不断地深化我们对自我和他人的理解。在科技飞速进步和社会结构的深刻变革中，心理学的研究领域也日渐丰富，涵盖了人类心理活动的方方面面。

大学生正值青春，面临着前所未有的机遇与挑战。大学不仅是知识的殿堂，更是我们探索自我、追寻真理的重要舞台。在这期间，个体需要保持内心的稳定与和谐，调整自己情绪和行为，以更好地融入社会，追求个人的成长和发展。一个心理健康的人，往往能够在外界环境发生变化时积极面对，以坚韧和智慧应对生活的种种挑战，实现自我超越。接下来，我们将一起深入探索心理健康的奥秘，学习心理活动与心理发展的知识，探讨我们时常面临的心理健康问题及其调适之道。

第一节　心理活动与心理发展

人的心理现象是极其复杂且奇妙的。我们的感官捕捉着世界的运动，而大脑则如一座无尽的宝库，不仅存储着无数智慧与知识，还能够通过深入思考，帮助我们找到解决问题的新方法，实现自我超越和创新。从辩证唯物主义看来，心理现象是脑的功能，是客观事实的反映。心理现象既是我们认知世界、理解自我和他人的基础，也是我们行为和决策的驱动力。人的心理包含了心理过程和个性心理两个部分。

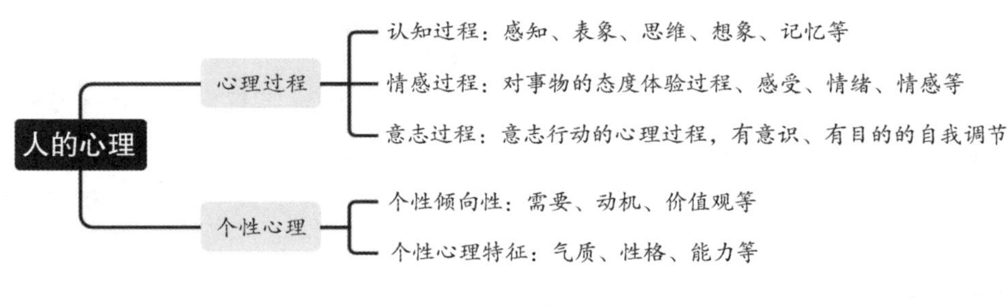

图 1-1　人的心理

在人生的长河中，每个阶段的心理活动和心理发展都如同独特的篇章，编织着我们丰富多彩的内心世界。例如，在生活中，我们常常会遇到各式各样的人，在初次见面的时候，我们彼此间相互感知，你对我有一个初步的感受，我对你有一个模糊的印象，这就是心理学中常提到的感觉和知觉。从婴儿期的感知和动作，到青春期的认知和情感变化，再到成年期的决策与情感管理，心理活动与心理发展始终伴随着我们，塑造着我们的思维、情感和行为模式。

一、个体的心理活动

个体的心理活动是大脑对客观世界的反映过程，包括认知、情感和意志三个方面。早在《理想国》中，柏拉图就已经将灵魂分为理性、意志和情欲，这一学说是西方心理学史上最早的知、情、意三分结构。心理学中的知、情、意，分别是指认知、情感、意志。它们是人类心理活动的三种基本形式。心理学把认知定义为“人对于客观事物的感觉、知觉和表象”，把情感定义为“人对于客观事物是否符合人的需要而产生的态度的体验”，把意志定义为“人根据自己的主观愿望自觉地调节行动去克服困难以实现预定目的的心理活动”。[①]

我们来举个例子，相信参加高考时的场景你仍然历历在目。

作答时你需要沉下心来阅读题目，回想曾经掌握的知识内容、重点和难点。你需要通过记忆、思考和理解来运用这些知识作答。这个过程也就是认知、观念，包括感知觉、意识和注意、记忆，等等。

答题的过程当中你也许会感到焦虑、紧张或自信、兴奋……这些情绪会影响你的思维速度和答题表现。情绪情感是人对客观事物的态度体验及相应的行为反应，由独特的主观体验、外部表现、生理唤醒组成，对人们的行为和决策产生重要影响。

面对难题，你需要展现出坚定的意志和决心，花费大量的时间和精力去思考和思索才能够找到最佳解决方案。意志与克服困难相联系，并且直接支配人的行动，表现为激励个体去从事达到目的所必需的行为和抑制与预定目的不相符合的行为两个方面。

总之，知、情、意相互依存、相互渗透，在我们的学习、工作和生活中都起着重要作用。没有认知的事实，就没有情感的发生，没有情感的发生，自然就没有意志的产生，故而认知是以情感为导向的，情绪可以加强或减弱意志，而意志也可以控制情绪。了解这三者有助于我们更好地理解自己和他人的内心世界，提高我们的心理素质和应对能力。

二、个体的心理发展

心理发展是个体从出生到死亡所经历的一系列心理变化过程。这一过程不仅涉及个体认知、情感、社交、人格等多个方面的发展，而且是一个复杂且动态的过程，受到遗传、环境、教育和社会文化等多重因素的影响。通过长期的研究和实践，心理学家逐渐揭示了心理发展的基本规律和特点。在心理发展的过程中，个体会经历一系列的阶段和变化，每个阶段都有其特定的心理特征和发展任务。

艾里克森提出的心理社会性发展理论将个体自我意识发展的生命周期分为八个阶段，如表 1-1 所示。这八个阶段的顺序是由遗传决定的，但每个阶段能否顺利度过却由环境决定。他认为，每个阶段都有特定的危机解决任务，危机的积极解决能够增强自我力量，形成积极品质，有利于个体对环境的适应。尽管有一些声音将艾里克森的理论批评为说教，但不可否认的是某些关键阶段的心理特征和发展任务是普遍存在的，我们仍然能够借鉴其阶段性和任务性的观念，关注自身和他人在不同阶段的心理特征和发展需求。

根据艾里克森人格发展八阶段理论，大学生处于青春期和成年早期的过渡阶段，

① 仇德辉：《数理情感学》，湖南人民出版社 2001 年版，第 93 页。

青春期是自我探索、身份建构和情感波动的关键时期，而成年早期则意味着个体需要开始承担更多的社会责任，形成稳定的自我认同和人生目标。这一阶段的成功过渡将有助于个体形成牢固的自我同一性。

表 1-1 艾里克森人格发展八阶段理论

阶段及年龄	冲突	重要事件	品质	发展顺利的个体表现	发展障碍者的心理特征
婴儿前期（0—1 岁）	信任对怀疑	喂食	体验希望的实现	婴儿与主要看护者建立初步的爱与信任，获得安全感	认为外在的世界不可靠，在不熟悉的环境中产生焦虑
儿童早期（1—3 岁）	自主对羞愧	吃饭、如厕、穿衣	体验意志的实现	开始出现符合社会要求的自主性行为	缺乏信息、产生羞愧感
学前期（3—6 岁）	主动对内疚	独立活动	体验目的的实现	儿童开始对周围世界更加主动和好奇，更具有自信和责任感	形成退缩、压抑、被动的人格，产生内疚感
学龄期（6—12 岁）	勤奋对自卑	上学	体验能力的实现	学习知识，发展能力，学会待人接物的能力	产生自卑感，缺乏基本能力
青春期（12—18 岁）	自我同一性混乱	同伴交往	体验忠实的实现	产生明确的自我观念和追寻方向	难以始终保持自我一致性，容易丧失目标，感到彷徨迷失
成年早期（18—30 岁）	亲密对孤独	爱情婚姻	体验爱情的实现	乐于与他人交往，感觉和他人相处获得亲密感	疏离于社会之外，感到孤独寂寞
成年中期（30—60 岁）	繁育对停滞	养育子女	体验关怀的实现	关爱家庭，支持下一代发展，具有社会责任感和创造力	关心自我、自我满足，生活产生颓废感，消极懈怠
成年晚期（60 岁之后）	完善对绝望	反省和接受生活	体验智慧的实现	自我接受感和满足感达到顶点，安享晚年	固执于陈年往事，消极失望

根据艾里克森人格发展八阶段理论，青春期是自我探索、身份建构和情感波动的关键时期，而成年早期则意味着个体需要开始承担更多的社会责任，形成稳定的自我认同和人生目标。大学生处于青春期和成年早期的过渡阶段，在这个阶段，学生们开始独立面对生活，学会承担责任，逐渐展现出更加成熟和稳定的性格特质。

与中小学时期相比，大学是真正意义上的“自主学习”期。大学学习更加注重学生的独立思考和创新能力，学生们需要在已有的学科基础上，深入钻研，探索未知，培养自己的学术素养和研究能力。大学也是未来生活的“准备与实习期”，在这里，学生们通过参加各种实践活动、实习和志愿服务等，提前体验社会的复杂性和多元性，感受人生的快乐与痛苦，逐渐形成独立的人格魅力和决策能力。这些经历不仅会丰富他们的人生阅历，也会为他们未来的职业生涯和人生规划打下坚实的基础。大学阶段的成功过渡将有助于个体形成牢固的自我同一性。

阅读与思考：

自我同一性和自我同一性滞后

自我同一性涵盖个体的身体认同、情感认同、社会角色认同、职业认同、价值观认同等多个方面，是个体对自己内在和外在经验的整合和认知。一个具有健康自我同一性的人，通常能够清晰地认识自己，理解自己的需求和愿望，并对自己的生活有明确的目标和方向。个体只有不断地进行自我探索、尝试和反思，才能逐渐形成稳定且连贯的自我认同。自我同一性的形成是一个复杂而长期的过程，它会随着个体的成长和经历而发生变化。在人生的不同阶段，个体可能会面临不同的挑战和机遇，需要对自己的认同进行调整和更新。

自我同一性滞后是指个体在形成自我同一性的过程中，由于各种原因（如社会压力、家庭期望、个人经历等）感到迷茫、不确定和焦虑的状态。个体可能会感到自己与他人不同，无法找到归属感，甚至可能产生自我否定和自我厌恶的情绪。这种状态可能会对人的心理健康产生负面影响，如焦虑、抑郁等心理问题。自我同一性滞后是青少年在探索自我认同过程中可能遇到的一种暂时状态。

为了顺利度过这一阶段，我们可以采取一系列措施。首先，个体需要意识到自己的状态，并接受这种暂时的迷茫和不确定性。其次，可以通过积极的自我探索，尝试不同的活动和人际关系，以寻找自己的兴趣和价值观，也可以与亲朋好友、专业人士等进行交流，寻求支持和建议。最后，保持积极的心态和信念对于克服这一困境至关重要，相信自己最终能够找到适合自己的身份和价值观，实现自我认同的完整构建。

心理发展是一个具有规律性和连续性的过程，它按照一定的方向和顺序逐步推进，从简单逐渐走向复杂，从低级逐步迈向高级。然而，这个发展过程又充满了不平衡性，某些阶段的发展速度可能会显著超过其他阶段，不同个体在心理发展上也会展现出独特的差异。这使得每个个体都具有独特的个性和潜力，社会和文化也因此而更加多元，充满了创新和活力。这种认识能够帮助我们更深刻地理解自我，保持开放的心态和积极的态度去接纳自己的独特性，勇于按照自己的节奏实现自我成长和发展需要。

三、大学生心理发展的特点

大学生面临着多方面的挑战，不仅要应对学业的压力，还要建立稳固的人际关系，妥善处理情感关系，从而为未来的职业生涯和人生道路奠定坚实的基础。与此同时，个体也开始更加深刻地反思自我，探索“我是谁”“我是个怎样的人”以及自身的价值观、人生目标等重要问题，并努力形成自己独特的身份和视角。在这一阶段，尽管大学生的生理功能趋于完善，但心理发展尚未完全成熟。具体表现为以下几个方面。

（一）自我意识逐步形成

大学生正处于自我意识迅速发展的阶段，开始全面而深入地认识自己，包括自己的兴趣、价值观、能力等。这一阶段的自我意识发展，不仅体现在对自身的了解和评价上，更体现在对自己未来的规划和追求上。

在自我意识成熟的过程中，大学生开始形成独特的个性特征，逐渐摆脱高中时代的稚嫩和依赖，变得更加独立和自主。个体开始敢于表达自己的观点和想法，勇于追求自己的梦想和目标。同时，个体也开始关注自己的情感需求和心理健康，寻求与他人建立良好的人际关系，实现自我价值的最大化。

（二）认知功能显著提升

大学生的认知功能相较于高中时期有了显著的提升，思维更加活跃、敏捷，能够迅速接收和处理大量信息，逻辑推理能力、创新能力等也得到了进一步的发展。这使得大学生在学术研究和创新实践中能够取得更好的成绩。

在认知功能提升的过程中，大学生开始形成自己的思考方式和解决问题的方法。个体不再满足于表面的知识和信息，而是追求深入的理解和掌握；善于运用所学知识解决实际问题，能够在不同领域进行交叉融合和创新。此外，大学生还具备较强的学习能力和适应能力，能够迅速适应新的学习环境和任务要求。

（三）情绪情感丰富多彩

大学生的情绪情感相较于高中时期更为丰富和复杂，学业压力、人际关系、职业规划等多方面的挑战都会对个体情绪情感产生影响。同时，大学生正处于青春期向成年期的过渡阶段，他们的情感需求也更为强烈。

在情绪情感发展过程中，个体开始学会管理和控制自己的情绪，逐渐认识到情绪对学习和生活的影响，努力保持积极、乐观的心态。同时，个体也开始关注他人的情感和需求，学会换位思考和理解他人。

（四）性意识得到进一步发展

大学生的性意识相较于高中时期有了更为明确和深入的发展。他们开始关注自己的性别特征和性别角色，对异性的兴趣和好奇心也逐渐增强。同时，部分大学生开始思考自己的性观念，寻求健康、安全的性关系。

在性意识发展的过程中，个体需要得到正确的引导和教育。个体应该了解性健康知识和性道德规范，学会保护自己和他人的安全和健康；同时也应该尊重他人的意愿和选择，建立健康、平等的性关系。

（五）价值观逐渐形成并稳定

大学生的价值观开始逐渐形成并趋于稳定，他们开始关注社会现象和热点问题，对人生、道德、社会等方面有了更深入的思考和理解。同时，他们也开始形成自己的价值观和道德观，以此指导自己的行为和决策。

在价值观形成的过程中，个体需要接受正确的教育和引导，了解社会的主流价值观和道德规范，树立正确的世界观、人生观和价值观。同时，个体也应该保持独立思考和批判精神，不被错误的价值观念所误导。

（六）人际交往能力得到提升

大学生活是一个相对开放和自由的环境，大学生需要与来自不同背景、不同性格的人进行交往。在这个过程中，个体将会学习如何与他人建立良好关系、如何处理人际冲突、如何进行有效沟通等，人际交往能力将会得到提升。

人际交往能力的提升不仅有助于大学生在校园内的生活和学习，更对其未来的职业发展和社会适应具有重要意义。在人际交往中，建立真诚、平等的关系，寻求与他人共同成长十分必要。而一个具有良好人际交往能力的人，往往更容易在职场中获得成功，也更容易融入社会大家庭。

阅读与思考：

晶体智力和流体智力

晶体智力和流体智力是心理学中用于描述智力结构的两个重要概念。它们分别代表不同方面的认知能力，并在个体的成长过程中发挥着不同的作用。

晶体智力，是指个体通过后天的学习和经验积累所获得的智力。它在人的一生中一直在发展，只是到 25 岁以后，发展的速度渐趋于平缓。它主要表现在个体对信息的记忆、理解、判断和应用能力，涵盖了语言理解、词汇知识、数学能力、常识推理等方面。这些能力的发展受到环境和教育条件的极大影响，不同的文化背景和教育经历会导致晶体智力的显著差异。

流体智力，是指个体在解决新颖问题、进行抽象思维和逻辑推理时所表现出来的能力。一般人在 20 岁以后流体智力的发展达到顶峰，30 岁以后随着年龄的增长而降低。流体智力的发展更多地受到遗传和先天因素的影响，主要表现在个体的思维速度、灵活性和创造性，涉及空间感知、图形识别、模式识别等方面。

晶体智力和流体智力在个体的成长和发展中各自扮演着不同的角色。在儿童和青少年时期，流体智力的发展较为迅速，个体表现出较高的思维灵活性和创造性。然而，随着年龄的增长和经验的积累，晶体智力逐渐占据主导地位，个体在解决问题和应对挑战时更多地依赖于已有的知识和技能。

此外，晶体智力和流体智力之间并非完全独立，而是存在一定的相互作用和联系的。一方面，晶体智力的发展需要流体智力的支持，个体在积累知识和技能的过程中需要运用抽象思维和逻辑推理能力。另一方面，通过学习和实践，个体可以不断提升自己的晶体智力水平，从而在一定程度上弥补流体智力的下降。

第二节　大学生心理健康

大学生心理健康一直是关乎个体成长与社会发展的重要课题。心理健康教育，绝对不是因为许多学生心理不健康，而是为了学生心理更健康。大学生在追求梦想、努力奋斗的征途中，往往容易忽视自身的心理健康状况。你是否曾因学业、恋爱、人际关系等问题而烦恼不已？你是否曾在夜深人静时感到孤独、迷茫和不安？这些问题或许正是许多大学生心中的困扰。

其实，心理健康和身体健康相辅相成，相互促进。一个好的心理健康状况不仅能够帮助我们更好地应对生活中的种种挑战，更能够使我们在学业和社交中展现出自己的最佳状态。相反，若我们陷入情绪的低谷难以自拔，会影响到学业和人际关系甚至身体健康。

一、什么是心理健康

起初，人们对健康的认知仅局限于身体上没有疾病。然而，随着时间的推移，人们逐渐意识到心理健康问题同样不容忽视，这使得众多研究者开始将目光投向心理健康领域。1946 年世界卫生组织对健康做出了这样的定义：“健康是一种在身体上、心理上和社会上完满的状态，而不仅仅是没有疾病和虚弱的状态。”可以说，健康的含义是多元的、相当广泛的，只有在躯体、心理、社会适应和道德等方面都健康，才是完全健康的人。然而关于心理健康的概念，一直没有形成一个明确的、被广泛接受的定义。

关于心理健康的正常状态，一般有四种含义：正常即健康状态，以有无心理疾病为判断标准；正常即平均状态，从统计学角度强调正常和异常之间的程度变化，处于正态分布中间范围的属于正常；正常即理想状态，正常是用来评价行为而非描述行为；正常即适应过程，将正常看作是不断发展进步的过程，心理健康的人能不断学习有效的技巧以应付紧张状态。

我国心理学家黄希庭对心理健康做出了这样的定义：心理健康是指不仅没有心理疾病或变态，而且个人在身体上、心理上以及社会行为上均能保持一种良好的功能状态，它体现在个体与环境积极互动时的行为上，也包含着相对稳定并处于动态发展和完善中的人格特质。

同时我们也应该认识到，心理健康的标准不应被固有的刻板印象所束缚，相反，我们应以全面、动态的视角审视心理状态的变化，以包容理解的态度看待不同个体的心理表现。下面几条内容值得我们深入思考和理解。

第一，偶尔出现不健康的心理或行为反应，并不等同于整体心理的不健康。心理不健康通常指的是一种持续的不良状态，短暂的情绪波动或特定情境下的行为偏差，并不能全面反映一个人的整体心理状况。因此，我们应避免将偶尔的不健康表现作为判断心理状态的唯一标准。

第二，心理健康与不健康并非截然对立的两个极端，而是构成一个连续的心理状态谱系。从良好的心理状态到严重的心理疾病，中间存在着多个层次和阶段。常态心理与异常心理、健康心理与病态心理之间，往往只有程度的差异，而无绝对的界限。因此，我们应持有一种包容和理解的态度，看待不同个体在不同阶段的心理表现。

第三，心理健康的状态是一个动态变化的过程，而非一成不变的固定状态。随着个体的成长、经验的积累以及环境的变迁，我们的心理健康状况也会相应地发生变化。因此，我们应以一种发展的眼光看待心理健康，不断调整和提升自身的心理状态。

第四，心理健康的标准是一种理想化的尺度，它为我们提供了一个衡量自身心理状况的依据，同时也为我们指明了提升心理健康水平的方向。每个人都可以在自己现有的基础上，通过积极的努力和持续的改进，追求更高层次的心理健康状态，不断挖掘和发挥自身的潜能。

阅读与思考：

心理健康的评估

我们应该怎样评估自身的心理健康状况呢？心理健康评估是一个复杂且精细的过程，它涉及多种方法和工具，旨在全面、深入地了解个体的心理状况。这些方法不仅有助于个体自我认知，也为心理咨询师或医生提供了制订个性化干预方案的依据。下面来向大家介绍几种方式。

首先，自我报告问卷是心理健康评估中最常用且基础的方法之一。这种方法依赖于个体对一系列问题的自我回答，从而获取关于情绪状态、认知功能、社会适应等方面的信息。问卷设计通常经过严格的标准化过程，确保问题的有效性和可靠性。通过统计分析问卷数据，我们可以获得关于个体心理状况的量化指标，如焦虑水平、抑郁程度等。这种方法具有操作简便、成本较低的优点，适用于大规模筛查和初步评估。然而，它也存在一些局限性，如个体可能存在主观偏差或回答不真实，影响评估结果的准确性。

其次，临床访谈是心理健康评估中另一种重要的方法。这种方法通常由专业的心理咨询师或临床心理医生与被评估者进行面对面的交流。通过深入的对话和观察，评估者能够更全面地了解个体的心理状况，包括情感体验、思维过程、行为模式等方面。临床访谈能够发现个体潜在的心理问题，并对其进行深入探讨。同时，评估者还可以通过观察被评估者的非言语行为，如面部表情、肢体语言等，获取更多的信息。临床访谈具有高度的个性化和灵活性，能够针对不同个体的特点进行深入的评估。然而，它也需要较高的专业技能和时间成本，且受评估者主观因素的影响。

此外，行为观察也是心理健康评估中常用的一种方法。这种方法通过观察个体在特定情境下的行为表现，来评估其心理状况。行为观察可以在自然环境下进行，如家庭、学校或工作场所，也可以在实验室条件下进行，如通过模拟情境来观察个体的反应。行为观察能够提供关于个体行为模式、社交互动、应对压力等方面的直接证据。这种方法具有客观性较强的优点，能够减少主观因素的影响。然而，行为观察也存在一些局限性，如观察结果的解释可能受到观察者主观性的影响，且需要长时间的观察和记录。

除了上述方法外，还有一些其他的心理健康评估方法，如生理指标测量、心理测验等。生理指标测量通过检测个体的生理反应，如心率、血压、脑电波等，来间接评估其心理状况。这种方法能够提供客观的生理数据，有助于发现心理问题与生理反应之间的关联。心理测验则是通过一系列标准化的任务或问题，来评估个体的认知功能、人格特质等方面。这些方法具有较高的准确性和可靠性，但操作相对复杂，需要专业的设备和人员。

需要强调的是，各种评估方法并非孤立存在，而是相辅相成、相互补充的。在实际应用中，我们需要根据评估的目的以及可用资源等因素，选择合适的方法进行组合使用。

二、大学生心理健康的标准

（一）智力正常

智力正常是大学生学习、生活与工作的基石，也是其适应环境变化的必要心理保障。一般而言，通过高考的选拔，大学生的智力水平普遍较高。然而，衡量智力的标准并非仅限于智商的高低，更在于其是否得到了正常且充分的发挥。具体来说，智力正常且充分发挥的大学生，往往拥有旺盛的求知欲和浓厚的学习兴趣，他们乐于学习，善于探索，能够在各类活动中充分发挥观察力、注意力、记忆力、想象力、思维力和创造力。因此，保持强烈的求知欲和浓厚的学习兴趣，对于大学生的全面发展至关重要。

（二）情绪积极稳定

情绪健康是心理健康的重要标志，其核心在于情绪的稳定与愉快。情绪健康的大学生通常表现出乐观开朗、富有朝气的特质，他们善于控制并合理调节自己的情绪，既能够克制又能适度宣泄，使情绪的表达既符合社会规范也满足自身需求。在遭遇挫折时，他们能够积极调整情绪，乐观面对，从而避免消极情绪对自身造成的伤害。因此，情绪健康的大学生能够经常保持愉快、满足的心情，对生活充满希望，展现出心理健康的积极面貌。

（三）意志品质健全

意志是人在追求目标时展现出的选择、决定与执行的心理过程，它体现了个体在行动中的自觉性、果断性、顽强性和自制力。心理健康的大学生通常具备坚强的意志品质和较强的挫折承受能力，他们拥有明确的学习和生活目标，能够适时做出决策，并运用有效的方法解决问题。面对困难和挫折，他们能采取合理的反应方式，控制情绪并保持言行一致。相反，缺乏目标、行动盲目、优柔寡断、易受挫或冲动任性，无法适度控制自己的反应，都是心理不健康的表现。

（四）人格结构完整

人格是个体独特的、相对稳定的心理特征总和，体现了人的独特性和内在一致性。对于心理健康的大学生而言，其人格结构完整统一，自我意识正确，不产生自我同一性混乱，且以积极进取的人生观为核心，可以将自身需求、目标与行为统一起来。这样的人格特征表现为言行一致、社会责任感强，具有明确的世界观、人生观和价值观，并具备良好的自我意识和自我完善能力。相反，若个体经常发生内心冲突，行为与态度不协调，以自我为中心，自信心低，责任感弱，则可能反映出不良的人格特征，易陷入心理危机状态。因此，人格完整是大学生心理健康的核心要素，对个体发展至关重要。

（五）正确认识自我

能够正确认识自我是大学生心理健康的主要表现之一。这体现在个体既不因某些方面强于他人而自傲，也不因某些方面弱于他人而自卑；能客观评价自己的优点和不足，善于自我接纳，既喜欢自己的长处，也坦然面对自己的短处；能清醒地认识自己的状态和所处的环境，设定合适的生活目标，并制订切实可行的计划。悦纳自己，自尊、自强、自制、自爱适度，是大学生面对挫折与困境时的积极态度。这样的自我评价不仅有助于大学生形成良好的自我认知，更能促进他们的心理健康和个人成长。

（六）人际关系和谐

人际关系对于大学生而言不可或缺。良好的人际关系是大学生展示个人魅力、拓展社交圈、增强社会适应能力的关键。大学生人际关系和谐表现为乐于与人交往，既能够建立广泛而稳定的人际关系网络，又能收获知心的朋友。大学生在交往中，应保持独立而完整的人格，既不卑躬屈膝，也不傲慢自大，善于欣赏他人的优点，弥补自己的不足，以宽容的心态待人。这样和谐的人际关系，不仅能让大学生感受到安全和幸福，更是他们适应社会、跟上时代步伐的重要能力。

（七）良好的社会适应能力

心理健康的大学生应具备较强的社会适应能力，这表现为他们能与社会保持良好的接触，对社会现状和未来有清晰正确的认识，思想和行动都能与时俱进，符合社会的要求。他们不仅能够进行客观观察以取得正确认识，还能在环境改变时积极调整自己，主动适应社会发展的要求。这种适应不是被动迎合，而是在认清社会发展趋势的基础上，努力提升自己，既不逃避现实，也不与社会需要背道而驰。他们善于处理个人与环境的关系，展现出独立生活和决策的能力，既能根据环境特点调整自我，也能在必要时改变环境以满足个体需要。

（八）心理行为符合年龄特征

心理健康的大学生，其心理行为特征应当与年龄特征相契合。大学生正值青春年华，心理发展处于成熟阶段，因此，他们应当展现出与年龄相符的活力与热情，如思维敏捷、情感丰富、善于表达自我、勇于探索未知。同时，他们的行为也应体现出独立自主、勤奋好学的特质，勇于面对挑战，不断追求卓越。心理健康的大学生不会严重偏离这些特征，显得过于幼稚或过于老成，而是能够在适应社会环境的同时，保持自我特色，展现青春风采。

三、影响大学生心理健康的常见因素

在自然与社会环境共同编织的巨大网络中，外在的客观世界对人的内心世界时刻产生着影响。内心的情感、思维和外在的环境、条件，如同交织的丝线，相互牵引。无论是微风拂过面颊的轻柔，还是社会变迁带来的冲击，都会触动我们内心深处的情感与思绪。因此，理解人的心理健康，必须全面把握这一复杂而微妙的互动关系，从而更好地洞悉人的内心世界与外部世界的交融与碰撞。我们可以将影响大学生心理健康的常见因素划分为以下几个方面。

（一）个体自身因素

1. 生理遗传因素

我们每个人的身体都像是一台精密的机器，而基因就是这台机器的“设计图纸”。如果“图纸”上有些小瑕疵，那机器运转起来也许会不顺畅。比如，身体外貌的状态会对一个人的心理产生直接影响；或者有些人可能天生更容易感受到焦虑或抑郁的情绪……这并非完全由他们的经历或环境所决定，也可能是遗传了家族中的某些基因。虽然遗传因素会在一定程度上影响人的心理健康，但这并不意味着我们无法改变或调整这些心理倾向。

2. 个人气质和性格因素

气质通常指心理活动的强度、速度、灵活性与指向性等方面的一种稳定的心理特征；性格则更多的是在社会、文化和心理环境的影响下，个体在长期养成的习惯中展现出的内在特质。我们常在文学作品里看到各种性格截然不同的角色，以林黛玉和李逵为例，他们分别展现了不同的气质和性格特质。林黛玉天生多愁善感，这种气质使得她容易受到外界的影响，情绪波动较大；而李逵则性格直率、豪爽，具有一定的心理强度，能够从容应对各种挑战。这使得他们在面对相同的生活情境时，可能会产生截然不同的心理反应和应对策略。

（二）环境因素

美国行为主义心理学家华生在《行为主义》一书中自负地写道：“给我一打健康的婴儿，一个由我支配的特殊环境，让我在这个环境里养育他们，我可担保，任意选择一个，不论他父母的才干、倾向、爱好如何，他父母的职业及种族如何，我都可以按照我的意愿把他们训练成为任何一种人物——医生、律师、艺术家、大商人，甚至乞丐或强盗。”行为主义强调了环境刺激的重要性和人的可塑性，认为人的发展主要受后天环境和教育的影响。这种极端的观点在现代心理学中受到了质疑，虽然环境确实对个体心理发展有重要影响，但遗传因素、个体自身的主动性和选择性不可忽视。

1. 家庭环境

家庭是个体最早接触的社会环境，也是个体情感支持和安全感的主要来源。家庭结构、父母的婚姻关系、教养方式等因素，都对大学生的心理健康产生深远影响。一个温馨、和谐的家庭氛围能够为个体提供情感支持和安全感，有助于培养个体的自信心和乐观态度。相反，家庭冲突、冷漠或忽视等不良家庭环境则可能导致个体出现焦虑、抑郁等心理问题。研究发现，父母之间的不良婚姻关系不仅可能导致孩子不良人格特征的形成，还会影响亲子关系的质量。否定的、消极的教养方式也会对大学生的心理健康产生负面影响，积极的教养方式则有助于塑造良好的个性特征和社会交往能力。

阅读与思考：

养在箱子里的婴儿

20世纪50年代，同样是行为主义学派的著名心理学家斯金纳进行了一项著名的实验，即育婴箱实验。该实验的核心目标是探究婴儿在缺乏与外界接触与互动的条件下的发展情况。为了达到这一目的，斯金纳精心设计了一个箱子——这个箱子配备了温控、喂食和湿度控制等功能，用以模拟母亲对婴儿的照料行为。

实验过程中，婴儿被置于这个箱子中，持续数天甚至数月之久，以便观察他们如何适应这一新环境，以及他们自我控制能力的发展状况。尽管斯金纳坚持认为实验并未对婴儿造成伤害，并认为这一研究对新生儿和早期发展研究具有潜在的启示意义，但从实验过程的来看，它并不符合社会伦理标准。许多人认为，这种实验剥夺了婴儿与外界互动和交流的机会，可能对他们的精神和情感发展造成负面影响。它提醒人们，育儿的基本原则是关注婴儿的感受和需求，提供适当的身体性贴心照料和交互来建立信任和依恋关系。

2. 学校环境

在之前的求学经历当中，大家有相当长的时间在学校当中度过，可以说学校对个体的成长发展起着不容小觑的作用。首先，师生关系的好坏直接关系到学生的心理感受。如果和老师关系融洽，沟通顺畅，那么我们遇到问题时，就更愿意主动寻求老师的帮助；老师的鼓励和支持，也会让我们更加自信、更加坚定。其次，学校作为学习和生活的重要场所，是大家共同学习、生活，分享彼此喜怒哀乐的地方。如果个体在校园中经历过暴力或孤立，很可能会感到恐惧、无助，产生自我怀疑和自我否定的情绪，这种情绪如果得不到及时有效的疏导和治疗，个体也许会形成自卑、孤僻的性格，甚至产生长期的心理问题。

3. 社会环境

作为社会中年轻活跃的群体，大学生们正处在生理、心理发展的高峰期，精力充沛、思维敏捷，对社会变化反应敏感而且迅速，但容易被错误的价值观所误导。信息时代的来临使得个体每天都需要接收、处理大量的信息，包括社交媒体上的负面信息、争论甚至各种社会比较等，都有可能让人产生孤独感、自卑感等心理问题。与此同时，社会价值观、道德规范、舆论氛围等，也在无形中影响着大学生的心理状态。例如成功和成就往往被视为衡量个人价值的标准，这种价值观可能导致大学生过度追求名利，忽视自身的内心需求和情感健康。这种过度追求往往伴随着巨大的压力，而研究表明较大的压力是大学生抑郁和焦虑发生的风险诱因。

（三）个体早期经验和重大成长经历

个人早期经验和个人重大成长经历对人的影响同样深远。精神分析学派对此有深入研究，他们认为，早期经验即婴儿与主要养育者的互动关系。一个母亲如果无法及时察觉婴儿的需求，就会导致婴儿在成长过程中反复体验消极、负面的情绪。这种情绪的不断累积和内化，可能使婴儿在成年后产生心理疾病的症状。重大成长经历也是影响心理健康的重要因素。个体如果在青春期时失去了至亲，这种巨大的打击会使人产生强烈的无助感和孤独感，这种心理创伤可能长期影响他的情绪和行为，甚至导致心理疾病的产生。

第三节　大学生常见心理健康问题与调适

一项来自中国人民大学 2022 年的研究数据显示，我国学生心理健康问题的总检出率为 18.9%，其中内化问题（如焦虑、抑郁、睡眠问题、自杀意念）的比例为 20.0%，外化问题（如自我伤害、自杀未遂）的比例为 11.7%。中国科学院心理研究所国民心理健康评估发展中心 2022 年针对大学生群体所做的一项调查显示，大学生群体普遍存在焦虑、恐慌和人际关系敏感等负性情绪，诸如抑郁、焦虑、失眠、网络游戏成瘾以及创伤后应激等心理健康问题依然突出。当下大学生的心理健康问题越来越不可忽视，可面对不同程度的心理问题许多人要么夸大为“精神疾患”，要么弱化为“一时想不通”，究竟该如何区分心理问题，如何调适心理问题？

一、心理问题的分类

（一）心理问题性质分类

根据心理问题的性质，我们可以将其分为发展性心理问题、适应性心理问题和障碍性心理问题。这三类问题在日常生活中普遍存在，对个体的心理健康和生活质量产生着不同程度的影响。

1. 发展性心理问题

发展性心理问题主要关注个体在成长过程中所面临的心理挑战和困境。这类问题往往与个体的认知、情感、意志和社会化等方面的发展密切相关。例如，青少年时期的自我认同危机就是一个典型的发展性心理问题。在这一阶段，个体面临着身体和心理的巨大变化，同时需要应对来自家庭、学校和社会等多方面的压力。这可能导致他们对自己的身份、价值和意义产生困惑和迷茫，甚至产生自我否定的倾向。这类问题的解决通常需要借助心理辅导和教育引导，帮助个体建立积极的自我认同和价值观。

2. 适应性心理问题

适应性心理问题是指个体在应对环境变化或生活压力时所出现的心理困扰。这类问题通常表现为焦虑、抑郁、失眠等症状，影响个体的情绪状态和生活质量。例如，一个刚步入职场的新人可能会因为工作环境的不适应、人际关系的复杂以及工作压力的增大而感到焦虑和不安。这种适应性心理问题可能导致工作效率下降、人际关系紧张甚至身体健康问题。为了应对这类问题，个体可以通过学习放松技巧、寻求社会支持或调整心态来提升自身的适应能力。

3. 障碍性心理问题

障碍性心理问题是指个体在心理功能方面出现的明显异常或障碍。这类问题通常较为严重，需要专业的心理治疗或药物治疗。例如，抑郁症是一种常见的障碍性心理问题，表现为持续的情绪低落、兴趣丧失、精力减退等症状。抑郁症患者可能无法正常工作、学习和生活，甚至产生自杀念头。对于这类问题，个体需要及时就医，接受专业的心理评估和治疗，以便恢复正常的心理功能。

（二）心理问题程度分类

根据心理问题的程度，可以分为一般心理问题、严重心理问题、神经症性心理问题和精神疾病这四类。

1. 一般心理问题

一般心理问题通常由现实生活中的具体事件或因素触发，如工作压力大、人际关系紧张、家庭纷争等。这些事情可能带来心理上的不平衡和精神上的压抑感，但通常不会发展到无法控制的地步。

在判断是否为一般心理问题时，我们可以依据以下几个条件：第一，这些问题必须是由现实生活中的具体事件引起的内心冲突和不良情绪体验；第二，这些不良情绪持续一个月以上或间断持续两个月仍不能自行缓解；第三，尽管有不良情绪，但个体仍能在一定程度上保持理智，行为不失常态，社会功能基本正常，只是效率可能有所下降；第四，这些不良情绪的激发因素局限于最初的事件，没有扩散到其他方面。

对于一般心理问题，我们不必过于恐慌。除了可以寻求学校心理咨询机构的帮助外，有经验的班主任、辅导员以及朋辈心理协会的同学也能提供有效的支持和建议。有时，通过积极的自我调整和合理的情绪管理，我们也能自行化解这些问题。然而，如果忽视了这些心理问题的存在，任其发展，它们可能会逐渐转化为更为严重的心理问题，对个体的身心健康造成更大的伤害。因此，及时发现并解决一般心理问题，是我们维护心理健康、提升生活质量的重要一环。

2. 严重心理问题

严重心理问题通常是指由一系列相对强烈的现实因素，如工作失利、家庭变故等重大打击，引发的心理不健康状态。这种心理状态不仅初始情绪反应剧烈，而且持续时间较长，情绪反映的内容也往往泛化到多个方面。对于深受其困扰的当事人来说，这种心理状态会带来深重的痛苦，并且很难自行摆脱。更为复杂的是，有时这种问题还会伴随一定程度的人格缺陷，使得治疗和干预的难度进一步加大。

在判断是否为严重心理问题时，我们可以依据以下几个条件：第一，现实刺激较为强烈，对个体构成较大的威胁；第二，痛苦情绪持续两个月以上半年以下，且这种情绪可能是间断的，也可能是持续的；第三，当事人在多数情况下可能会短暂地失去理性控制，对社会功能造成一定程度的影响；第四，痛苦情绪不仅由最初的刺激引起，而且与最初刺激相类似、相关联的其他刺激也能引起相同的痛苦反应，这表明反应对象已经泛化。

一旦形成严重心理问题，单纯地依靠非专业性干预很难解决，通常需要专业的心理咨询或治疗，有时还需要结合药物治疗。如果不及时进行有效干预，严重心理问题可能会进一步恶化，对个体的生活、工作和社会交往造成更大的影响。

3. 神经症性心理问题

作为一种精神障碍，神经症性心理问题的显著特征是持久的心理冲突，如抑郁症、焦虑症、恐怖症、疑病症和强迫症等，均属于其范畴。患者往往深感痛苦，对自身的症状有清晰的自知力，心理和社会功能受到严重损害，却无明显的器质性病理基础作为支撑。

对于这种情况，我们需要注意以下几点。首先，这类问题往往由严重的心理困扰发展而来，持续时间接近半年，心理症状逐渐泛化，情绪症状频繁出现，且难以解决。其次，患者内心存在明显的冲突，甚至无法完成基本的学习和生活任务，但这些冲突往往缺乏现实意义或道德色彩。再次，患者能够清晰地意识到自己的症状，并经常寻求帮助，但往往无法自控。他们的情绪和行为常常无明显诱因，甚至在无任何刺激的情况下也可能发生。最后，患者还可能伴随出现一系列躯体症状，如胸闷、头晕、头痛等，这些症状进一步加剧了他们的痛苦。

心理治疗是神经症性心理问题治疗的核心部分，主要包括认知行为疗法、心理动力学疗法、支持性心理治疗和精神分析法等。不同的系统治疗都是给予患者关心、理解和支持，减轻他们的心理压力和焦虑情绪，探索和理解患者的内心冲突和潜在的心理问题，从而找到根源并加以解决。

4. 精神疾病

精神疾病，特别是精神分裂症，是最严重的心理障碍之一。这种疾病主要表现为功能的异常，患者可能出现幻觉、妄想，情绪极度高涨或低落，言语、行为、思维和情绪等方面也与常人不同。他们往往缺乏自知力，拒绝寻求医疗帮助。更为严重的是，他们的精神活动可能极不协调，甚至完全脱离现实。

在评估过程中，若某人或身边的人表现出幻觉、妄想的症状，例如看见或听到一些并不存在的事物，或深信不疑地认为有人企图加害于他，同时还伴随着自我认知的困难，躯体症状频发，甚至出现言语混乱、行为诡异等现象，那么很可能此人已处于精神病的发作期。对于这样的患者，我们应表达充分理解与同情。由于他们在疾病的影响下，无法准确判断自己的状况，其言语和行为可能显得异常。但我们要知道，这并非他们的本意，而是疾病导致的。因此，对有精神疾病的人通常需要依靠身边人的细致观察和协助，才能对其进行准确而全面的评估。

二、大学生常见心理困扰

（一）学业压力

大学生在学业上正面临着诸多挑战。例如，一些同学常常感到学习乏味，缺乏明确的学习目标和计划，因此对学习失去了热情，甚至选择逃课。另外，有些同学在自由选择学习目标时，往往感到迷茫，无法确定自己的发展方向，导致学习动力下降。同时，也有部分同学因为注意力不集中或不适应大学生活，学习成绩不尽如人意，这进一步加剧了他们的自卑和抑郁情绪。此外，学习动机功利化也是一大问题，部分学生过分追求分数和证书，忽视了自身综合素质和能力的培养。

（二）人际困扰

进入大学后面对全新的人际群体，许多学生往往感到孤独和陌生。大学校园的人际交往更加复杂和广泛，要求更高的独立性和社会性。然而，由于生活经历相对单纯和人际交往经验匮乏，许多学生不知道如何与室友、同学建立和谐关系，在遭遇人际关系紧张等问题时难以应对，甚至爆发激烈的人际冲突，对个人生活和心理健康造成严重影响。还有一些学生由于各种原因内心封闭，不喜欢主动交流，不喜欢参与集体活动，从而阻碍了人与人之间的信息流通和情感交流，造成了人际关系的疏离。

（三）家庭问题

进入大学后，许多大学生在追求独立与自由的同时，忽视了与家庭成员之间的沟通，以至于与父母的联系变得浮于表面。长期的沟通不畅可能引发矛盾和冲突，甚至导致家庭成员之间的关系紧张。并且随着社会离婚率的不断攀升，越来越多的学生来自离异或重组家庭。在这样的背景下，他们与父母之间的关系变得更加微妙和复杂。有的学生对父母离异感到难以接受，心生怨恨；有的则在重组家庭中努力寻找自己的位置，却往往感到迷茫和无助。这些家庭问题给他们的大学生活带来了不小的困扰。

（四）恋爱情感

在青春期的冲动下，大学生们开始探索爱情，但往往由于缺乏成熟的爱情价值观，容易遇到各种问题，如失恋、单恋、感情纠葛、性困扰等。这些问题不仅会影响他们的情绪，还可能引发一系列心理健康问题。当同学间形成恋爱“攀比”时，没有恋爱对象的学生可能会产生心理落差，情绪受到影响。而失恋后的痛苦情绪，若长时间无法排解，可能导致学业荒废，甚至引发抑郁症等严重心理问题。值得注意的是，严重的情感失落已成为大学生自杀的重要诱因，需引起高度关注。

（五）自我价值的迷茫

大学生自我认知和自我价值的迷茫，是成长过程中的常见现象。进入大学后，同学们来自五湖四海，各自拥有不同的背景和经历，这种差异使得部分大学生开始怀疑自己是否真的具备某些特质或能力，或者是否应该追求某些兴趣。同时，大学生也面临着自我定位的问题，他们不确定自己应该走什么样的道路，如何规划自己的未来。在追求学业、社交和职业发展的过程中，他们可能会对自己所取得的成就产生怀疑，不知道自己是否真的有价值；他们可能会比较自己与他人之间的差距，感到自卑和沮丧。此外，社会对于成功的定义也可能让大学生感到困惑，他们不知道是应该追求物质财富、社会地位等外在指标，还是应该关注内心的成长和满足。

（六）突发事件

突发事件对个体心理健康的影响不容忽视。这些事件因其不可预测性和难以控制性，常常让人在应对过程中感到惊慌失措。当面对亲友的突然离世、突发的重大疾病或意外伤害时，大学生可能会陷入深深的悲痛和无助之中，他们可能会长时间沉浸在哀伤之中，难以自拔。这种情绪上的冲击不仅会导致他们出现失眠、食欲缺乏等生理反应，还可能影响他们的日常学习和生活。当地震、火灾等公共突发事件发生时，部分大学生可能会因为担心自身安全和对未来的不确定性而感到焦虑和恐惧，他们可能会反复思考这些事件可能带来的后果，导致心理压力剧增。长时间处于这种状态，他

们可能会出现注意力难以集中、记忆力下降等问题，严重影响学习和生活。

三、大学生心理问题的调适

心理健康问题如果没有得到及时、妥善地处置，不仅会影响大学生的身心状态、扭曲其为人处世的心态、干扰其正常的学习生活，严重时还会导致自伤、他伤等行为的发生以及其他问题，因此我们要了解必要的自我调节方式。

（一）建立健康的生活习惯

建立健康的生活习惯对于个人的心理健康至关重要。首先，我们要保持良好的作息规律，确保每天都能获得充足的睡眠。例如，每天设定固定的入睡和起床时间，并尽量避免熬夜和在睡前使用电子设备。充足的睡眠有助于恢复体力和精力，使我们能够以更好的状态应对日常生活的挑战。其次，合理的饮食和适度的运动也是维持心理健康的重要因素，有助于维持身体的健康和平衡，增强身体素质。最后，要避免依赖酒精、滥用药物等来应对心理问题。

（二）寻求社会支持

寻求社会支持是我们在面对生活中的困难、挑战和心理压力时，一个积极且有效的应对策略。它不仅能够为我们提供必要的帮助，更能带给我们心灵的安慰与温暖。要想有效寻求社会支持，我们首先要做的是建立广泛而稳固的人际关系网络。与家人、朋友、同学或者老师等保持密切的互动和联系，让他们了解我们的需求和困境。这些人不仅能够为我们提供情感上的支持，还能在关键时刻给予我们实质性的帮助和信息分享，使我们更好地应对各种挑战。同时，积极参与社交活动也是拓宽社会支持的重要途径。通过参加社团活动、志愿者工作、兴趣小组或线上社交平台活动等，结识更多志同道合的朋友，扩大自己的社交圈子，不仅有助于个体建立新的友谊，还可能带来潜在的支持资源，让我们在困难时刻不再孤单。

当然，当遇到具体问题时，我们也不应害怕向他人寻求帮助。信任的朋友和家人是我们的宝贵财富，他们愿意倾听我们的困扰并乐于提供建议和支持。有时候，我们可能因为自尊心或担心给他人带来负担而犹豫，但请记住，与他人分享并寻求支持是一种健康的应对方式，它能够帮助我们更好地解决问题并走出困境。

（三）寻求专业帮助

寻求专业帮助是大学生在面临无法自我调适的心理问题时所应采取的一种明智且至关重要的行动。当情绪持续低落，焦虑、紧张等负面情绪不断侵扰，甚至影响到日常的学习、生活与人际交往时，我们便会意识到，单凭个人的意志和努力，往往难以有效应对这些复杂的心理问题。

在这样的时刻，寻求专业心理咨询师的帮助就显得尤为重要。心理咨询师不仅拥有深厚的心理学知识，还积累了大量的临床经验，他们能够从专业的角度，对我们的心理状态进行准确的评估。通过一系列专业的测试和深入的交谈，他们能够判断心理问题的性质和程度，从而为我们提供有针对性的诊断和治疗建议。

阅读与思考：

关于心理咨询的快问快答

1. 什么情况下需要做心理咨询？

答：长期情绪低落或情绪不稳，时间超过 2 周未缓解；长期躯体不适，总觉得身体疼痛又找不到原因，经医院检查未发现明显器质性病变；人际关系出现严重问题，与人沟通越来越困难，朋友越来越少；自觉压力过大；长期失眠，惊醒，多梦；遭遇重大生活挫折；长期处于家庭纠纷中等。

2. 做心理咨询代表自己“有病”吗？

答：绝对不是。心理咨询是一种积极寻求自我提升和成长的方式，旨在帮助个体更好地了解和处理自己的情绪、思维和行为，是一个让自己看见自己的过程。心理咨询师通过专业的知识和技能，帮助个体识别和处理问题，提供有效的应对策略。很多人选择心理咨询是为了更好地管理自己的情绪和压力，提升自我认知和人际关系能力，实现个人的全面发展。因此，不要将心理咨询与“有病”相联系，应将其视为一种积极的自我投资和成长的方式。

3. 心理咨询需要吃药吗？

答：在心理咨询的过程中，药物的使用应该是个体化的，需要根据患者的具体情况来决定。医生会根据患者的具体情况，如症状的严重程度、病因以及患者的意愿等，来决定是否需要使用药物。心理咨询主要是通过心理学的方法，帮助患者解决心理问题，提升自我认知和情绪管理能力。这些方法通常更注重个体内在的成长和变化，而不是仅仅依赖于药物的作用。需要注意的是，无论是心理咨询还是药物治疗，都需要在专业的指导下进行。

4. 心理咨询是怎样一个过程？

答：在心理咨询的初期，咨询师会与来访者建立信任关系并进行初步评估，了解来访者的主要问题、背景信息和心理状况。在初步评估后，咨询师会与来访者共同确定咨询目标，明确希望解决的问题或达到的状态。咨询师会制订个性化的咨询方案，包括具体的咨询方法、预期效果和持续时间等。在咨询过程中，咨询师会运用各种心理学方法和技巧，定期与来访者进行评估和反馈，帮助来访者认识自己的问题，以便更好地提升咨询效果。当咨询目标达到或咨询时间结束时，咨询师会与来访者共同总结咨询过程，评估咨询效果，帮助来访者在日常生活中继续巩固和提升心理咨询的成果。

（四）培养积极心态，提升心理韧性

拥有积极心态的人，在面对问题时，总是能够展现出冷静与理性的特质。他们将每一次的困境都当作是一次成长的机会，因此不会沉溺于消极情绪中，而是积极地去寻找问题的积极面，从中汲取力量与启示。他们擅以乐观的视角审视困境，将挑战视为锻炼和提升自我的机会，以智慧和勇气去攻克难关。这种积极的心态，不仅让人在困境中保持坚韧不拔的精神，更能激发他们的创造力和潜能。

阅读与思考：

心理韧性

心理韧性是一个重要的心理素质，指的是个体在面对压力、困难或挫折时，能够保持积极心态、积极应对并从中恢复并增长的能力。具备心理韧性的人，不仅能够应对挑战，还能从逆境中获得成长与发展。

心理韧性的特征包括以下几点。

积极态度：具有心理韧性的人倾向于保持乐观和积极的态度，他们相信即使在困难的情况下，也有解决问题的方法。

自我效能感：心理韧性高的人相信自己有能力应对困难，并相信自己的努力会产生积极的影响。他们不轻易被挫折击倒，而是将挫折视为提升自我的机会。

适应性思维：心理韧性高的人具备适应性思维，能够灵活应对变化和不确定性。他们不畏惧未知，愿意接受新的挑战和情境。

情绪调节：具有心理韧性的人懂得有效地管理情绪，避免过度消极或过度乐观。他们能够平衡情绪，保持冷静和理智。

目标设定：心理韧性高的人具备明确的目标和愿景。他们知道自己想要什么，并为之努力奋斗，即使在困难时期也不会轻易放弃。

心理韧性之所以重要，是因为它能够帮助人们更好地应对生活中的挑战和困难，保持健康和积极的心态。同时，它也有助于人们从失败中吸取教训，不断努力，最终取得成功。此外，心理韧性还对身体健康有积极的影响，能够增强身体免疫力，减少焦虑和抑郁的发生率。

要提高自己的心理韧性，可以通过体育锻炼、积极的思维训练，培养乐观态度，

学会从困难中寻找积极的方面，将问题视为机会。同时，也可以设置明确的目标，并为之努力奋斗，以保持坚韧不拔的精神。

阅读推荐：

1. ［英］罗伯特·戴博德著：《蛤蟆先生去看心理医生》，陈赢译，天津人民出版社 2022 年版。

2. 史铁生：《我与地坛》，人民文学出版社 2018 年版。

3. ［美］罗杰·R. 霍克：《改变心理学的 40 项研究》（第 7 版），白学军译，人民邮电出版社 2018 年版。

影视推荐：

1.《心灵奇旅》(2020)，导演：彼特·道格特。

2.《搏击俱乐部》(1999)，导演：大卫·芬奇。

3.《美丽心灵》(2001)，导演：朗·霍华德。

第二章　苔花如米小，也学牡丹开
——大学生自我意识

白日不到处，青春恰自来。苔花如米小，也学牡丹开。

——袁枚《苔》

知人者智，自知者明。胜人者有力，自胜者强。

——老子《道德经》

学习目标：

1. 了解自我意识的内涵与结构。
2. 结合自身体验，说明大学生自我意识的常见冲突。
3. 理解并运用所学，加强自我意识的培养。

第一节　自我意识概述

一、自我意识的内涵

“我是谁?”“我想成为怎样的人?”“如何完善自我?”是每一位大学生经常需要进行思考和做出回答的问题，这些问题与自我概念、自我身份认同、自尊等心理内容密切相关，都属于自我意识的范畴。

自我意识是一个人对自己的身体状况、心理特征及自己与客观世界关系的认识和体验。自我意识是个体在长期社会化过程中形成和发展起来的，是人类的高级心理活动形式，是人类精神活动的核心，也是人格的核心，对人格的形成和发展起着调节、监控和矫正的作用，是影响个体心理健康的重要因素。大学阶段是自我意识迅速发展的特殊时期和关键时期，健康的自我意识对个体一生的发展都会产生积极作用。

二、自我意识的结构

自我意识是多维度、多层次的心理系统，从心理构成和表现形式来看，可以分为自我认识、自我体验和自我控制。

（一）自我认识

自我认识是自我意识的认知成分，是一个人对自己和客观世界的认知，主要包括自我感觉、自我观察、自我概念、自我评价、自我反思等，主要回答“我是一个什么样的人”“我为什么会成为这样的人”等问题。个体通过对自我的观察，形成对自己的判断和评估，包括自己的想法、观念、态度、价值观、期望、行为及个性、人际关系等方面。自我认识既包括对自我外在特征的认识，比如身高、体重、相貌、言行，也包括对自我内在心理特征的认识，比如想法、观念、期望、价值观；既包括对自己的认识，也包括对世界、关系的认识。自我意识是在与外界环境互动中产生和发展起来的，与他人的关系、世界的关系时时刻刻影响和塑造着我们。我们还会通过自我理解和反思，认识自己的过去、现在和未来之间的关联，从而思考和理解“我为什么会成为这样的人”“我希望将来成为什么样的人”。

对自己认识不清晰、自我概念模糊的人总是处在迷惘、迷失的状态，不清楚自己究竟是一个什么样的人，也不知道应该如何表达和描述自己，更不清楚自己适合做什么样的事情，他们的行为往往依赖外部标准，做出决断时不免人云亦云。

积极的自我评价能够增强个体的自我满意度和自我接纳程度，但过于积极的自我评价也可能是自负的表现，有可能与现实不符，导致个体处于自我中心状态，对个体身心发展和健康产生不良的影响；反之，自我概念和自我评价消极，则可能导致个体产生焦虑、抑郁、自卑等心理问题，因此，恰当地认识自我、评价自我，是自我意识发展的主要课题。

参与式活动：

1. 自我描述

假设你想让某人知道你真实的情况，你可以告诉此人你的20件事，包括你的个性、背景、生理特征、爱好、属于你的东西、你亲近的人等，简言之，就是任何能帮助这个人了解你真实情况的事物。你会告诉他什么？

2. 我的过去、现在和未来

用三个圆圈画出过去的我、现在的我、未来的我，并分别用五个句子描述“我过去……”“我现在……”“我未来……”，写完后和小组成员一起分享。

（二）自我体验

自我体验是自我意识的情绪成分，是在自我认识的基础上产生的对自己所怀有的态度体验。自我体验主要涉及“我是否接受自己”“我是否对自己感到满意”“我是否爱自己”等问题，是对自我的感受，以自尊、自信、自卑、自怜、自责，自豪感、成就感、自我效能感等形式表现出来。自我体验具有主观性，例如同一门课都考了70分，甲同学可能对自己并不满意，因为他希望考80分，乙同学可能非常开心，因为60分他就满足。人们对事件的感觉并不完全取决于事件本身，还和个体的自我期待以及对事件赋予的意义有关。

你是否常常自责或听到周围的朋友对他们自己感到不满意？自责可能是低自尊的表现，低自尊者常常会自我批评、自我否定，容易体验到内疚、羞愧和尴尬等痛苦情绪，甚至导致自我孤立，行为退缩，强烈的低自尊感是抑郁症的症状表现之一。当个体感受到较多负性自我体验时，我们需要提起重视，通过自我成长、自我完善和自我改变来提升自尊感，从而产生积极的情感体验。高自尊者在失败时会感到悲伤和失望，但不会对自我产生强烈的羞愧和耻辱感。个体的自尊水平越高，其主观幸福感就越强烈。与此同时，自尊并不能代表个人的全部，虽然稳定的高自尊通常是成功的必要条件，但它并不是道德品质的保证。

社会计量器理论认为，当感知到被他人接纳和认可时，个体的自尊水平就会提升，当人际关系出现问题或被拒绝时，个体的自尊水平会下降，并引发消极情感。因此，对于个体而言，可以通过寻求良好的人际关系，获取归属感，提升自信心，增强幸福感；对于群体而言，要营造和谐的人际氛围，提升自尊自信。

心理测验：

罗森伯格自尊量表（Rosenberg Self-Esteem Scale）

指导语：请选择你对以下陈述同意或不同意的程度，1 非常不同意，2 不同意，3 同意，4 非常同意。

序号	题目	非常不同意	不同意	同意	非常同意
1	我觉得自己是一个有价值的人，至少与其他人具有相同的价值	1	2	3	4
2	我认为我有很多优秀的品质	1	2	3	4
3	总体来说，我倾向于认为自己是一个失败者	1	2	3	4
4	我能和大多数人一样把事情做好	1	2	3	4
5	我不觉得自己有什么事值得骄傲	1	2	3	4

续表

序号	题目	非常不同意	不同意	同意	非常同意
6	我对自己持积极的态度	1	2	3	4
7	我大体上对自己感到满意	1	2	3	4
8	我希望我能更加尊重自己	1	2	3	4
9	我确实时常觉得自己很没用	1	2	3	4
10	有时我觉得自己一点也不好	1	2	3	4

计分方法：

请按照以下标准进行计分。

把第 1、2、4、6、7 题的得分相加。

对第 3、5、8、9、10 题进行反向计分，即选 1 计 4 分、选 2 计 3 分、选 3 计 2 分、选 4 计 1 分，并相加。

将上面两个分数相加，得到总分。分值越高，自尊程度越高。

阅读与思考：

四类自尊

根据自尊的水平和稳定程度，可以将自尊分为四类，从而更好地理解自我和他人的行为反应。拥有稳定的高自尊的个体，自尊水平很少受到外部环境的影响。当面对反对意见时，他们可以仔细倾听对方的见解而不紧张，会努力和对方沟通，但是不会攻击对方。拥有不稳定的高自尊的个体，在被攻击、受到打击时，可能会对批评或失败做出激烈反应，视其为威胁。拥有稳定的低自尊的个体，习惯逆来顺受，他们可能在生活中毫不起眼，有点像“透明人”，很难表达自己的观点。拥有不稳定的低自尊的个体，会注意尽量避免失败或被人否定，尽量不在别人面前表现得过于敏感，不会将内心的痛苦表现出来，其实内心非常难过。

（三）自我控制

自我控制主要表现为人的意志行为，它监督、调节、控制个体的言行、观点、态度等，主要包括自我监督、自我调控、自我教育、自我激励、自我改变等内容，表现为自主、自立、自制、自律等，主要解决“我怎样克制自己”“我如何成为理想的自己”等问题。

自我控制集中体现了自我在改造客观世界方面的能动作用。一个人如果有了发展目标而不付诸行动，其结果仍将是一无所获。大学生要想将来有所建树，首先要对自我有清晰的认识，树立科学的目标，同时还要有自立、自主、自信、自律、自制的能力，对自己偏离目标的情感和行动加以调控。自我控制水平的高低与一个人的个性品质密切相关。缺乏自我控制意识和能力的人，可能是一个盲动、情绪化的人。一个人如果缺乏恒心与毅力，终将影响人生发展。

在通往成功的道路上，很多人与成功失之交臂，并不是因为缺乏机会和才华，而是因为缺乏自我控制的意识和能力。例如，一些大学生入学后，自我管理意识和自控能力不足，沉迷于网络，到期末考试或者临近毕业才发现很多该做的事情还没有做，但已经错过了大好时光。

自我认识、自我体验、自我控制不是相互割裂的，而是互相影响、相辅相成的。就像上边我们举的例子，从表面来看，这是由于个人缺乏自我控制能力，但从更根本的原因来看，这是个体对自己的兴趣目标等认识不足的结果。要改变这种状况，需要主动进行自我探索，重新找到自我的优势和兴趣，确立自我发展的方向，激发自我发展的内在动力。

三、自我意识的内容

从内容上看，自我意识可以分为生理自我、心理自我、社会自我。

（一）生理自我

生理自我是指个体对自己的身高、体重、容貌、身材、性别等特点的认识，对生理自我的满意度也称身体自尊。大学生都很关注自己的身体和外貌，在自媒体语境下，社会评价对外貌形象的关注度也影响着大学生的审美观。据《中国青年报》的一项调查显示，近六成大学生有一定程度的容貌焦虑。严重的容貌焦虑会给个体带来身心困扰，影响自我评价、自我体验和自我价值感。作为大学生，要接纳外在，提升内在，学会调整自己的情绪，悦纳自己身体外貌的独特性，通过健康饮食、规律生活、体育锻炼等方式提升自己的身体素质和形象气质。

生理自我是一个人在与他人互动过程中，通过学习而逐渐形成的。小婴儿肚子饿了，他只有不舒服的感觉，并不知道那个感觉是“饿”，因为他还没获得人类的思想和语言，也没有任何关于时间的概念，唯一出现的只有模糊的身体感觉。这时候，养育者及时出现，喂饱婴儿，还把婴儿抱在怀里，让他享受舒适的皮肤接触。我们在养育者的精心呵护下，逐步学会了照顾自己，我们自我照顾的方式与我们如何被照顾息息相关。

读懂身体信号非常重要，我们的身心是统一整体，有时难以解释的身体不适看似是生理问题，可能与心理压力密切相关。

案例故事：

小A，女，大一新生，来自较偏远的农村地区，因进入大学后产生各种不适应来到咨询室。自诉内向、不爱交际，在人多的场合经常感到焦虑不安，同时出现较严重的便秘问题。询问成长史，发现小A自小学起，临近重要考试时经常出现失眠、头疼、感冒等身体不适，经医院进行身体检查，无生理异常，因此并未引起重视。

经过心理咨询后，小A发现自己的身体反应与内向敏感、易紧张的性格有关，初入大学遇到的各种环境变化给她带来了很大的压力。压力会引发紧张焦虑情绪，而人的神经系统、消化系统、内分泌系统、免疫系统的功能与情绪密切关联。外界压力作用于内向敏感的个性，导致小A的身体受到了影响。通过自我分析、自我观察，小A意识到身与心之间息息相关，要解决问题，既需要从生理层面调整身体机能，也需要从心理层面调节情绪，完善性格。

（二）心理自我

心理自我是指个人对自己心理特征的意识，包括自己的感知、记忆、思维、情绪、性格、气质、动机、需要、态度、信念、理想、价值观等很多方面。有的同学说："我最近很焦虑，听课时老是走神，注意力不能集中，记不住老师讲的内容。"也有同学说："我就是这样的性格脾气，比较追求完美。"这些都是对自己心理特点的认识和感受。

随着年龄的不断增长，从青春期到青年期，大学生已经能够清晰地意识到自己的内心世界，关注自己的内心体验，也非常注重自己的外在表现，喜欢用自己的眼光和观点去认识和评价外部世界，开始有明确的价值探索和追求，强烈要求独立，产生了自我塑造、自我教育的紧迫感和实现自我目标的驱动力。青年大学生世界观、人生观、价值观的形成是其心理自我成熟的标志。

（三）社会自我

社会自我是指个人对自己社会性的觉察，包括个人对自己在社会关系中各种角色、地位、权利、义务等的认识。社会自我是随着社会化进程，在个体不断学习角色规范并实践角色行为的过程中形成的。儿童在幼儿园、小学、中学接受教育，通过游戏、学习、劳动等活动不断进行练习、模仿和认同，逐渐习得社会规范，形成各种角色观念，如性别角色、家庭角色、同伴角色等，并有意识地调节和控制自己的行为。

社会自我是人之所以为人的标志，社会性是人的根本属性。随着年龄的增长、社会角色的不断增加，社会关系也在不断拓展，社会自我也会越来越丰富。大学生身兼多种社会角色，不仅是学习者，还是社会责任承担者，同时也是家庭的一员，处在各种人际关系中，拥有自己的社交关系。如果只重视自己的某个角色，忽略了其他角色，会造成关系冲突和心理冲突。处理好各种社会身份对自己的角色期待，完善社会自我意识，是大学生发展的重要课题。

生理自我意识、心理自我意识和社会自我意识是密切联系互相影响的。比如，在我们身体生病的时候，心理上很容易产生消极的认知，体验到痛苦、难过等不愉快的情绪。生理自我、心理自我与社会自我是在互相影响的过程中，同步形成和发展起来的，构成了每个人独特的自我意识。

第二节　大学生自我意识

一、自我意识的发生发展

心理学研究表明，个体自我意识从产生、发展到相对稳定，要经过多年的时间。在大学阶段，踏入成年期，人们关于自身的看法相对稳定，但不会停止发展。人的自我意识是不断丰富和更新的，人的成长是一生的功课。

（一）自我意识的诞生

人类自我意识诞生的基础在出生时就出现了。心理学实验发现，出生几天的婴儿就有模仿成人表情做出各种鬼脸的能力，似乎拥有把成人表情翻译为自己表情的能力。婴儿似乎知道他们有能力产生他们想要的结果，并协调他们的运动，比如新生儿的嘴总是期待着手的到来，这种自我的萌芽是自我持续发展的基础。6 个月左右的婴儿，会出现“陌生人焦虑”现象，表明婴儿可以区分出母亲与他人了。7—8 个月时，当听到自己的名字时，婴儿会做出明确的反应。9 个月的婴儿在镜子中看到自己时会微笑、专注地看自己，并触摸自己的身体，表明可以识别出自己。15—18 个月大时，婴儿能通过人脸标记测验，当看到镜子里自己的影像时，能在自己的脸上指出红点的正确位置。21 个月左右时，多数婴儿能用人称代词“我”来指代自己，说明自我识别能力已经发展完善了。

（二）自我意识的发展

1. 儿童自我意识发展的高峰

2—3 岁是儿童自我意识发展的高峰。到 2 岁时，多数儿童能分清他们是男孩还是女孩，尽管他们可能还没有意识到性别特征是稳定不变的。此时，儿童基本完成了生命之初的第一次分离个体化。第一人称“我”使用频率提高，对穿衣吃饭等日常事务，儿童都要求“我自己来”，也经常会通过说“不”来保持自己的独立性。儿童看到自己喜欢的东西时，就想独自占有，不愿与人共享，其自我情绪体验更加复杂。如果母亲对其他儿童表现出关心和喜爱，儿童会产生强烈的嫉妒感；当做错事时，会感到羞愧难过；当遇到挫折时，可能会大发脾气。这是因为儿童意识到自己是独立的、有能力的人，同时，自己也是渺小的、无能的，仍需要依赖父母帮助自己完成很多事情，儿童处在独立与依赖的矛盾之中。在养育者稳定可靠的陪伴下，3 岁的儿童可以在内心形成恒定的好妈妈形象，有了一定的耐受分离的能力，这时可以离家上幼儿园了。

2. 自我意识发展的关键期

从青春期开始到青年期（25 岁左右），是自我意识发展的关键期。

青春期经常被称为“暴风骤雨”的时期，个体身体上、生理上及情绪上都会发生巨大变化。此时，第二性征出现，包括体型、声音、肌肉和体重都会产生改变。面对生理变化和由此带来的情绪变化，青少年要接受身体的变化，对自己的性别身份形成认同，慢慢将新的自我整合到原本熟悉的童年自我之中，这是必须经历的重要过程。同时，青少年与父母的关系也会发生变化，对父母的关怀与照料由接受变为抗拒，以此宣示独立性和自主性。同伴关系对他们来说变得非常重要，青少年团体经常会具有极度重要的支持功能，青少年在团体中寻求自我认同，了解自己是什么样的人。父母要适当放手，让青少年去进行自我探索，并且在他们摸索过程中给予必要的帮助，设定一定的界限。青少年的独立并非切断与家长的连接，而是以更加自我负责的方式，为即将到来的成年期做准备。

二、大学生的自我同一性

自我同一性是艾里克森最早提出的概念，他用“同一性危机”来描述青少年所面临的自我发展问题。青少年经常对自己未来的方向感到不确定，不知道该何去何从，或者对自我感到迷茫，甚至扪心自问：“我是什么样的一个人？”“我的人生有哪些意义？”这些可能困扰过每一个人的问题，便涉及自我同一性的概念。

艾里克森认为，自我同一性是复杂多元的，是一种发展结构，既表示对个人身份的自觉意识，也包括对群体特征的内心认同。可以从以下几个方面来理解同一性：第一，个体性，指个体能意识到的一种独特感，能感觉到自己的存在是独立且独特的；第二，整体性与整合感，指个体内心的一种整体感，能将儿童早期对自我不完整的、不连贯的，也可能是偏差的认同与自我形象整合成一个有意义的整体；第三，一致性和连续性，指一种过去、现在和未来之间的内在一致和连续的感觉，即感到个体的生命是连贯的、前后一致的，并朝着有意义的、所向往的方向前进着；第四，一种内心的理想和价值观与某个群体相一致的感觉，一种受到社会支持和肯定的感觉。

心理学家马西亚于 1966 年总结提炼了青少年同一性发展的理论。马西亚认为，同一性是一个人关于自己的态度、价值、信仰和兴趣的连续一贯的组织系统，同一性形成应该包括性别角色适应、职业选择、价值与信仰四个方面。此外，他还提出了四种同一性发展的状态。

第一，同一性获得。指青少年经历了自我探索，比较成功地解决了危机问题，在理想、职业和人际关系等方面有了确定的、积极的想法。它是最成熟的同一性状态。

第二，同一性延缓。指个体正积极地尝试探索，尚未建立稳固的看法。青少年正在尝试体验不同的角色，处于实践、修正、目标再选择的过程中。由于中学时期课业繁重和巨大的考试压力，很多大学生尤其是大学低年级学生对自己的未来方向仍处于不明朗的状态（同一性延缓状态），但他们正在运用各种方式进行积极探索，只是暂时没有做出最终的明确承诺。这是仅次于同一性获得的一种状态。

第三，同一性早闭。指青少年在自我探索中缺乏主体意识，对个人的现实和理想等问题，往往依赖他人，而不是自主选择，比如按照父母和长辈的要求选择专业和职业方向。这可能是同一性危机的一种假性解决，跳过了自我探索阶段，造成刻板、顺从。

第四，同一性混乱。指青少年在寻找自我的历程中，对职业选择、理想和信仰等各方面问题尚未认真思考过，对未来的一切还没有找到自己的目标和方向。他们既不考虑将来，也不关心现在，没有形成强烈清晰的同一感。这类青少年中的大多数显得心智不够成熟，也有少数是自我追寻失败的人。

大学生的自我意识处于动态发展中，成功解决了“同一性危机”的大学生，可以发挥最佳的心理功能，处于精神和谐状态。此时，个体将体验到一种心理幸福感，并伴随一种内在的把握感、方向感和确定感，以及自我是整体一致和连续的感觉。

思考与问答：

1. 你的自我同一性处于何种状态？
2. 你打算怎样深入探索自我同一性？

三、大学生自我意识的常见冲突

大学生正处在自我意识确立并趋于成熟的时期，其自我反思、自我观察的能力不断增强，实践和交往的范围不断扩大，自我体验丰富而深刻，能够进行自我规划、自我管理和自我控制。同时，大学生在发展过程中，也常常产生自我意识的矛盾冲突，使得自我不能统一，不能确立稳定的自我概念，对自我的评价矛盾，对自我的体验起伏波动，对自我的控制失调，甚至内心出现明显的痛苦和不安。

归纳起来，当代大学生自我意识的矛盾冲突主要表现为以下几个方面。

（一）理想我与现实我的矛盾冲突

这是大学生自我意识矛盾最突出、最集中的表现。一方面，大学生抱负水平高，成就欲比较强，想象力丰富，对自己的能力、外在表现、社会接纳度都充满了期待，期待自己各方面都是优秀的、受欢迎的，对未来充满了美好的憧憬和希望。但是，另一方面，由于长期在校学习，较少接触社会，自我认识的参照点较少、局限性较大，大学生可能会发现自己在现实中的表现和成就以及外在评价都没有那么符合自己的理想化期待，理想我与现实我之间出现了较大的差距，正所谓“理想很丰满，现实很骨感”。现实我与理想我之间的差异会导致沮丧、抑郁、失望。这些消极情绪的强度取决于差异的大小以及易于激活的程度。差异越大，越容易体验到消极情绪；越容易激活，越会增加对情绪体验的影响度。这些情绪尽管会影响个体的主观幸福感，但也会为他们努力接近自己的理想自我提供动力，或者为他们调整不切实际的期待提供机会。

如果难以把理想和现实结合起来，及时加以调适，将会导致自我意识的分裂，从而带来一系列心理痛苦与烦恼。大学生需要多接触现实生活，在实践中更多地了解现实自我，在现实我的基础上去追求自我的理想状态。

（二）独立与依赖的矛盾冲突

进入大学后，大学生便开始独立生活，脱离了父母的管教和老师事无巨细的指导，独立意识迅速发展，希望能在经济、生活、学习、思想等各个方面独立，自主地处理所遇到的问题。但现阶段的大学生，往往自儿童期就由父母一手安排生活，比较习惯听从家长的建议，在心理上仍然对父母存在深深的依赖，无法真正做到人格上的独立。

大学生在经济上尚未独立是其无法真正独立的客观原因。过度依赖的人往往不愿对后果承担责任，对丧失亲密关系非常恐惧，对分离和孤独无法耐受，因此可能会通过避免独立来获得安全感，在人际关系上比较顺从讨好，压抑自我需求、自我感受，回避关系中的冲突。

依赖的另一端是过度追求独立，也称“假性独立”。过度压抑对依赖和亲密的需要，可能会过早地、强烈地要求离家。真正的独立是为了成为自己，让自己生活得更有意义，这样的人会主动探索自己的需求和愿望，他们并不排斥跟人建立亲密的连接，在他们看来，向人求助和袒露自己的脆弱，跟独立并不冲突。这种成熟的独立，是建立在自己独立人格的基础上的，既能够与自己独处，又能够依恋他人。适度依赖是一种能力，意味着充分信任他人，在依靠他人的同时仍保有强大的自我意识，同时有足够的自信去处理关系中的冲突。

对于大学生来说，需要在独立与依赖中找到平衡，独立而不丧失关系，依赖而不失去自我。

案例故事：

小B，大四女生，因考研焦虑寻求心理咨询。自诉是独生女，从小父母对自己保护得很好，上小学、初中时，任教老师中都有亲戚或者熟人，虽然自己一直非常努力，表现得也很优秀，但总免不了听到一些议论，比如说自己担任班干部不是靠自己得来的，所以内心很痛苦。上大学后，她为自己确立了原则：处处靠自己。临近毕业，她很害怕又要回到父母身边，所以决定报考异地的研究生，离家远一些。但在考研复习过程中，小B发现自己学习效率不高，想到还有很多复习任务没有完成，出现焦虑、失眠等问题。这时候，小B的父母也催促她报考家乡的公务员。

通过心理咨询，小B对自己的成长过程进行了梳理，并进行了情绪觉察和宣泄。她认识到自己非常渴望独立，但在追求独立的过程中，确实需要面对很多压力和困难。

小B面对的主要是独立与依赖的冲突矛盾，她能够发现自己的矛盾冲突，勇敢地接受心理咨询。对自我进行深入探索和理解后，小B认识到独立与依赖并非二选一的命题。她决定继续坚定备考，在追求独立的同时，也要保持与父母的情感联结和相互支持。

（三）自信心与自卑感的冲突矛盾

大学生受到老师、家长、亲朋好友的赞誉、同辈人的羡慕，故而优越感和自尊心都很强，对自己的能力、才华和未来都充满了自信。然而进入大学后，群英荟萃，强者如云，许多大学生发现“天外有天”，尤其是当学习、文体、社交等方面显露出某些不足时，有些大学生就会陷入怀疑自己、否定自己的不良情绪中，产生自卑心理。在这些大学生的内心深处，自信心和自卑感常处于冲突状态。如果你发现对自我的评价经常随着外界的成败得失而波动，则说明你的自尊可能属于不稳定型，因此自我体验也经常在自信与自卑之间摆荡。在进行行为选择时，自尊不稳定者通常倾向于自我保护，尽量避免失败或被否定、被拒绝，但与此同时，也会丧失一些自我突破、自我成长的机会，更容易体验到习得性无助感。

阅读与思考：

“习得性无助”现象

“习得性无助”是美国心理学家塞利格曼在1967年提出的，他用狗做了一项经典实验：起初把狗关在笼子里，只要蜂音器一响，就对狗施加电击，多次实验后，蜂音器一响，在电击前，先把笼门打开，此时狗不但不逃，而是不等电击出现就先倒在地上开始呻吟和颤抖。本来可以主动地逃脱，却绝望地等待痛苦的来临，这就是“习得性无助”。

人类有时也会陷入“习得性无助”，屡遭挫折失败的打击后，对自身产生怀疑，觉得自己无法控制现实，从而丧失行动的动力和信心。

家庭管教方式对习得性无助有很大影响。研究表明，过度管教、过度溺爱孩子的家庭都会提高孩子产生“习得性无助”的概率。所以家长要允许孩子去探索、去尝试，多认可孩子，正向地引导孩子，多鼓励孩子独立完成事情，培养孩子的自信，孩子长大后才有勇气独自面对困难与挑战。

如果你发现自己陷入了“习得性无助”，可以重新审视自己的信念，寻求社会支持，重建自信和积极心态，调整制订可行的计划，逐步行动起来，积累小的进步，重新获得对生活的掌控感。

参与式活动：

1. 在一张纸上全面列出自己的优点、特长或进步的地方，对自己的优势进行全面充分了解。

2. 优点大轰炸：对你们宿舍的每一个舍友进行“优点轰炸”，至少说出他的三个优点。

要求：

1. 只说优点不说缺点，态度要真诚。

2. 每个人都要被“轰炸”。

3. 大家来体会一下赞美别人和被众人一起赞美的感觉。

4. 分享活动体验。

（四）真实自我与虚假自我的矛盾冲突

真假自我理论源自精神分析学家温尼科特的儿童早期人格发展理论，也经常翻译为真实自体和虚假自体。如果在生命之初，母亲能够适应婴儿的自发性姿态和需求，对婴儿的行为、语言和情绪表达做出敏感的回应，婴儿就会发展出具有创造性和自发性的真实自体。相反，如果母亲无法理解和满足婴儿的需要，或者对婴儿的照顾方式是忽略的、拒绝的、混乱的、矛盾的、过于侵入的，则会使婴儿的发展过程出现偏差。面对养育者的侵入或失败的照料，为了保护他们自己，儿童会顺从环境的要求，慢慢地构造出一个虚假自体来进行防御，按照环境的需要进行活动，迎合他人的期望，放弃自己的真实感受和想法，建立虚假的关系。

虚假自体如果成为个体的主要应对方式，可能会导致一些心理问题。温尼科特认为，因来自环境的镜映失败而产生的虚假自体是导致抑郁的重要因素之一。

中国传统文化推崇懂事、听话的孩子，但是过于懂事可能意味着放弃自己的需要和喜好。在人际关系上，他们能与他人进行正常交往，有的甚至表现出较强的人际交往能力，然而内心却很累，疲于应付，这是源于其在人际交往中呈现的多是假自体。从情感层面来看，拥有假自体的人会压抑自己的真实情绪情感，他们觉得别人喜欢的是自己所表现出来的假象，而不是真实的自己，因此，他们的真实情绪情感是不允许被看到、无法进行表达的，久而久之，可能会陷入抑郁。

我国学者唐婷婷区分了虚假自体的不同程度，从最极端的分裂到健康的假自体：极端状态中，真自体被深深地隐藏，表面上可能非常努力，成绩出众，但内在感觉却是空虚迷茫、无价值、无意义的，与心理学专家徐凯文讲的“空心病”类似。健康的假自体代表的是自体组织中礼貌和客气的表现，是对社会规则和礼节的一种尊重与妥协，个体仍然是创造性和自发性的存在。

大学生中的一些人会通过各种方式体验和探索真实的自己，另一些人则与真实的感受相距甚远，从未思考过他们的真实自我，也有一些人体验到了真我与假我的冲突，内心感到矛盾痛苦。

思考与问答：

1. 大学生中曾经流传过“你妈觉得你冷”的故事，你怎么看这种现象？
2. 你最真实、最核心的自我感受是什么？

案例故事：

小C，女，大二，从小乖巧懂事，学习成绩优秀，周围人都把她当作“别人家的孩子”。她在来咨询的前几天，因经历了情感变故出现自伤自杀危机被发现。小C连续几天哭泣、失眠、体重下降，感到自己没有存在的价值。她的父母不能理解为什么一向积极乐观的女儿会因为失恋如此崩溃，做出这样极端的行为。

小C自诉小时候妈妈总是当着她的面把自己的玩具和零食送给别的小朋友，自己觉得很委屈、很生气。爸爸妈妈也总是要求她，不管愿不愿意，都要对别人主动热情。小C在生活中习惯约束自己的言行、压抑自己的感受、关注和迎合别人的需要，她追求完美，担心他人对自己有不好的评价，经常觉得很累，有深深的无意义感。

根据温尼科特虚假自体理论分析，自小时候起，小C的真实感受和需求没有被允许、被看到，为适应环境，她发展出乖巧懂事的应对方式，这是一种虚假自体，而恋爱变故导致的痛苦太强烈了，崩溃绝望是她的真实体验、真实反应。小C需要在咨询师的支持下，慢慢地表达自我的真实感受，勇敢地面对真实的自己。

阅读与思考1：

空心病

北京大学原心理中心教师、精神科医生、心理咨询师徐凯文，有一个著名的演讲：《时代空心病——焦虑的父母和迷茫的孩子》。

他认为空心病主要有这样一些特征：第一是抑郁的感受。但它并不是典型的抑郁症或者双相障碍，因为它对生物、药物治疗不敏感，甚至无效。第二是孤独感，无价值、无意义感，觉得自己人生无价值、学习无价值、学习动力缺乏。第三是自我缺失、否定自我的价值，不知道“我”是谁，“我”要成为什么样的人。这样的青少年也往往因为没有内在价值支撑的评价标准，所以经常寻求外部认同，非常在意外界，特别是学校、老师、家长、同伴对自己的看法。为了获得他人的认可，他们经常去做那些符合他人期待但并不是出于本心的事情，特别是在学习成绩上，把自己搞得非常累。

阅读与思考2：

真实的自我

心理学研究认为，自我的真实性有四个组成部分。

第一部分是觉知。你知道自己的动机、优势和劣势吗？真实的个体不仅知道自己的优势，还知道如何改进自己的不足。他们也知道为什么自己会在一天紧张的工作后暴饮暴食，或者在被他人批评并感到难过后大吃大喝。

第二部分是无偏见加工。你能够对外界信息进行公平、直接、真实的处理吗？本真的人可以同时看到好和坏两方面，并且基于此制定决策。

第三部分是行为。你的行为反映了你的真实情感、价值观和信仰吗？本真的人会尽可能地做出与真实自我一致的行为。

第四部分是真实关系。你可以在人际关系中表达真实的自我吗？本真的人会努力建立让他们可以做自己的人际关系，而不是为了满足同伴的期待假装成他们喜欢的样子。

第三节 大学生自我意识培养

一、健全自我意识的标准

自我意识对人的心理健康起着极其重要的作用，它制约着人格的形成和发展。自我意识是人类自身内在的一种动力机制，具有导向激励功能和调节控制功能。

自我意识健全的人，自我认识、自我体验和自我控制是协调一致的，是内外和谐一致的，能够全面认识自我、悦纳自我，对自己的能力、潜能有信心，肯定自我的独特性、自我价值，具有自省和自我完善、自我实现的能力。同时，自我意识健全的人，善于与人合作并欣赏他人的优点，尊重他人的独立性和差异性。

二、大学生健全自我意识的培养

自我意识存在的矛盾冲突及偏差，是引起大学生各种心理问题的重要原因。因此，帮助大学生形成积极的、和谐统一的自我意识，对促进大学生健康成长具有重要作用。

（一）自我认识，自我觉察

在古希腊德尔斐神庙前镌刻着一句铭文：“认识你自己。”中国也有句家喻户晓的俗语：“人贵有自知之明。”认识自己，就是要全面客观评价自己，既认识自己的优点、个性与潜力，也认识自己的缺点、劣势与不足，以扬长避短，找到自己的位置和人生目标。认识自己，就是把自己体验为内外一致、和谐统一的整体，不但能够认识自己的外在行为表现，而且能够体察自己的内部心理过程，比如意图、感受、需要、动机等。

心理学家提出了关于自我认知的乔哈利窗理论（图 2-1），认为人对自己的认识是一个不断探索的过程，因为每个人的自我都有四部分：公开的我是自知亦他知的，盲目的我是自不知而他知的，秘密的我是自知他不知的，潜意识的我是自不知他亦不知的。

	自知	不自知
他知	A 公开的我	B 盲目的我
他不知	C 私密的我	D 潜意识的我

图 2-1 乔哈利窗理论

通过更多的自我展示可以扩大公开的我，通过他人的反馈可以减少盲目的我，通过增加自我觉察可以对私密的我有更多了解和认识，通过深入的自我体验和探索可以缩小潜意识的我。

大学生可以通过以下四种方式认识自己。

1. 通过他人评价认识自我

我们每个人的成长发展都离不开与他人的互动，他人如同一面镜子，人们总是通过别人对自己的看法来印证、调整和矫正自己对自己的看法。儿童精神分析家温尼科特指出，“在个体发展中，最初的镜子就是妈妈的脸”，婴儿看着母亲的脸的时候，母亲会镜映孩子的表情和内在感觉，孩子由此感受到自己的存在，促进自我感建立。如果儿童表现出的情绪感受被父母忽视、否定或惩罚，例如有的家长不允许孩子哭，认为儿童的情绪是无理取闹，是脆弱不坚强的表现，甚至大声呵斥，严厉指责，长此下去，会使儿童不认同自己的体验，分不清哪些是自己的需要和感受，哪些是父母的需要和感受，导致儿童自我意象、自我概念受损，显著降低个体的自尊，并使个体自尊过分依赖他人评价，他人小的赞美或批评都会对其自我概念产生强大冲击。因此，父母对于儿童的感受和体验应当给予承认、接纳和回应。

阅读与思考：

静止脸实验

曼彻斯特大学心理学教授爱德华·托尼克在20世纪70年代做过一个非常有名的心理学实验。通过这个实验，我们能看到母亲的回应对一个孩子有多么大的影响。

在镜头下，我们可以看到，妈妈蹲下和几个月大的婴儿平视，她们之间有眼神的交流，有肢体的接触，妈妈用温柔的、生动的表情和婴儿打招呼、玩耍，当孩子的手指向别处时，妈妈顺着她手指的方向看，鼓励她，孩子也用眼神和表情回应妈妈。

实验正式开始，妈妈开始改变表情，刚刚温柔、热情的妈妈忽然间变得面无表情。孩子开始尝试找回原来的妈妈，但是无论孩子有什么动作、表情，妈妈的脸始终毫无反应。在接下来的时间里，孩子没有放弃，她笑，她大叫，她挥舞胳膊，她也像刚才那样用手指向远方，但是妈妈没有像她期望的那样回应她。她用各种方式吸引妈妈的注意，让妈妈看到她，但是都没有成功。

不到2分钟时间，孩子的情绪开始崩溃，在尝试过各种方式之后，她放弃了，孩子的表情开始变得痛苦、无助和游离……

直到妈妈的表情变得生动起来，在妈妈的安抚下，孩子的情绪也慢慢恢复了，母婴之间的联结重新恢复了。

这个实验生动地说明了妈妈对孩子进行敏感的回应是非常重要的，如果长时间得不到回应，超过了婴儿忍受挫折的能力，孩子则会变得混乱，可能感受到自己不重要，不可爱，也许会压抑自我，发展出虚假自体，以迎合环境。

在童年和青少年时期，生活中重要他人对我们的评价往往直接影响自我概念的形成和发展，并且年龄越小，重要他人评价的作用越大。在学龄前阶段，儿童主要受家长评价的影响；在小学阶段，老师评价的作用很大；在中学阶段，受同龄人评价的影响较大。中国文化传统，历来倡导做人要谦逊低调、要先人后己、责己要严等，这些观念往往导致家长对孩子的鼓励少、批评多，忽视孩子符合年龄段的正当需求。如果父母对子女过多地做出负面评价，而子女又认同了这种评价，孩子往往容易形成不被别人喜欢和认可的自我形象，导致深深的自卑。一个温暖、互相支持和关爱的家庭环境有助于培养学生积极的自尊感，而不良的家庭环境则可能对人的自尊造成负面影响。

他人的评价与自我评价往往有一些偏差，这可能是由于我们对自己的认识不够全面，高估或低估了自己的某些方面，也可能是他人对我们了解不全面所致。因比，我们既要善于倾听他人对自己的意见与看法，还要找到他人与自己看法出现差异的原因，使自我评价与他人评价较为一致，同时做到不过度依赖他人评价，不因他人的否定而自我否定，不因一时的失败而自我放弃。

2. 通过自我觉察认识自我

《论语》曰：“吾日三省吾身。”自我觉察是指个体运用自我观察、自我分析、自我反思来全面深入地进行自我认识。这是在以他人为镜的同时，对自我进行更加深入的了解与判断，包括对因内外刺激引起的不平衡状态的评估，对不适应现象的归因分析，对已有经验的检索与比较，对原有行为方式应对效果的审视与判断等，即对自己的认知、情绪和行为过程保持觉知省察，有意识地进行自我调整。

同时，也要注意区分自我反思与思维反刍。自我反思是有意识地自我观察和内省的过程，可以帮助我们更好地理解自己的内心世界，发现自己的优势和不足；而思维反刍则是无意识地持续关注自己的行为与思想，比如感到思绪不受控制地向过往飘去，让我们想起过去的某些事情，而这些事往往让自己感觉到痛苦、难过和尴尬，如“高考成绩不理想，别人怎么看我?”“今天发生那件事的时候，要是我不……就好了”。如果对事情进行持续而重复的思考，可能因此陷入深深的情绪旋涡，难以释怀，感到自责和自卑。如果发现自己经常性地陷入“思维反刍”，就需要重视起来，做出改变。

参与式活动：

运用萨提亚冰山理论进行自我觉察

萨提亚提出的冰山理论，从行为、应对方式、感受、观点、期待、渴望和自我七个层次（图 2-2），用冰山的形态隐喻了人们的完整自我。依据萨提亚冰山理论，个体能够被外界所看到的行为表现或应对方式，就像是露在水面上的很小一部分冰山，而隐藏在水底的巨大部分则是长期压抑并一直被我们忽略的内在。萨提亚冰山理论告诉我们：观察自己的外在行为，体会行为背后的感受、观点、期待和渴望，看到隐藏在最深处脆弱的自我，正视痛苦的感受。每个人都有被爱、被认可、被尊重的心理需求，看到内心的需求，放下不必要的期待，找到卡住自己生命能量的原因，接纳和关心自己。萨提亚模式的心理咨询注重提高人的自尊水平，改善沟通方式，帮助人们生活得更人性化，达到身心合一、内外一致。

尝试画出自己的冰山可以增进自我认识，尝试了解别人的冰山可以深入理解他人、共情他人，有助于建立更深入的人际关系。

在你最近的生活中发生了什么压力事件？在压力下，你的行为、应对方式是什么？你的内在感受、观点、期待、渴望和自我各是什么样的？请尝试着画出你的冰山图。

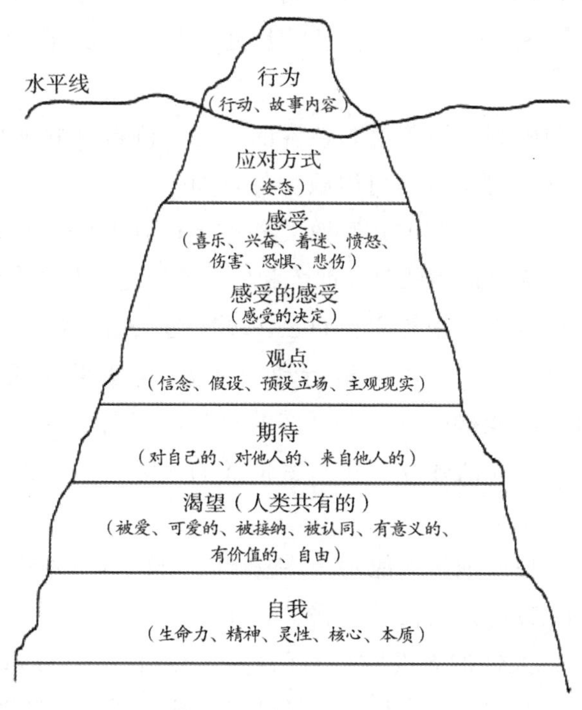

图 2-2　萨提亚冰山理论

3. 通过实践活动认识自我

大学生积极参加各种类型的实践活动，有利于全面客观认识自我，增加生活阅历，丰富自我体验，磨砺自我意志。大学生在参与活动的同时，也能够扩展交往空间，提升处理人际关系的能力，获得同龄人的支持和鼓励，满足沟通与交流的需求，从而提升自我。

大学生实践活动内容很广，既包括学业学术、社会实践、实习实训、创新创业，也包括文体娱乐、日常生活等。大学生要从身边事、日常事入手，以自我成长目标为引领，在活动中认识自己的性格、能力、兴趣、志向等。一般来说，如果活动顺利、成果良好，大学生就可以增强自信，获得价值感，提高自我评价。然而，有实践活动，就有成败得失。每个人对待成败得失的态度并不相同，如果过分追求活动的结果，以成败论英雄，当出现失败时往往无法接受，出现负性情绪，甚至对将来可能面临的类似情境出现消极预期，自信心下降。因此，大学生应该更注重活动的过程，无论结果成败都能够从经验中学习，不断增长自己的才干。

（二）自我接纳，自我关怀

1. 接纳真实的自我

自我接纳就是在认识自我的基础上，对自己持认可、肯定和喜悦的态度，欣赏自己的优点，珍惜自己的独特性，肯定自己的长处，并积极发挥主观能动性，使自己的才干得到发挥。

接纳自身的不足与限制，用善意和包容的态度对待自己的不足。对自己的短处不自责、不逃避、不否认，对于自己可以改变的，如生活自理能力欠佳、缺乏人际交往技能等，可以通过向他人学习等方式来改变和提升；对于自己不能改变的，如身高外貌等，则要勇于接受，通过适当的身体锻炼和外在修饰塑造形象气质。

自我接纳就是要以发展的眼光看待自己，不对过去的错误或过失耿耿于怀，建立可行的目标，积极融入生活，切实采取行动，通过日积月累的努力和成效鼓励自己。对于大学生来说，如果不能接受和面对真实的自我，就无法自然地进行自我展示，无法体验人际交往的乐趣，无法建立真正亲密信任的人际关系，长此以往可能引发心理问题。

接纳自我的人才能更好地接纳他人。要想被他人接纳，必须首先接纳自我。

2. 以友善关怀的态度对待自己

自我关怀是以友善关怀的态度对待自己，在一定程度上尊重个人的感受和体验，适当满足个体的需要。照顾自己要从照顾好自己的身体开始，与自己的身心进行连接，与他人、外界环境进行连接。

自我关怀尤其体现在面对压力、痛苦和挫折时，能够对自己进行心理包容和情绪安抚，保持个体相对宁静的情绪状态，提升安全、温暖等积极情绪，降低个体在面对压力时的负面感受。假设你在课堂上大声说出了一个错误的答案，自我友善就意味着你会像对待一个好朋友那样对待自己——你可能会对自己说：“你搞砸了，但是至少你尝试过了，不用担心。”这可以让你从错误中振作起来，比沉浸于羞愧或者其他负面情绪中好得多。

自我关怀还涉及普遍人性，即要意识到人人都会有搞砸的时候，很多人都曾经犯过错误或曾经感到害怕，痛苦和不完美本身就是人类天性的一部分。所以，当你喊出一个愚蠢的答案时，告诉自己：这种经历尽管不愉快，但却是正常的，你和大家一样会有尴尬的时候。

正念与自我关怀紧密相关。正念提倡个体觉知自己的想法和感受但不沉溺其中，而是保持接纳和觉察。大量研究发现，通过正念练习可以提高大学生的自尊水平和心理健康水平，提高挫折耐受力，有效提升自我关怀水平。

自我关怀水平高的人在经历挫折与打击后，不会变得被动、沮丧或绝望，会重建对自己、对环境的认知，以包容的态度对待创伤事件带来的挫折与痛苦，正向思考挫折事件带来的影响与意义，进而促进创伤后成长。

心理测验：

你有多擅长照顾你自己?

以下小测试能帮助你了解自己是不是个擅长照顾自己的人。请仔细阅读每个描述，按照符合自己的程度为自己打分，非常符合3分，较符合2分，不太符合1分，非常不符合0分。不必过多考虑，根据第一感觉选择即可。

1. 我偶尔会送给自己一些类似于礼物的美好的东西。
2. 我会腾出时间进行休闲活动。
3. 我认为在某些时候有必要为自己考虑。
4. 生病时有人照顾我，我会很开心。
5. 生活中，我会计划如节日出行这类我能有所期待的活动。
6. 每天我要确保自己有时间做一些能让自己愉快的事。
7. 我很注重健康和打理自己的外表。
8. 别人送我礼物或称赞我所做的事，我会很开心。
9. 当我成功地完成一项工作，我会表扬自己。
10. 我觉得我能主宰自己的人生，由他人的视角来看，我不是在简简单单生活。

11. 我重视健康的饮食并且绝不会不吃饭。
12. 我会专门参加运动来保持身体健康。
13. 与我喜欢的人之间的友谊，我会花时间来保持。
14. 我会抽出时间参加有意义有趣的活动。
15. 有时我不得不把个人需求放在第一位，这也许意味着我不得不伤害其他人。
16. 当别人对我提出要求时，我可以说“不”。

计分方式：如果总分少于25分，说明你有必要提高自我照顾的技能，你可能更多考虑别人的感受，总是忽略自己，也不太擅长给自己安排一些内心喜爱的活动。请试着从今天开始，更多喜欢自己、接纳自己，学习照顾好你自己。

参与式活动：

1. 正念观呼吸

正念（mindfulness）起源于东方佛教文化，正念减压法的创始人卡巴金将正念引入心理学领域，将其定义为以一种有意识的、专注于此时此刻，不加任何判断的特殊方式。正念强调对当前经验（如身体感觉、情绪、想法等）保持有意识觉察与注意，同时强调对当下经验保持好奇、开放和接纳的态度，不评判，不做出习惯性的自动反应，增加有意识的行动。近几十年来，正念被西方率先提炼成一种心理训练方法，广泛应用于减轻甚至消除身心不适症状、提高心理健康水平、提升积极心理品质。常见的练习方法有观呼吸、身体扫描、日常生活正念等。

观呼吸练习：带着允许与接纳的态度，不评判地觉察自己的呼吸，以及在此过程产生的感觉、情绪、想法，尽量不行动。

进行观呼吸的过程中你觉察到了什么？在小组内分享你的感受。

2. 蝴蝶拍

（1）首先双臂在胸前交叉，右手在左侧、左手在右侧，轻抱自己对侧的肩膀。

（2）双手轮流轻拍自己的臂膀，左一下、右一下为一轮。

（3）注意：速度要慢，轻拍4—6轮为一组。停下来，深吸一口气，你现在感觉如何？如果好的感受不断增加，可以继续下一组蝴蝶拍。

（4）分享活动体验。

（三）自我管理，自我完善

自我管理是人主动地调节和控制自己的认知、情绪和行为，通过克服困难，不断追求目标实现的过程，是大学生健全自我意识的根本途径。

1. 善于调节自己的认知

大学生要善于调节自己的认知，善于发现自己认知中的不合理成分，不断调整对自己的认识与目标期望，对新经验保持开放和发展的心态。在日常生活中，我们经常发现，同样的事情发生之后，不同的人产生的想法并不相同，情绪体验和行为反应也各不相同。认知学派认为，不合理的认知往往具有以偏概全、非黑即白、灾难化、绝对化等特点。比如发现自己在一次活动中失败了，可能就认为自己一无是处，这是一种以偏概全的思维方式。常见的还有以二分法对事情或人进行绝对化评价，不是成功就是失败，非好即坏等。认知不合理会让个体对自己感到不满意，产生自我怀疑。个体在生活中要学会识别和调整自己的不合理信念，使自我概念和目标更符合自身发展的实际情况。

2. 善于调控自己的情绪

喜怒哀乐，人皆有之，我们不能过分压抑自己的情绪，但过于强烈而失控的情绪可能会导致冲动行为，造成学习效率下降、人际关系失和，还会影响身心健康。因此我们不能任由情绪自行发展，要适度控制消极情绪，努力激发积极情绪。情绪调适的常用方法包括深呼吸、听音乐、绘画、阅读、运动、助人、宣泄、积极暗示及倾诉等。希望每位大学生都可以尝试和探索出适合自己的情绪调节方法，做情绪的主人。

3. 进行自我完善，努力超越自我

健全自我意识的终极目标是加强自我修养，不断进行自我塑造，达到完善自我、超越自我的境界。积极的人生态度、明确坚定的人生目标是自我完善的前提，从小事做起、积极行动、勇于实践、善于反思，是自我完善的途径。超越自我就是要善于打破习惯思维模式，努力激发潜能，实现自我价值。超越自我也是超越个人的“小我”，融入集体、社会的过程，大学生要积极投身社会实践，将实现自我理想与担当社会责任紧密结合起来。

阅读推荐：

1. ［英］约翰·蒂斯代尔：《八周正念之旅——摆脱抑郁与情绪压力》，聂晶译，中国轻工业出版社2017年版。

2. ［美］格伦·R.希拉迪：《重建恰如其分的自尊》，刘彦汝、刘佳、孙云婷译，化学工业出版社2022年版。

3. 瞿小栗：《自尊的重建：从我不配到我值得》，人民邮电出版社2023年版。

4. 武志红：《自我的诞生》，新星出版社2022年版。

电影推荐：

1.《狮子王》(1994)，导演：罗杰·艾勒斯、罗伯·明可夫。

2.《黑天鹅》(2010)，导演：达伦·阿伦诺夫斯基。

3.《少年派的奇幻漂流》(2012)，导演：李安。

第三章　秋荷独后时，摇落见风姿
——大学生人格发展

人心之不同，如其面焉。

——左丘明《左传·襄公三十一年》

盖人生光明，不在为显官、得利禄，惟能全人格者，始为真成功。

——杨贤江《我之学校生活》

学习目标：

1. 了解人格的内涵与特征。
2. 结合人格理论，评估自身的人格特点。
3. 掌握塑造健全人格的方法。

第一节　人格概述

一、人格的内涵

人格一词是由 Personality 翻译而来的，源于拉丁文 persona，原意是指古希腊演员在舞台上所戴的面具，与我们京剧中的脸谱类似，观众可以从面具就知道演员所扮演的人物有什么特点。比如京剧中的红脸代表忠义，白脸代表奸诈。心理学沿用面具的含义，转意为人格，其中包含了两层意思：一是指一个人在人生舞台上所表现的种种言行，人遵从社会文化习俗所做出的反应，即人格的“外壳”，就像舞台上根据角色的要求而戴的面具，反映一个人的外在表现；二是指一个人由于各种原因未能展现的内隐人格成分，即面具后的真实自我，这是人格的内在特征。

人格是个复杂的概念，尚未有统一的定义，美国心理学家奥尔波特将人格定义为个体内在心理生理系统的动力组织，它决定着个人特有的思想和行为。英国心理学家艾森克认为人格是个人的性格、气质、智力和体格的相对稳定而持久的组织，它决定个人适应环境的独特性。黄希庭将人格定义为个体在行为上的内在倾向性，它表现为个体适应环境时在能力、情绪、需要、动机、兴趣、态度、价值观、气质、性格和体质等方面的整合，是具有动力一致性和连续性的自我，是个体在社会化过程中形成的给予人特色的身心组织。

综合上述定义，可以认为人格是个体在适应环境的过程中形成的独特而稳定的心理行为模式，是带有一定倾向性的心理特征的总和。在我国，一般把人格称为个性，将其分为互相联系的两个方面：个性倾向性和个性心理特征。个性倾向性是个性结构中最活跃的因素，是一个人进行活动的基本动力，主要包括需要、动机、兴趣、理想、信念和世界观。个性倾向性决定人对现实的态度，决定人对活动对象的趋向和选择。个性心理特征是指一个人身上经常而稳定地表现出的心理特点，主要包括能力、气质和性格。可见，人格包含气质与性格。气质反映人的心理活动的强度、速度、灵活性和指向性，与高级神经活动特点密切相关，无好坏之分，比如内向还是外向主要反映的是气质不同。性格强调社会价值，是后天形成的，具有好坏优劣之分，比如坚强勇敢、无私奉献是社会认可的好的性格。

不同学科使用“人格”一词做表述时有不同的内涵。在伦理学领域，人格是个人道德品质的体现，如日常生活中说某人人格高尚或人格卑鄙。从法学的角度看，人格是个体作为权利、义务主体的资格，如日常生活中说某人的行为损害了他人的人格。在心理学中，人格代表了一个人独特的心理品质和精神面貌，如有的人乐于社交、热情活泼，有的人则喜欢独处、含蓄内敛，有人冲动鲁莽、粗心懒散，有人则深谋远虑、高效干练。

二、人格的特征

（一）整体性

人格的整体性是指人格虽然由多种成分和特质构成，如能力、气质、性格、需要、动机、态度、价值观等，但在一个现实的人身上，它们并不是孤立存在的，而是互相联系、互相制约、有机统一的。人的行动并不是某一特定成分运作的结果，而是各个成分密切联系、协调一致进行活动的结果。整体性表现在人格的内在一致性上，人格的内在一致性受自我意识调控。当一个人人格结构的各方面彼此和谐一致时，就会呈现出健康人格特征，否则就会使人产生心理冲突。

（二）稳定性

人格的稳定性是指个体的人格特征在不同时间、不同情境下表现出一致的特点。“江山易改，禀性难移”，形象地描述了人格的稳定性。只有比较稳定的、在行为中经常表现出来的心理倾向和心理特征才能表征一个人的人格，偶尔的表现并不是其人格特征。比如，一个内向沉默的大学生，平时严肃认真、不苟言笑，但经过精心准备和多次练习，他也可以在某次演讲中表现得侃侃而谈、轻松幽默。我们认为，内向严肃是他的人格特征，而健谈幽默则不是他的人格特征。

人格具有稳定性并不意味着人格是一成不变的，人格也具有可塑性。儿童的人格还不稳定，容易受到环境影响而发生变化。成年人的人格比较稳定，但突发的重大事件或挫折，如重大的自然灾害、社会动荡、家庭变故、罹患重病等，都会对个体产生深刻的影响，从而改变已经形成的人格特点。通常而言，逆境会使人消沉，但通过发挥主观能动性，逆境也可能使个体变得更坚强，提升心理品质。

人格是稳定性和可塑性的统一，人拥有自我意识和自我调控能力，可以在一定程度上完善和发展自我人格。大学时期，大学生认识自我、发展自我的需求非常强烈，处在人格再塑造的关键时期。

（三）独特性

“人心不同，各如其面”，这句话为人格的独特性做了最好的诠释。人格是在遗传、成熟、环境、教育等先后天因素的交互作用下形成的。个体遗传素质各不相同，生存及教育环境各异，个体对环境事件赋予的解释、做出的应对也是不同的，形成了各自独特的心理特点。这种独特性说明了人格的千差万别、千姿百态，就像世界上没有两片完全相同的树叶一样，我们也不会遇到两个完全相同的人。

人格的独特性并不意味着人与人之间的个性毫无共同之处。同一民族、同一阶层、同一群体的人们具有相似的人格特征。人格的共同性往往与社会文化因素密切相关。一般来讲，西方文化倡导个人思想和情感的独立，强调自我意识，而在东方文化中，社会规范和集体的需求往往优先于个人。随着中国社会的发展，人们也越来越重视个体意识和自我表现。虽然人格心理学家也研究人的共同性，但他们更重视人的独特性。

参与式活动：

独特的我

1. 完成句子

（1）假如我是一种花，我希望是____________，因为__________________________；

（2）假如我是一种树，我希望是____________，因为__________________________；

(3) 假如我是一种动物，我希望是＿＿＿＿＿＿，因为＿＿＿＿＿＿＿＿＿＿＿；

(4) 假如我是一种乐器，我希望是＿＿＿＿＿＿，因为＿＿＿＿＿＿＿＿＿＿＿；

(5) 假如我是一种水果，我希望是＿＿＿＿＿＿，因为＿＿＿＿＿＿＿＿＿＿＿；

(6) 假如我是一种颜色，我希望是＿＿＿＿＿＿，因为＿＿＿＿＿＿＿＿＿＿＿；

(7) 假如我是一种交通工具，我希望是＿＿＿＿＿＿，因为＿＿＿＿＿＿＿＿＿。

2. 小组分享

每个组员逐条读出自己所写的句子，看看自己和别人的相同点和不同点，相同点一样时，原因相同吗？也许不同组员对一个问题的回答是相同的，但是原因却不尽相同。

通过此次活动了解和分享自己的独特性。

（四）社会性

人格的社会性是指人格是在社会化过程中逐步形成的。社会化是个人在与他人的交互作用中掌握社会经验和行为规范，获得自我的过程。通过社会化，个人获得了价值观、自我观念等人格特征。极端情况下，如果婴儿的社会接触被剥夺，就不可能成长为真正的人。1920 年，印度一位牧师辛格在狼窝里发现了两个小女孩，她们从小被狼叼走，在狼群中长大，像狼一样生活。她们被救出来以后，小的约 2 岁，很快死去；大的约 8 岁，经过悉心照料和教育，两年学会站立，四年学会了 6 个单词，六年学会直立行走，并能讲出 40 个单词，到 17 岁临死时，她的心理发展水平仅仅相当于正常的 4 岁儿童。

人格的社会性并不排除人格的生物性，人格是在个体的遗传和生物性基础上形成的。人的生物性不能预定人格的发展方向，然而它却构成人格形成的基础，影响某些人格特征形成的难易。

（五）功能性

俗话说："性格即命运。"人格决定一个人的生活方式，有时甚至会决定一个人的命运，比如《红楼梦》中的林黛玉，由于自幼丧母，寄居贾府，虽才华横溢，却性格敏感细腻、多愁善感，年纪轻轻便抑郁而终。

在面对挫折与失败时，不同人格特点的人表现出很大的差异：坚韧者不畏困难，发奋拼搏；懦弱者则可能怨天尤人，甚至自暴自弃。面对悲痛，一些人可以化悲痛为力量，而另一些人则沉溺其中，一蹶不振。当人格具有较高的功能性时，就会表现为健康有力，对人的生活实践起到良好的支持作用；而当人格功能失调时，就会表现出软弱、无力、混乱、失控，甚至患病。

三、影响人格的因素

研究表明，人格是遗传与环境交互作用的产物，遗传决定了人格发展的可能性，环境决定了人格发展的现实性。我们在讨论问题时，可以把两者分开，但是这两种因素从来没有各自独立地发挥作用，因为自怀孕后期，母亲的情绪状态已经对胎儿的发育产生影响，遗传素质与环境因素已密不可分地结合在一起。

（一）遗传与生物学因素

遗传因素对人格的作用程度因人格特征而异，通常在智力、气质这些与生物因素相关较大的特征上，遗传因素较为重要；而在价值观、信念、性格等与社会因素关系密切的特征上，后天环境因素更为重要。

遗传因素影响人格发展的倾向性及形成特定人格特征的难易度，但是，环境对特定人格特征是否表现出来具有重要影响。表观遗传学研究各种遗传性状是否被表达，在不同的环境和经历中，细胞可能会以不同的方式读取基因。也就是说，我们继承的基因不会改变，但基因的表达方式会不同。某方面的遗传易感性，如抑郁症的倾向，可能因为受虐待的经历而表现出症状，也可能因为得到了充满爱的养育而不会表达。因此，天性和养育、基因和环境之间的互动十分强大。研究人员认为，基因可以完全解释智力或多动等特征的时代已经过去了，但同样，环境也不能解释一切，两者总是结合在一起发挥作用。

（二）社会文化因素

人一出生，便置身于社会文化之中，文化对人格的影响伴随人的终身，这个塑造过程自然缓慢地发生。不同文化的民族有其固有的民族性格，不同的地域有着不同的文化传统。一般认为，个人主义还是集体主义，是不同文化之间的一个核心差别，这种差别使不同文化在育儿的许多方面都有不同的信念。在西方重视个体独立性的文化中，照顾者和婴儿之间则是拉开距离的，面对面的交流更多一些。在集体中心的文化中，照顾者更支持儿童遵循社会和道德准则，鼓励孩子参与团体活动和社会活动，遵从父母的期望，而较少鼓励孩子发挥自主性。

社会文化因素决定了人格的共同性，使同一民族、同一文化传统的人们，在人格上具有一定程度的相似性。随着教育、社会发展和城市化的影响，社会文化也在发生变化，养育子女的方式也在发生变化。

（三）家庭因素

家庭对个体人格的形成和发展具有重要和深远的影响。中国有句俗话：“三岁看大，七岁看老。”精神分析学派认为，从出生到 6 岁，是人格形成的关键阶段。在这个阶段，绝大多数儿童在家庭中生活，在父母的抚养下长大，因此，父母的教养态度对人格的形成和发展起着重要作用。

家庭教养方式一般可以分为三类。第一类是权威型。这类父母在对子女的教育中，表现出过高的支配欲和控制欲，在这种教育环境下成长的孩子容易养成被动、依赖、服从、懦弱的性格特点，做事缺乏主动性。第二类是放纵型。这类父母溺爱孩子，孩子多表现出任性、幼稚、自私、独立性差、唯我独尊等特点。第三类是民主型。这类家庭氛围平等和谐，父母尊重孩子，给孩子一定的自主权，并进行积极正确的指导，孩子易形成积极的人格品质，具有乐观、自立、善于交往、善于合作、思想活跃等特点。

由此可见，家庭对人格培育起到了至关重要的作用，父母的人格必然影响他们对待孩子的方式，脾气暴躁易怒的父母会用简单粗暴的方式对待孩子，温和有爱的父母在养育孩子的过程中往往拥有足够的耐心，能做到循循善诱。俗话说："有其父必有其子。"父母的行为方式会潜移默化地影响和塑造孩子的人格，使子女表现出类似的行为方式。

（四）儿童早期经验

幸福的童年有利于儿童形成健康人格，敏感细腻的早期照护可以增强儿童的心理免疫力，让他们更乐观积极、更自信，拥有更健康的身心。反之，不幸的童年会引发不良人格的形成，影响身心健康。

童年期不良经历（Adverse Childhood Experiences，ACEs）是指 18 岁前经历的不良生活事件，包括虐待（躯体、情感、性）、忽视（躯体、情感）和家庭功能不全（父母死亡或严重疾病、父母分居或离婚、父母监禁、家庭贫困、家庭暴力、家庭成员有物质滥用或精神疾病等）多个方面。ACEs 影响神经、内分泌、心血管、免疫等多个生理系统的功能，与生命后期的癌症、糖尿病、心血管疾病相关联；ACEs 影响心理功能，包括认知障碍、焦虑抑郁问题、社交和沟通技能缺乏、人际关系不良、物质成瘾、自伤自杀风险等。大量研究证实了 ACEs 的影响可持续终身。早期经历的 ACEs 数量越多、程度越深，未来出现心理问题的风险就越大。国内赵婧宇等人的一项研究发现，情感忽视检出率最高。究其原因，可能是父母忙于工作，或传统育儿观念重视物质照顾，忽视情感需求。从心理因素看，可能由于父母自身对情感比较回避、否认，或者无法应对强烈的情感，所以忽视了子女的情感需求。如果及早发现和干预，很多不良的早期影响是可以被逆转的。

（五）学校教育因素

学校是有目的、有计划地向学生施加影响的场所。学校应提供安全接纳的支持性环境，建立人与人之间相互尊重、值得信赖的关系，满足学生在情感、社交和学业各方面的需求，从而减少学业不良、暴力和校园欺凌行为，并对高风险学生保持积极关注，提供足够的支持，对受 ACEs 影响严重的学生进行有针对性的干预。

教师的人格特征、行为模式与思维方式会对学生产生巨大影响。每个教师都有自己独特的风格，会营建不同的师生关系。在一项教育研究中发现，在性情冷酷、刻板、专横的老师所管辖的班集体中，学生的欺骗行为较多；在友好、民主的班级氛围中，学生的欺骗行为较少。心理学家勒温等人也研究了不同管教风格的教师对学生人格的影响作用，他们发现在专制型、放任型和民主型的管理风格下，学生表现出不同的人格特点。教师的公平公正对学生有着至关重要的影响，学生极为看重教师对待他们是否公正、公平，教师的不公正表现会导致学生学业成绩和道德品质降低。

（六）自我调控因素

上述各因素体现的是人格培养的外因，而外因是通过内因起作用的，人格的自我调控系统就是人格发展的内部因素。人格调控系统以自我意识为核心，主要作用是对人格的各个成分进行调控，保证人格的完整、统一、和谐。

人是具有能动性的主体，并不是完全被动的接受者。作为大学生，面对不同的遗传天赋和外界环境，我们可以做出自我选择和自我决定：我们可以选择帮助自己而不是放弃和颓废，我们可以选择尽自己最大努力做到最好而不是自怨自艾。大学生要对塑造自我人格的能力充满信心，发挥主观能动性，为自己所能达到的人格发展水平负起责任。

综上所述，在人格的形成和发展过程中，遗传决定了人格发展的可能性，环境决定了人格发展的现实性，自我意识则决定了人格发展的能动性。

阅读与思考：

1967 年，彼得・福纳吉作为匈牙利难民来到英国，但是因为不会说英语，他当时非常抑郁，有过自杀的想法和计划。年轻的福纳吉不想吃东西，也不想离开他的房间，他讨厌与人交谈，在学习上也很吃力。

幸运的是，一位邻居意识到福纳吉遇到了麻烦，他把福纳吉送到位于伦敦北部的安娜・弗洛伊德国家儿童和家庭中心。安娜・弗洛伊德是精神分析之父弗洛伊德的女儿，她在英国建立了这个儿童慈善机构。在那里，福纳吉消除了自我挫败感，并了解到自己更积极的一面。但那时并没有人意识到这个男孩将成为最著名的儿童心理学家之一。他后来成为第三代依恋心理学的领军人物，提出并验证了心智化理论和治疗技术。

福纳吉的经历告诉我们，严重不适的外界环境确实会导致个体消极抑郁，甚至出现自杀危机；完善的社会救助体系、良好友善的人际关系，会帮助我们消除这种逆境带来的痛苦孤独。

第二节　大学生人格特点

一、人格理论

人格代表了一个人独特的心理特征和整体的精神面貌，心理学家对此做了很多研究，提出了各具特色的人格理论。学习人格理论，对大学生全面认识和理解自己的人格特点，培养健全的人格具有指导作用。

（一）经典精神分析学派

经典精神分析学派产生于19世纪末20世纪初的欧洲，创始人是弗洛伊德。有人把爱因斯坦、马克思、弗洛伊德并称为影响世界历史的三个犹太人，说明了弗洛伊德创立的精神分析学派所做出的巨大贡献。

1. 潜意识理论

弗洛伊德认为，人的心理犹如大海中漂浮的冰山，露出海平面的是可见的意识，隐没在水面之下的大部分则是潜意识。潜意识是人类心理的主体，潜意识的内容是被排斥于意识之外的原始的冲动和欲望。潜意识决定着人的大部分行为，通常以梦、笔误、口误等形式表现出来。

阅读与思考：

心理学如何看待“梦”

梦，是一种很奇妙的现象：

为什么我总是做同一个梦，有什么特殊意义吗？

晚上做很多梦，经常做噩梦是怎么回事？

为什么有的场景好像在梦中出现过？梦可以预示未来吗？

梦见掉牙、考试迟到，梦见前任，梦见被追杀，梦见家人去世或逝去的亲人……

梦背后隐藏着怎样的心理意义？

弗洛伊德认为，梦是有意义的心理现象，是人的愿望的迂回满足。人能讲出来的梦境是梦的显意，其背后都有隐意。一些不被我们接受的情绪、不被允许的感受，会在梦里以各种奇怪的形式涌现。许多研究证明，梦能展示人最真实、最深层的心理，能反映出日常生活中被我们忽略的隐性压力、未被表达的内在情感和被掩盖的心灵创伤。

你对自己的梦感兴趣吗？对梦进行深入探索，是了解潜意识的最好方式之一，梦提供了一种了解人类心灵的重要途径。

2. 人格结构理论

人格结构由本我、自我、超我组成，三者有各自不同的功能、性质、活动原则，是相互联系且相互制约的。

本我（Id）是与生俱来的，充满了原始的潜意识的本能，包括性、攻击等冲动。本我为人的心理活动提供能量，遵循快乐原则，以非理性的方式工作，寻求愿望的直接满足。

自我（Ego）是从本我中分化而来的，是人格中有组织有意识的结构部分。自我的作用是协调本我冲动与环境条件之间的关系，遵循现实原则，决定哪种本我冲动可以满足以及用什么方式满足，比如是否需要延迟满足。

超我（Superego）是从自我中分化出来、道德化了的自我，是儿童对父母及其他成人要求的内化，遵循道德原则行事。

自我担负着协调本我冲动和超我要求的职责，个体在面对冲突时，会使用防御机制来避免过分的焦虑。超我的主要职责是指导自我按照社会道德行事，压抑本我不能为社会所接受的本能冲动。超我发展不足会使行为缺少约束，造成行为放纵甚至犯罪。反之，超我过于强大则会使人经常产生焦虑感，如果意识到自己的思想行为不符合道德规范就会产生强烈的良心不安、羞耻感和负罪感，给个体带来很大的心理负担和痛苦。

阅读与思考：

心理防御机制

弗洛伊德的女儿安娜·弗洛伊德系统整合了心理防御机制理论。她认为防御机制通常在潜意识层面进行，一般是适应性的，有助于摆脱不快和焦虑，但也可能是病理性的。利用心理防御机制可以了解一个人的人格特点。

常见的防御机制主要有：

1. 压抑。压抑是最基本的防御机制，常见的表现形式是选择性遗忘，即有选择地将不愉快的经验压抑在潜意识里。

2. 投射。投射是把自己不被接受的冲动思想和行为归结到别人身上，甚至借此来责难他人。例如，一个人恨别人却觉得别人恨自己，一个吝啬的人会指责别人是小气鬼。

3. 反向形成。把无意识中不能被接受的欲望和冲动转化为相反的行为，外在呈现与内在需求背道而驰。比如，喜欢一个人，却表现出讨厌而且远离对方。

4. 转移。将敌意等强烈情感从最初唤起的对象转移到另一个比较不具威胁性的对象上，以减轻个体精神负担。比如，员工在单位受到老板的责骂，回家后却向自己的妻子、孩子或宠物出气。

5. 合理化。用看似合理的理由来代替自己行为的真实动机和理由，重获心理平衡，或挽回面子，保全自尊。如常见的“酸葡萄”心理。

6. 否认。不承认客观事实，扭曲对现实的认知，不去面对生活中无法解决的困难和无法达成的愿望，从而减轻内心的焦虑，比如“掩耳盗铃”。否认是一种非常极端的防御机制，使人脱离现实，无法发挥正常的功能。

7. 升华。升华是人们将具有威胁性的潜意识冲动转化成可被接受的社会性行为的过程，是一种积极正向的防御机制。比如，参与拳击这种具有攻击性的运动，把潜在的攻击冲动以社会可接受甚至鼓励的方式宣泄出来。

思考：你在日常生活中会不自觉地使用心理防御机制吗？你经常使用何种防御机制？对你有何影响？

（二）新精神分析学派

艾里克森是新精神分析学派的代表之一，与其他学派更重视早期经历不同，他把人格扩展到整个生命周期，并把其划分为八个阶段（详见表 1-1），每个阶段都有对应的心理危机，危机解决后将为个体带来新的适应性的人格品质，并且增加后一阶段危机积极解决的可能性。否则，个体会形成不良的人格特点，阻碍个体适应环境，并且给个体人格发展留下隐患。例如，如果一个人在婴儿期没有形成基本的信任感，可能在成年之后仍然在人际关系中无法建立信任，缺乏安全感，影响良好人际关系的建立。在面临危机时，这些隐患会使个体退行到早期的发展阶段，甚至个体始终固着于某个特定阶段，心理上完全不能超越这个阶段。

艾里克森强调社会文化因素对人格成长的重要影响。每个阶段能否顺利度过，取决于能否获得有利的社会环境和人际支持。

0—1 岁，母亲的喂养和拥抱是婴儿与他人第一次重要的相互作用。母亲充满关爱地照顾婴儿，满足宝宝的各种需要。婴儿对母亲产生基本信任感，使婴儿感到自己是可爱的，人和世界是可靠的。1—3 岁，孩子慢慢地学会了走路说话，开始进行一些大小便训练。如果父母很有耐心，允许孩子以自己的节奏发展，那么孩子就能感觉到他是有能力控制自己和环境的，于是获得了自主感。3—6 岁的儿童行动更加灵活，想象力丰富，拥有了自己的主见，如果父母能够保护孩子的求知欲，给予充分的自由，同时提供必要的指导和看护，儿童将会勇于尝试，为自己的目标努力，从而获得主动感。6—12 岁学龄期儿童在努力学习的过程中，如果能经常获得老师和父母的支持和鼓励，他们将会感到愉悦并产生勤奋感。

如果一个青少年有着不幸的童年，无法获得充分可靠的环境支持来认识自己，不知道自己是谁、想成为什么样的人，就会陷入角色混乱状态。在成年早期，个体主要是发展友谊和爱情，建立持久的亲密关系，这就需要其具备关心他人、信任他人、共享情感的能力。如果顺利发展到成年中期，个体则会关心社会、关心年轻人的成长，乐于为下一代提供良好的成长环境，就具备了生产力、创造力。于是，在成年晚期，个体回顾一生，会对自己的大部分经历感到比较满意，没有过多后悔和遗憾。反之，就会陷入深深的失望之中，只能带着悲伤和恐惧走向生命的终点。

可见，在艾里克森的观点中，发展是一个持续终身的过程，人格始终在变化。人格需要在整个生命过程中去获得滋养和不断形成。该理论可以引起大学生的很多思考：我的人生各阶段发展任务完成得如何？形成了哪些积极或消极的心理品质？从现在开始，我将如何完善和发展我的人格？

（三）人本主义学派

人本主义学派强调尊重人自身的价值和自我实现的潜能。马斯洛是人本主义学派的重要代表，他认为在良好的环境下，人们都希望表现出好的品质，如友善、爱、诚实等。这与我国古代思想家孟子的性善论较为接近。马斯洛从小的经历是痛苦的、与世隔绝的，但是他并没有患精神病，表明糟糕的环境不一定使人出现精神疾病，因为人的本性有一种积极向上的倾向，这种倾向会促使人健康发展。

马斯洛认为人类所有的行为都是由需要引起的，于是提出了需要层次理论，将人的需要分成由低到高五个层次（图 3-1）。

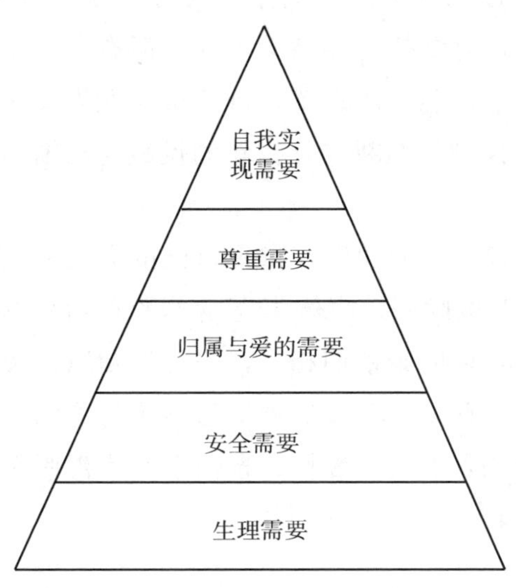

图 3-1　马斯洛需要层次理论

1. 生理需要

指与有机体生存、繁衍有关的需要，是人和动物共有的，如对食物、水、氧气、性、排泄和睡眠的需要等，是人的需要中最基本、最强烈的。

2. 安全需要

指人们对自身安全的欲望和需求，包括防止生理损伤、疾病、意外事故等。当社会处于动荡不安或未来不可预测时，人们的安全需要会更加明显。

3. 归属与爱的需要

人需要与其他人建立感情上的联系，给予爱并获得爱，比如结交知心朋友，拥有亲密爱人，在团体中寻找到归属感。如果爱的需要得不到满足，人们就会感到孤独寂寞和空虚无助。

4. 尊重需要

既包括自尊，也包括被他人尊重。人需要感到自己是有能力的、有价值的，希望自己有名誉、威望、地位，并得到他人的认可和赏识。这些需求一旦受阻，会使人产生自卑感、软弱感与无能感。

5. 自我实现需要

指实现自己最大能力和潜能的需要，目的是实现生命价值，扩展经验，充实生命。

马斯洛认为，在高层次需要得到满足之前，低层次需要必须得到一定程度的满足。例如，一个处于饥饿状态的人，不会想着满足更高层次的尊重需要，他更关注吃饱肚子。马斯洛认为生理、安全、归属与爱、尊重四种基本需要是缺失性需要，当它们没有办法得到满足时，将直接危及个体的生存。他认为自我实现的需要是成长性需要，在个体生命中出现得较晚，对维持生存意义不大，但有助于个体的生存和发展，高级需要的满足会带来更大的幸福感和成就感。自我实现的需要来源于内在动机，需要勇气、努力、自律以及自我控制，不断去寻找新的挑战。马斯洛认为，满足自我实现标准的人在整个人群中很少。

马斯洛需要层次理论提示，大学生要重视自己的需要，运用恰当的方式满足自己的需要。你有没有保持充足的睡眠、吃健康有营养的食物、喝足够的水、呼吸干净的空气？各种需要的满足与心理健康密切相关，安全、归属以及尊重需要的不满足往往与情绪不稳定、抑郁水平高有关。心理学家认为归属与爱的需要与人对食物和水的需要一样，具有强大的驱动力，友情、爱情、亲情会给人温暖和力量，爱与归属需要受阻的人，心理健康水平较低。

（四）人格特质论

人格特质论认为，特质是构成人格的基本单元，是个体持久的品质和特征，使个体在不同情境中表现出一致的行为。例如，一个具有焦虑特质的人，在考试、走夜路、上台演讲时，都会出现心慌、冒冷汗、惊慌不安等反应。

目前，特质论中最具影响力的是五因素模型，也称大五模型。研究者采用对描述人类行为的词汇进行语义分析和因素分析的方法，获得了五个人格因素：外倾性、宜人性、尽责性、神经质、开放性，并编制了测量五因素的人格问卷。很多研究表明，五因素涵盖了人格的主要维度，具有广泛的代表性。

1. 外倾性

外倾性也称外向性，主要受生物学因素影响，指人们活动能量的强度与指向性。其一端是极端外向，另一端是极端内向。外向者非常喜爱社交，通常表现为精力充沛、乐观、友好和自信。内向者则含蓄、自主、稳健。

2. 宜人性

宜人性也称随和性，是测量人际关系的维度，是人际交往由共情他人到对他人抱有敌意的一个连续谱。宜人性水平高的人，表现为关心他人，善于与人相处；其对立面是抱有敌意，喜欢争执，竞争性强，以自我为中心。

3. 尽责性

尽责性也称谨慎性，涉及意志力，是测量工作的维度。尽责性水平高的人倾向于表现出高组织能力，做事严谨，有条理，有计划，自律性强；尽责性水平低的人往往表现出无目标，冲动，容易见异思迁，爱享受。

4. 神经质

神经质测量情绪维度，主要指情绪稳定性和情绪调控情况。神经质水平高的人经常容易体验到不同的消极情绪，情绪波动性强且无法调控；神经质水平低的人多表现为平静，情绪调适良好，不易出现极端和不良的情绪反应。

5. 开放性

开放性也称求新性，指对经验持开放、探求的态度。在此维度上得分高的人乐于尝试新鲜事物，对最新的想法和理念充满兴趣；其对立面是保守，不愿接受改变，按自己的方式行动。

人格的五因素与心理健康密切相关，五因素与主观幸福感的关系在中西方都得到了广泛研究，开放性、尽责性、外倾性和宜人性得分高，神经质得分低的人，主观幸福感更高。高神经质的人易产生忧虑、愤怒、沮丧等负面情绪，情绪崩溃时常常失去控制，比通常情况下冷静、适应能力强的人更有可能患上焦虑、抑郁等心理障碍。

心理测验：

中国大五人格问卷简版

指导语：请仔细阅读表中的各项描述，并根据自己的实际情况进行选择，各项选择并无好坏对错之分。

序号	题目	非常不符合	大部分不符合	有点不符合	有点符合	大部分符合	非常符合
1	我常担心有什么不好的事情要发生	1	2	3	4	5	6
2	我常感到害怕	1	2	3	4	5	6
3	有时我觉得自己一无是处	1	2	3	4	5	6
4	我很少感到忧郁或沮丧	1	2	3	4	5	6
5	别人一句漫不经心的话，我常会联系到自己身上	1	2	3	4	5	6
6	面对压力时，我有种快要崩溃的感觉	1	2	3	4	5	6
7	我常担忧一些无关紧要的事	1	2	3	4	5	6
8	我常常感到内心不踏实	1	2	3	4	5	6
9	在工作上，我只求能应付过去便可	1	2	3	4	5	6
10	一旦确定了目标，我会坚持努力地实现它	1	2	3	4	5	6
11	我常常仔细考虑之后才做出决定	1	2	3	4	5	6
12	别人认为我是个慎重的人	1	2	3	4	5	6
13	做事讲究逻辑和条理是我的一个特点	1	2	3	4	5	6
14	我喜欢一开始就把事情计划好	1	2	3	4	5	6
15	我工作或学习很勤奋	1	2	3	4	5	6
16	我是个倾尽全力做事的人	1	2	3	4	5	6
17	尽管人类社会存在着一些阴暗的东西（如战争、罪恶、欺诈），我仍然相信人性总的来说是善良的	1	2	3	4	5	6
18	我觉得大部分人是心怀善意的	1	2	3	4	5	6
19	虽然社会上有些骗子，但我觉得大部分人还是可信的	1	2	3	4	5	6
20	我不太关心别人是否遭到不公平的待遇	1	2	3	4	5	6
21	我时常觉得别人的痛苦与我无关	1	2	3	4	5	6
22	我常为那些遭遇不幸的人感到难过	1	2	3	4	5	6

续表

序号	题目	非常不符合	大部分不符合	有点不符合	有点符合	大部分符合	非常符合
23	我是那种只照顾好自己、不替别人担忧的人	1	2	3	4	5	6
24	当别人向我诉说不幸时，我常感到难过	1	2	3	4	5	6
25	我的想象力相当丰富	1	2	3	4	5	6
26	我头脑中经常浮现生动的画面	1	2	3	4	5	6
27	我对许多事情有很强的好奇心	1	2	3	4	5	6
28	我喜欢冒险	1	2	3	4	5	6
29	我是个勇于冒险、突破常规的人	1	2	3	4	5	6
30	我身上具有别人没有的冒险精神	1	2	3	4	5	6
31	我渴望学习一些新东西，即使它们与我的日常生活无关	1	2	3	4	5	6
32	我很愿意也很容易接受那些新事物、新观点、新想法	1	2	3	4	5	6
33	我喜欢参加社交与娱乐聚会	1	2	3	4	5	6
34	我对人多的聚会感到乏味	1	2	3	4	5	6
35	我尽量避免参加人多的聚会	1	2	3	4	5	6
36	在热闹的聚会上，我常常表现主动并尽情玩耍	1	2	3	4	5	6
37	有我在的场合一般不会冷场	1	2	3	4	5	6
38	我希望成为领导者而不是被领导者	1	2	3	4	5	6
39	在一个团体中，我希望处于领导地位	1	2	3	4	5	6
40	别人多认为我是一个热情和友好的人	1	2	3	4	5	6

评分方法：1—8 题为神经质；9—16 题为尽责性；17—24 题为宜人性；25—32 题为开放性；33—40 题为外倾性。其中，第 4、9、20、21、23、34、35 题为反向计分题，即选择 1 为 6 分，2 为 5 分，3 为 4 分，4 为 3 分，5 为 2 分，6 为 1 分，其余题目按照 1—6 进行正向计分，然后计算各维度得分。

二、大学生常见的人格缺陷

大学生处于青年期，生理上已发育成熟，心理发展趋于完善，基本形成了个体独有的持续而稳定的人格品质。

人格的健康水平是一个由健康到障碍的连续谱，我们每个人都处于连续谱的某一位置，绝对的健康和绝对的障碍在人群中都只是极少数。大学生也是如此，有的人人格健康水平高，社会适应良好，有的人则有一些人格缺陷，严重者可能接近医学诊断意义上的人格障碍。

是否对自己、他人或社会造成不良影响是我们判断一个大学生是否有人格缺陷的重要标准。大学生常见的人格偏差有自我中心、完美主义、偏执多疑、冲动失控等。

（一）自我中心

自我中心也称自恋。自体心理学创始人科胡特是为自恋正名的心理学家，他认为，自恋是一种状态，也是一种需要，健康的自恋会带来宝贵的品质，例如成熟、幽默、创造力和智慧。健康的自恋源于个体形成了具有内聚性的自体，具有稳定的自尊。自恋也是从健康自恋到病理性自恋的连续谱。

出现自恋偏差大学生的常见表现有以自我为中心、虚荣、自大。他们乐于社交但与人的关系比较肤浅，在关系中重获得轻给予，无法建立温暖互惠的关系。健康适度的自恋对大学生健康成长有益，但过于自恋则会对人际关系产生不良影响，一旦自恋受挫，可能导致抑郁、自卑、焦虑等心理健康问题。

阅读与思考：

“自恋”的由来

“自恋”本来是一个文学作品当中的词，来自古希腊神话纳西索斯（Narcissus）的故事，翻译过来就是水仙花。

有个少年名字叫纳西索斯，他妈妈生完他后发现虽然这个孩子长得很美，但是被诅咒了，这个诅咒就是他一辈子都不能看到自己的样子。他妈妈很担心他有一天会因看到自己的样子而遭到厄运，就把他放在深山老林里生活，她认为那样他就不会看到自己。

纳西索斯有一天和伙伴在深山里打猎，无意间在水中看到自己的倒影，他完全被自己的样子所迷恋，爱上了自己，不想离开。因为他舍不得离开水里这么美的自己，最后就生生在河边看着水中自己的倒影而亡。纳西索斯死了之后就变成了水仙花。

在心理学领域用水仙花来描述这样一种人：他们过度地喜欢自己，很难把自己的爱分给外界，对外界没有多大兴趣。

思考与讨论：纳西索斯的故事对你有何启发？

（二）完美主义

完美主义是个体对高标准和成就的主动追求，如果在追求完美的过程中，可以容忍不确定性甚至失败，并且不严重损伤自尊自信，则是适应良好的完美主义。有的大学生做事的原则是“要做就做到最好，不能做到完美还不如不做”，导致拖延、焦虑、自责、内疚等情绪，降低了学习效率，影响心理健康和生活满意度。这就是适应不良的完美主义。

如果追求完美的倾向严重影响了个体的社会功能，比如在工作学习中纠结拖延，无法完成工作任务，内心极为痛苦，就需要试着做出一些改变：避免将自我价值过度依赖于是否达到个人标准，不要用非此即彼的二分法看待自己的行为表现。

（三）偏执多疑

偏执多疑指的是对他人怀有不信任和猜疑，并且顽固地坚持自己的想法，他人很难通过说理或摆事实来改变其观念。比如将他人无意的、非恶意的甚至友好的行为误解为敌意或歧视；或无足够根据，就怀疑自己会被人利用或伤害，因此过分警惕与防卫，将周围事物解释为不符合实际情况的“阴谋”；易产生病态嫉妒，将挫折或失败归咎于他人，对他人过错不能宽容，脱离实际地好争辩与敌对，固执地追求个人不够合理的权利或利益。

偏执多疑可能会由轻度的敏感多疑发展到严重的偏执，甚至脱离现实，达到妄想的程度。偏执多疑往往与内在的安全感有关。

（四）冲动失控

冲动失控是以情绪和行为具有明显冲动性为主要特点的人格偏差。特点如下：情绪反复无常，不可预测，经常爆发不恰当的、强烈的、难以控制的愤怒，易与他人争吵、发生冲突，且不顾后果，有时候会出现自杀或者自伤的行为。

显而易见，冲动失控会导致严重的人际关系受损，社会适应不良，甚至会产生自伤自杀等危机情况，我们需要识别和积极干预此类人格偏差。对于有冲动失控困扰的大学生，学会识别和表达自己的内心感受，增强情绪调节能力，是非常关键的。

人格偏差有轻微、中度、重度之分，如果一个人的行为方式明显且持续稳定地偏离正常，并且不是由于疾病或者突发应激事件导致的，使个体或他人遭受较大痛苦，给社会带来严重不良影响，则可能达到医学诊断上的人格障碍，如常见的有边缘型人格障碍、自恋型人格障碍、偏执型人格障碍、反社会型人格障碍等。

当大学生察觉自己的性格特点难于适应社会环境，造成身心痛苦时，可以通过自我调节的方式自助，也可以积极寻求来自家人、朋友、师长的支持。当以上方式效果不佳时，主动接受专业的心理咨询和心理治疗也是非常有帮助的，涉及严重的身心症状时，往往需要药物治疗和心理治疗相结合。同时，我们也要做好长期的心理准备，因为人格具有稳定性，要想获得内在深层的人格改变往往需要较长时间和不懈的努力。

第三节 大学生健全人格塑造

一、人格与身心健康

（一）人格与身体健康

1. A 型人格与冠心病

美国心脏病学家罗斯曼和弗里德曼发现许多冠心病患者具有相同的人格特征，并把其称为 A 型人格。A 型人格表现为，有时间紧迫感、雄心勃勃、争强好胜、缺乏耐心、易发怒和产生敌意。与之相反的是悠闲自在、随遇而安的 B 型人格，是不易患心脏病的人格特点。研究发现，心脏病发作真正的人格根源在于敌意和愤怒。

2. C 型人格与癌症

C 型人格表现为过分地顺从、忍让和自我克制，害怕冲突，情绪压抑，爱生闷气，在行为上过于友好合作，没有原则，容易迁就他人。C 型人格是导致癌症倾向的性格因素，过分压抑负面情绪容易造成免疫功能下降，增加患上癌症的风险。情绪郁郁寡欢不利于癌症的治疗与康复。

3. 尽责性人格与长寿

多项研究结果表明，尽责性人格是所有人格特质中最长寿的类型。高尽责的人对工作尽职尽责，对冒险行为小心谨慎。高尽责的大学生更有可能遵守交通规则，规律锻炼身体，保持充足的睡眠和健康的饮食，并且较少抽烟饮酒。尽责性与一个人的寿命之间有着显著的正相关性。

（二）人格与心理健康

1. 良好的人格是保持心理健康的基石

从人格的五因素模型看，低神经质的人情绪稳定，经常体验到积极情感，高宜人性代表了自信、温暖、合群，高尽责性代表了责任心、自律、严谨，这些人格特征有助于心理健康。在面对压力与挫折时，良好的人格是个体的内部资源，有利于个体更积极地应对与适应。

2. 人格缺陷是心理障碍的易患因素

很多心理障碍与人格特质密切相关，如重性抑郁障碍、社交恐惧症、进食障碍等。当人格行为表现明显偏离正常时，可能是患上了人格障碍。人格障碍有以下特点：（1）

在生活的大多数方面都遇到问题；（2）是一种根深蒂固的行为模式；（3）病人遭受痛苦或使他人遭受痛苦，或给个人或社会带来不良影响；（4）通常从青春期开始就表现出人格障碍的倾向，部分人格障碍患者在成年后有所缓和；（5）问题行为不是由其他心理障碍或生理疾病造成的，如脑损伤或药物反应。

人格障碍的诊断需要由专科医生做出。美国《心理障碍诊断与统计手册》（第五版）把人格障碍分为三大类，分别用 A、B、C 表示。A 类人格障碍特点是奇特和古怪，常见的有偏执型、分裂样、分裂型；B 类人格障碍特点是戏剧化和情绪化，常见的有反社会型、边缘型、自恋型；C 类人格障碍特点是焦虑和恐惧，常见的有回避型、依赖型、强迫型。

可见，人格与身心健康息息相关，人格特点不能决定健康与否，但可以预测健康风险。我们发现自己的人格特质是非常有益的，可以在健康问题发生之前就采取措施，比如避免社交孤立，增加社会接触，与朋友和家人建立良好的关系；学习调节情绪，减少情绪剧烈波动，降低负面情绪的影响；提升自己的自律性和尽责性，制订学习和身体锻炼计划等。

案例故事：

小 D 是一名大二男生，自诉本学期出现注意力不集中、学习效率下降、身心疲惫等问题，一周前去精神专科医院就诊，结果是中度抑郁，医生建议他接受心理咨询。小 D 是独生子，妈妈因为种种原因没有读大学，所以对他要求严格，长期下来小 D 形成了做事讲究条理和秩序、对错误容忍力较低的性格特点。他对周围舍友的很多行为都感到无法接受，但又害怕发火会影响自己在别人心目中的形象，于是经常压抑情绪，时常失眠。

通过心理咨询，小 D 认识到自己的性格特点与成长经历息息相关。小 D 的成长方向是提高对自己和他人的容错度，学习用语言表达自己的情绪，提高情绪调节能力。

二、健全人格的特点

（一）弗洛伊德人格成熟的标准

弗洛伊德认为，一个成熟的人应该能够创造性地工作和爱。首先，一个人要想创造性地工作，就要能够耐受挫折与困难，专心、努力、有计划，并且坚韧不拔。工作是个体社会适应能力的体现，学习是大学生社会功能的集中体现。其次，一个成熟的人要有建立爱的关系的能力。建立亲密的真爱关系，需要个体具备许多良好的人格特点，如尊敬别人、能够设身处地为别人着想、能够真诚地表达情感等。

（二）马斯洛“自我实现者”人格特征

马斯洛认为人类的心理具有非常大的成长潜能，每个人都有自我实现的倾向。通过对一些著名人物如爱因斯坦、贝多芬、罗斯福等的研究，马斯洛发现，自我实现者并非完美无缺的人，他们也会有一些人类的共同缺陷。整体而言，他们具备以下 15 种特征：

（1）能准确、客观地觉知与理解现实；

（2）接纳自己、他人与周围世界；

（3）内心生活、思想、行为自然率真，不做作，忠于自己；

（4）以问题为中心而非以自我为中心；

（5）具有超然独立的性格，不回避与人交往，也喜欢独处；

（6）独立自主的性格；

（7）对平凡的事物不感到厌烦，接受并欣赏新事物；

（8）具有高峰体验；

（9）热爱人类，并有着帮助人类的真诚愿望；

（10）有至交，有亲密、温暖的家人；

（11）民主并尊重他人；

（12）道德标准明确，有自己的是非判断，绝不为达到目的而不择手段；

（13）具有卓越、善意的幽默感；

（14）富有创造力，不墨守成规；

（15）具有批判精神，不受文化的影响和束缚，注重内心体验。

（三）科胡特“内聚性自体”标准

科胡特认为自体是一个人精神世界的核心，是代表整体人格面貌的内在心理结构。每个人都有发展自体的需要，健康的自体是统整、连续、有活力的，是较为完整和坚固的内在心理结构，即内聚性的自体。拥有内聚性自体的人，人格是稳定的，通常会体验到一种自我确信的价值感和实实在在的存在感。他们对自身的感受是基本良好的，情感是流动、有活力的，遇到困难时，能够调节与维持自尊的平衡而不会轻易崩溃；拥有才能和技能，在雄心和理想的指引下完成目标，获得积极的、有价值的感觉。

三、大学生健全人格的塑造

尽管生活中很多人达不到上文所讲的人格健全者的标准，但这些标准为健全人格的培养提供了前进方向，大学生可以有意识地努力提升人格水平。

塑造健全人格的途径主要有：

（一）自我接纳，自我关爱

自我是构成人格的核心要素，稳定巩固的自我感是培养健全人格的首要任务。

1. 自我觉察

能感知到自己的真实想法和外部现实，确认自己的真正需求和愿望，诚实地承认自己的现状，同时接纳这样的自己，不为自身局限感到过分焦虑，并能基于客观现实去行动和生活。

2. 自我关爱

自我关爱包含关怀、感恩和慈悲。身处困境之时，我们要学会善待自己，安抚和关心自己。当我们犯错、受挫的时候，要对自己宽容理解，而不是严厉地批评指责和自我贬低。

3. 自我实现

发现自己的优势、天赋和力量，挖掘最大潜能，使自己尽量接近理想中的自己。

（二）培养积极心态，提高心理弹性

积极心理学家塞利格曼指出，我们最有可能从父母那里学习到乐观或悲观的特质，但是，即使我们的成长环境是消极的，我们也可以培养积极思考的一面，并转向一种积极的生活方式。当你发现自己陷入消极思维时，应该打断意识进程，告诉自己停止这种想法。试着记录自己优秀的品质和过往成功的经历，学习时常给自己积极的强化，积极地肯定自己。通过有意识的练习，可以增加积极心态。

心理弹性是指在压力源面前保持坚定和坚强，以及能够从重大的逆境中恢复的能力。心理弹性使人们在逆境中保持希望，相信自己可以影响事情的发展，并且对未来怀有信心。研究证实，当站在更积极、更乐观的角度看问题时，人们就能取得更好的结果。有心理弹性的人面对困难时一般会采取积极的应对方式，为自己的经历赋予成长的意义，而且从逆境中恢复的能力较强。例如，在童年经历不幸的孩子，如果树立了一个指向未来的怀有希望的信念，则可以帮助他更好地渡过难关。

（三）建立良好的人际关系和社会支持系统

人格是在与他人不断互动的过程中形成和发展的，良好的人际关系对人格塑造起着举足轻重的作用。个体在家庭、学校、班级、同伴团体中体验到的人际关怀和支持有利于建立安全感、归属感和信任感；他人的接纳与认同，可以使我们体验到积极情感，产生积极的自我意象，促进积极人格品质的形成。

在遇到困境时，他人的帮助、支持和理解，能够提升个体心理复原力。大学生要增强获得社会支持的能力，对社交持积极态度，增强表达沟通能力，准确地传递自己

的社交需求，乐于接受来自他人的善意、支持和帮助。

（四）投入地做事，在实践中增强自我力量

荀子在《劝学》中写道：“不积跬步，无以至千里；不积小流，无以成江海。”人格养成需要我们立足日常小事，脚踏实地，在实践中不断磨炼意志，体验生命的意义。知是行之始，行是知之成，大学生要积极投入生活学习实践活动中，在睡眠作息、饮食调节、身体锻炼等方面做好自我管理；在专业学习、知识竞赛、社团活动、志愿服务等方面发挥自我效能；在人际交往和沟通中收获友情和温暖。

“纸上得来终觉浅，绝知此事要躬行。”让我们在生命实践活动中不断探索，一步一个脚印，不畏曲折，不怕困难，增强胜任力和自尊自信，塑造具有生命活力与内聚力的健全人格。

参与式活动：

每天晚上抽出一点时间，从积极视角记录当天发生的3件好事，持续一周，在小组内分享你的记录和感受。

阅读与思考：

奥地利临床心理学家维克多·弗兰克尔（1905—1997）是曾亲身经历过二战纳粹集中营的幸存者，也是意义疗法的创立者，其代表作是《活出生命的意义》。

1942年9月，弗兰克尔和家人被遣送至捷克波希米亚地区北部的一所集中营。在集中营里，他差不多每天都与死神擦肩而过，但是他并未放弃对意义治疗理论的探究，他认为在任何特定环境中，人都有选择自己态度和道路的自由。

弗兰克尔提出获得人生意义的三种途径：其一，经由创造和工作发现生命的意义。其二，通过体验一种爱的感觉，在发挥自身潜能的过程中实现生命的意义。弗兰克尔认为，爱是具有最高人性价值的情感体验，在集中营里，虽然他不知道妻子的下落，但是她“存在”于他的心里。其三，个人面对无法改变的命运时，可以选择感受痛苦和悲剧的意义所在，从而为自己开辟一种全新的人生选择，实现生命的自我超越。

思考与讨论：弗兰克尔的故事对你有何启发？

阅读推荐：

1. ［美］巴塞尔·范德考克：《身体从未忘记：心理创伤疗愈中的大脑、心智和身体》，李智译，机械工业出版社2018年版。

2. ［英］Margot Waddell：《内在生命：精神分析与人格发展》，林晴玉、吕煦宗、杨方峰译，中国轻工业出版社 2017 年版。

3. 施琪嘉：《疗愈你的内在小孩》，人民邮电出版社 2021 年版。

电影推荐：

1.《过年》(1991)，导演：黄健中。

2.《彩绘心天地》(2016)，导演：艾斯林·沃什。

3.《送你一朵小红花》(2020)，导演：韩延。

第四章　雁引愁心去，山衔好月来

——大学生情绪管理

竹杖芒鞋轻胜马，谁怕？一蓑烟雨任平生。

——苏轼《定风波》

自古逢秋悲寂寥，我言秋日胜春朝。

——刘禹锡《秋词》

学习目标：

1. 了解情绪的内涵与功能。
2. 识别影响情绪的因素及常见情绪问题。
3. 学会管理情绪和培育积极情绪的方法。

第一节　情绪概述

情绪在我们身上时时刻刻都存在，我们日常生活中做的每一件事都流露着自己的情绪。情绪是人类所有体验之中，最为抽象和高级的感官体验，有丰富多样的内在体验和不同的外在表现方式。《礼记·礼运》有云："何谓人情？喜怒哀惧爱恶欲，七者，弗学而能。"可见，当时的古人便已认识到情绪是与生俱来、不用学习的。

在当前社会，"情绪稳定"越来越成为人们关注的品质，能否提供"情绪价值"也成为人际交往中的重要考虑因素。那么情绪究竟是什么，又会对我们的生活带来怎样的影响呢？接下来，让我们一起认识情绪、了解情绪。

一、情绪的概念

关于情绪究竟是什么，心理学家们在经过多年的研究和争论后，逐步达成了一些共识。一般认为“情绪是以主体的愿望和需要为中介的一种心理活动”[①]。当客观事物可以满足人的主观需要时，便会产生积极的情绪。比如，考试获得好成绩、竞赛取得好名次时便会产生高兴、喜悦的情绪。而当客观事物无法满足个体的需要时，负面的情绪便诞生了。比如，遇到老师批评时会伤心，朋友不理解自己时会感到委屈，等等。

大多数心理学家都认为，情绪是复杂的，是多种因素混合而成的心理现象，包括生理唤醒、情绪体验和外在表现三个部分。

（一）生理唤醒

生理唤醒是指情绪产生的生理反应，受到影响的部位包括中枢神经系统中的脑干、丘脑、下丘脑、杏仁核、前额皮层等以及外周神经系统和内外部的分泌腺。当出现不同情绪时，人会产生不同的生理反应。比如，恐惧时会心跳加速、呼吸急促，愉悦时会心率平稳、血压正常，悲伤时会感到胸闷、呼吸短促。

阅读与思考：

伤心时真的会“心碎”吗？

人们常用“心碎”来形容极度的悲伤。研究发现，极度的悲伤或愤怒真的会对心脏造成伤害。心碎综合征，又叫应激性心肌病，是指人因经历重大外部事件打击，而产生极度哀伤或愤怒的心理时，所引发的胸痛、憋气、呼吸短促等类似心脏病的症状。

经过心理的平复以及适当的治疗，“心碎”症状会很快得到康复。但是，如果人们对“心碎”放任不理，严重起来甚至会出现心搏骤停、呼吸停止等危险。

因此，在遇到生活中不如意的事情时，要学会向他人倾诉，通过适当的方式排遣情绪，避免沉溺在负面的情绪中，如果出现胸闷胸痛、呼吸困难等症状，则要及时就医。

（二）情绪体验

情绪体验是指对不同情绪状态的主观体验，是人在主观上感知到的情绪状态，它构成了情绪的心理内容，它包括愉快、悲伤、紧张、厌恶、嫉妒等。情绪体验具有很强的主观性，不同的人对同一事物可能产生不同的情绪，同一个人在不同的时间、地点、条件下也会对同一事物产生不同的情绪。因此，个体会产生怎样的情绪取决于个体与事物的关系。

（三）外在表现

情绪的外在表现包括面部表情、手势姿势、语音语调等，它是情绪表现出来的

---

① 彭聃龄：《普通心理学》（第五版），北京师范大学出版社 2019 年版，第 368 页。

方式。①

面部表情是通过面部肌肉的变化来表现情绪状态。比如，高兴时会嘴角上扬，生气时会怒目圆睁，悲伤时会眼眉低垂，等等。

手势姿势是除了面部表情外其他身体部分的表情动作。比如，遇到高兴的事时手舞足蹈，愤怒时双臂环抱，痛苦时顿足捶胸，等等。

语音语调的表达也是情绪表现的一种方式，是情绪在声调和速度上的表现。比如，愤怒时会声音变大、语调急促，当悲伤时会声音变小、语调低沉，等等。

二、情绪的种类

（一）基本情绪与复合情绪

基本情绪一般指与生俱来的、不学而能的情绪。我国古代的思想家先后提出四情说、五情说、六情说、七情说等理论，但几乎都把“喜、怒、哀、乐”看作基本的情绪。西方也有很多学者对基本情绪进行了分类，其中普拉切克根据情绪的强度、相似性、两极性提出情绪的三维模型，认为基本情绪为恐惧、惊讶、悲伤、厌恶、愤怒、期待、快乐和信任。现代心理学一般认为人有快乐、愤怒、悲哀、恐惧四种基本情绪。

复合情绪是在基本情绪的基础上产生的，是更为复杂的情绪，也是认知与评价的结合。普拉切克认为，复合情绪包括爱、畏惧、乐观、失望等，是一种基本情绪与其他基本情绪混合产生的。这些情绪涉及许多个人与社会间的复杂情感。在大学阶段，同学们会体验到许多更为复杂、社会性更强的复合情绪。

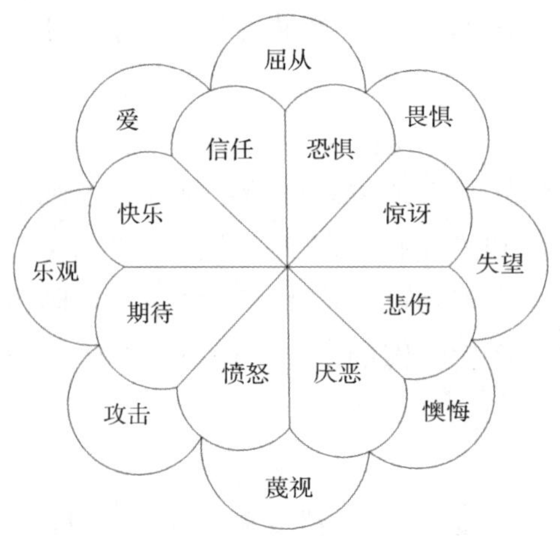

图 4-1　普拉切克的复合情绪图

① 参见汪清主编《新编大学生心理成长导航》，苏州大学出版社 2021 年版，第 270 页。

（二）积极情绪和消极情绪

积极情绪是个体因为外界事物能够满足需求而产生的情绪，伴随着愉悦的主观体验，积极情绪包括快乐、愉悦、幸福等。处于积极情绪的人，工作效率更高，身体更为健康，人际关系处理得也会更好。

消极情绪则是个体的需要未能得到满足而产生的情绪，是伴随着不愉悦的主观体验的，比如悲伤、愤怒、恐惧等。长期处于消极情绪会对人的身体健康和心理健康带来严重的负面影响。

心理测验：

积极消极情感量表（PANAS）

请根据你在过去一个月中的感受，在下面相应数字代表的情绪体验强度上打钩。1（几乎没有），2（比较少），3（中等），4（比较多），5（极其多），数字越大表明程度越强烈。

题目	乎没有	比较少	中等	比较多	极其多
1. 感兴趣的	1	2	3	4	5
2. 坐立不安的	1	2	3	4	5
3. 兴奋的	1	2	3	4	5
4. 心烦的	1	2	3	4	5
5. 强大的	1	2	3	4	5
6. 内疚的	1	2	3	4	5
7. 惊恐的	1	2	3	4	5
8. 敌意的	1	2	3	4	5
9. 充满热情的	1	2	3	4	5
10. 自豪的	1	2	3	4	5
11. 易怒的	1	2	3	4	5
12. 警觉的	1	2	3	4	5
13. 羞愧的	1	2	3	4	5
14. 受鼓舞的	1	2	3	4	5
15. 紧张的	1	2	3	4	5
16. 意志坚定的	1	2	3	4	5
17. 专注的	1	2	3	4	5
18. 心神不宁的	1	2	3	4	5
19. 有活力的	1	2	3	4	5
20. 害怕的	1	2	3	4	5

积极情绪分数：将项目 1、3、5、9、10、12、14、16、17 和 19 的分数相加。分数范围为 10 到 50，分数越高代表积极情绪的水平越高。

负面情绪分数：将项目 2、4、6、7、8、11、13、15、18 和 20 的分数相加。分数范围为 10 到 50，分数越高代表消极情绪的水平越高。

（三）心境、激情和应激

根据情绪的强度、持续性和紧张度可以把情绪状态分为心境、激情和应激。

1. 心境

心境是指一种相对微弱、平静且持久的情绪状态。心境具有弥漫性，处在某种心境下的人会用同样的情绪状态对待各种事物。心境的产生原因是多样且复杂的，一般而言，生活的顺逆、事业的成败、个人的健康、环境的变化等都会是带来某种心境的原因。心境的持续时间存在着较大的差异，有的心境可以持续几个小时，有的持续几天、几个月，甚至更长的时间。这种差异一方面取决于引起心境的客观事件的刺激大小，比如因为亲人的离世可能会带来持续时间比较长的悲伤的心境，一次考试的高分通过可能会带来持续时间相对较短的愉悦心境；另一方面还和个人的人格特质息息相关，同样一件事，悲观和乐观的人、内向和外向的人，其心境持续时间也会存在着较大差异。

心境对一个人的学习和生活也会带来较大的影响。处于愉悦开心的心境中的人会有更高的自信心、更高的生活满意度，遇到事情会更容易从积极的方面思考，学习效率也会更高。而长期处于消极负面心境中的人，则会对各种事情都提不起兴趣，沉溺于悲伤的心境之中，不仅会影响正常的学习和生活，还会对身体健康带来负面影响。

2. 激情

激情是指一种爆发性的、十分强烈的、持续时间短的情绪，它往往是由对个人有重大意义的事件引起的。成功后的狂喜、失败后的绝望、亲人突然离世的悲伤等都是激情状态。这种情绪状态持续时间很短，但会对人的认知带来明显的影响，且伴随着生理和行为的变化。

处于激情状态下的人会出现“意识狭窄”的现象。在这种现象下，人的认识活动范围会缩小，理性会受到影响，自我控制能力也会相应下降；人对自己行为的控制和监控会减弱，从而容易做出一些冲动的行为；人的生理状态也会出现较大的变化，比如在愤怒的情绪下，人的肌肉会紧张、心跳也会加速。

但激情状态并非只有负面作用，在激情状态下人们也会有更强的爆发力，在面对危险时，很多见义勇为的壮举也是发生在激情的情绪状态下。

3. 应激

应激是指对意外环境刺激下做出的适应性反应。应激状态一般包括三个阶段，分别为动员阶段、阻抗阶段和衰竭阶段。在动员阶段，人会通过调节自己的生理机能来进行适应性的防御以应对突发事件。在阻抗阶段，人会通过心率加快、血压上升、肌肉紧张等调动自身潜能来应对突发事件。衰竭阶段处于阻抗阶段后，此时人的能量等消耗殆尽，个体会出现一些适应性疾病。

因此，长期处于应激状态会对个体发展和身心健康带来负面影响。我们需要在日常生活中不断学习应对突发事件的本领和能力，学会调节情绪，避免让自己长期陷入应激状态。

三、情绪的功能

（一）适应功能

情绪是个体适应生存和发展的重要方式。当处于危险之中，会产生恐惧紧张情绪，个体会调动身体机能，让自己更快速地脱离险境。当处于较大的学习压力时，会产生消极低落的情绪，个体会提醒自己的身体需要适时放松，以便更好地投入学习之中。人们会通过调节情绪使自己适应当前的外部环境，从而保护自己的身心健康。

（二）动机功能

情绪是动机系统的重要组成部分之一，会对一个人的效率带来影响。紧张焦虑的情绪与工作效率呈倒U形曲线的关系，适度的紧张和焦虑情绪往往能催生比较高的工作效率。因此，不妨让自己在学习中保持适度的紧张状态，激发潜能，以获得更好的学业成绩。

（三）组织功能

情绪会对其他的心理活动和行为起到组织功能。积极情绪会对其他心理活动起到协调作用，消极情绪则会起到破坏作用。例如，中等强度的愉快情绪会提高认知的效率，而消极情绪则会对认知带来负面影响，使人的注意范围变得狭窄。在愉快的情绪下，人们会更加开放，更乐于尝试新鲜事物，而心情不好的人往往会更具攻击性，行为有时会更加保守。

（四）社会功能

情绪具有交流表达信息的功能，这种功能往往通过表情来实现。小婴儿不具备掌握语言表达的能力，只会通过哭和笑向父母表达信息。父母看到孩子哭了笑了便知道要给孩子喂奶、哄孩子休息。当孩子逐渐长大后，表情依然是我们生活中重要的表达方式。心理学家阿尔伯特在对英语国家人们的交往状况研究后发现，日常交往中55%

的信息是靠非言语表情传递的，38%是靠语言表情传递的，只有7%是靠语言传递的。因此可见，情绪具有重要的社交属性，当看到有人对我们热情招手时，我们便会微笑着走向他；当有人怒目圆睁时，我们便会远离他。

四、情绪与情商

（一）情商的含义

情商（Emotional Intelligence Quotient，EQ），是与智商相对的词，是代表一个人情绪智力的指数，主要指的是人在觉察自己和他人的情绪以及管理自己情绪方面的能力。最早提出情绪智力的是梅耶和萨洛维，他们认为情绪智力包括情绪识别和感受能力、情绪对思维的促进能力、解释和理解情绪的能力以及对自身情绪的调节管理能力四个维度。

戈尔曼于1995年出版的《情绪智力》一书使人们对情商的关注度逐渐上升。戈尔曼认为在个人成长和事业发展中，情商是比智商更为重要的因素。他将情商分为五个方面的能力。

1. 认识自己情绪的能力

能够认识自己的情绪，监控自己情绪发生的变化，被认为是情商的核心。这种能力可以让个体及时感知自己的情绪。只有感知到自己的情绪，才能进一步接纳情绪、管理情绪，而不至于被情绪牵着走，做出不当的行为来。

2. 妥善管理情绪的能力

这是一种能够有效地表露表达自己的情绪、调节管理自己的情绪、化解不良情绪的能力。我们都会遇到使自己情绪低落的事情，但能否快速走出这种低落情绪、能否在负面情绪下举止得体则是要看我们是否具有较强的情绪管理能力了。

3. 自我激励的能力

自我激励是指为了实现某一个目标而调动、指挥自我情绪的能力。如果想实现某一个目标，就要为了这个目标调动自己的情绪，使自己保持专注和热情，抑制冲动的念头和放弃的想法。

4. 认识他人情绪的能力

认识、理解他人的情绪是人际交往中最基本的能力。具有认识他人情绪的能力，才能与他人共情，感受到他人的情绪和感受，站在他人的立场上看待事物。学会理解他人的情绪，从他人的视角看问题对形成良好的人际关系有很大帮助。

5. 人际关系的管理能力

人际关系管理是调控他人情绪的艺术，管理能力包括在社会交往中的影响力、倾听与沟通的能力、处理冲突的能力、建立关系的能力、合作与协调的能力、说服和影响的能力等。善于处理人际关系是一项十分重要的社交技能，它会使人们在处理协调各项任务时都更加顺利。

（二）情商对大学生的作用

1. 情商对学业发展的作用

具备较高情商的大学生在面对学业挑战时，能够保持积极的学习态度和情绪状态。这些人在遇到学业上的困难时，不会被挫折磨灭进取的勇气，会及时从问题中找到对策，以乐观的心态面对学习上的挑战。高情商的学生也更加擅长和老师、同学进行良好的沟通，更擅长团队协作，提高学习效率。他们在控制自己的情绪和行为时也会更加出色，抵制诱惑和时间管理的能力更强，能够产生更高的学习效率。

2. 情商对人际交往的作用

情商在大学生的人际交往中扮演着重要的角色。进入大学校园，会接触来自五湖四海的性格各异的同学，如何和大家建立良好的关系是值得每一个新生思考的问题。高情商的大学生在理解他人情绪、与他人友好沟通方面有着更强的能力和水平，具备更强的同理心，因此也更容易建立良好的人际关系。

3. 情商对身心健康的作用

情商高的大学生对自己的情绪更为敏感，更懂得如何调节自己的情绪，避免情绪失控带来的负面影响。并且，情商高的大学生对自己生活的掌控力更强，能够更好地照顾自己，合理安排自己的作息，保持身体健康。

第二节　大学生的情绪

一、大学生情绪特点

（一）丰富性和复杂性

处于青春期的大学生，生理的发展趋于成熟，心理也在快速地成长，这种变化在情绪上体现得十分明显。进入大学后，他们接收信息的渠道变得更加广阔，丰富多彩的大学生活也使得他们的心理需求变得更加多样，情感也变得更加敏感、细腻和深刻。在这一阶段，他们会面临着对友谊的维系、对恋爱的追求、对未来的憧憬，等等。同样在这一时期，他们也会遇到人际关系、学业和就业等方面的压力。在自我意识方面，他们对自我尊重的需要变得强烈，容易产生自卑、自负的情绪。在社交方面，与老师、同学、朋友的交往变得更加细腻、复杂。

（二）强烈性和冲动性

大学生的情绪还有明显的冲动性特征，即对某一种情绪体验特别强烈，充满激情。这一阶段的大学生敏感性高，有着旺盛的精力，情绪十分容易爆发且难以控制。在这种情绪爆发状态下，大学生还会出现“意识狭窄”，将注意力聚焦在引起情绪的对象上，对自己行为的控制能力减弱，容易产生过激行为。

大学生在处理师生关系、同学关系、舍友关系等多种关系中的矛盾时，在面对学业压力、升学压力、就业压力等多种压力时，容易爆发强烈情绪，给自己和他人造成伤害，做出让自己后悔的事情。

（三）波动性和两极性

与中学生相比，大学生的情绪更加稳定，但和步入社会的成年人相比还带有明显的波动性，甚至有时容易大起大落。大学生的心理比较敏感，情绪很容易受影响，并且很容易从一个极端走向另一个极端，一场振奋人心的讲座、一场热血沸腾的比赛、一部感人肺腑的影片都会使大学生的情绪产生明显的变化。大学生的情绪还带有明显的两极性：当面临成功、进步或收获时，会产生较强的积极情绪，对生活和学习的热情变得高涨；而当遭遇挫折和失败时，则又会迅速转向消极的一面，产生自我怀疑和挫败感。这种两极性既有积极的一面，可以激发大学生的动力；也有其消极的一面，容易使大学生一蹶不振。因此，学会调节、管理情绪就显得十分重要。

（四）外显性和内隐性

一般来讲，大学生的情绪都是内外一致的，比如当看完一场胜利的球赛，他们会欢呼雀跃，毫不掩饰自己的兴奋之情。这些情绪反应通常通过面部表情、身体姿势和言语表达等方式直接展现，使他人能够很容易地感知到他们的情绪状态。大学生虽然相对成年人来说情绪还比较外露，但是与中学生相比，他们的自制力、思维独立性和自尊心不断发展，已经不会再像中学阶段那样坦率表露，而是开始掩藏自己的情绪，表现出内隐和含蓄的特点。

并且随着大学生的成长和社会化的加深，他们有时还会表现出和内在情绪体验不一致的外在表现，使自己符合相应的规范或者目标。比如，对异性产生了好感却在公开场合不表现出来，而刻意表现出冷漠的态度。大学生的情绪表露有时还与情境和对象有关，比如在亲密的朋友面前，可能更倾向于展现真实的情绪体验，而在公共场合或陌生人面前，则可能更倾向于掩饰自己的情绪。

（五）阶段性和层次性

大学生在大学不同阶段会面临不同的问题，产生不同的情绪，其情绪呈现出阶段性和层次性的特点。大学新生进入大学后容易出现对生活环境、学习方式和人际交往的不适应，产生孤独感和失落感。同时在这一阶段，大学生也会对大学生活充满好奇，对未来充满憧憬。因此，这一阶段的大学生的情绪相对复杂，波动也较大。

大学二三年级的学生已经适应了大学生活的节奏，能够融入校园生活中，相对而言情绪较为稳定。但这一阶段随着同学们日渐熟悉，彼此之间的个性、习惯暴露得越来越多，容易出现人际关系不和谐。部分学生会进入恋爱关系，在与异性交往中出现情绪波动。这一阶段的课程内容也相对较多，且进入专业的核心内容部分，学习压力较大，一些学生容易出现焦虑、厌烦、易怒等情绪。

毕业年级的大学生面临择业求职和考研升学的心理困惑，容易出现情绪波动大、消极情绪多的现象。即将毕业的大学生期望能找到一份满意的工作或者考入理想的高校，但部分学生对自身条件和外界需求认识不到位，自我期待过高，容易产生挫败感和消极情绪。

（六）自尊心和敏感性

由于自我意识的发展，大学生肯定自己、发展自己的需要越发强烈，希望能得到别人的重视和尊重。大学生们普遍对自己的期望、要求较高，有较强的自尊心。有的大学生故意在某些事情上表现得特立独行，以引人注目；有的则喜欢对某一件事高谈阔论，发表自己的主张，以此来提高自己的声望；也有的同学通过各种比赛来展示自己的才华，希望能博得别人的好感和青睐。也正是由于大学生的自尊心较强，因此对与“我”相关联的事物都非常敏感，会产生较为强烈的情绪反应，当大学生感受到自己的自尊得到满足时会产生十分愉悦的心情。

二、影响大学生情绪的因素

（一）生物因素

人的情绪的产生和变化都需要依托自身的生理机制，生物因素对人的影响主要通过生理因素和遗传因素起作用。

1. 生理因素

大脑中的杏仁核、前额皮层、扣带回、海马等与情绪的产生和调节有关。比如，杏仁核对识别和产生消极情绪有重要作用，负责处理恐惧和愤怒等负面情绪；前额皮层和海马则与情绪调节有关。当这些脑区的功能出现异常时，可能会导致情绪调节出现问题。身体的自主神经系统、躯体神经系统和分泌系统也与情绪的产生有着密切关系。

2. 遗传因素

遗传因素会通过影响大脑中的神经递质、神经回路和大脑结构等方面，对个体的情绪产生作用。某些基因变异可能导致神经递质的不正常调节，当这些物质的产生或传递受到影响时，大学生的情绪状态可能会受到影响。遗传因素还可能与一些出现情绪障碍的风险有关，这些情绪障碍有时会在家族中遗传，使某些大学生在应对情绪挑战时更为脆弱。但是，遗传因素并不是决定性的因素，而是与其他因素相互作用，共同影响个体的情绪状态。

（二）心理因素

1. 人格特质

人格特质对大学生情绪的影响是多方面的。例如，人格特质中的神经质水平，会直接影响大学生的情绪稳定性。高神经质的大学生往往更容易体验到焦虑、抑郁等负面情绪，并且情绪波动较大。相反，情绪稳定性较高的大学生则能更好地应对生活中的挑战和压力，保持相对平稳的情绪状态。

2. 认知因素

认知评价是情绪产生的重要环节。当大学生遇到引起情绪的事件或情境时，他们会根据自己的认知评价来考量该事件或情境对自己的意义，从而产生相应的情绪反应。如果大学生对某件事持消极的评价，他们可能会感到焦虑、沮丧或愤怒。而如果持积极的评价，他们则可能会感到高兴、满意或兴奋。大学生的过去经验和记忆也可能影响他们的情绪。当遇到与过去的创伤性事件或痛苦经历相似的情境时，这些不好的记忆可能被激活，从而引发负面的情绪反应。

（三）家庭因素

家庭是一个人最早的学校，父母是一个人的第一任老师，家庭对一个人的影响十分重要。家庭因素对大学生情绪的影响可以概括为以下两个方面。

1. 家庭的环境和氛围

生活在一个温馨、和谐、支持的家庭环境中会使大学生更多地产生积极情绪，反之，长期生活在紧张、冲突、冷漠的家庭环境中，则可能出现较多的消极情绪甚至心理问题。

2. 家庭的教养方式

如果父母对孩子比较溺爱、过度保护，则会使其缺乏独立解决问题的能力，在遇到困难时容易产生消极情绪，甚至情绪失控。如果父母对孩子温和支持，采用民主的教育方式，那么大学生更容易培养良好的情绪调节能力，对不同环境的适应力也更强。如果父母对子女有过高期望则会导致大学生感受到过高的压力，容易出现焦虑、抑郁等负面情绪。适度且符合大学生实际条件的期望有助于激发其动力、增强其信心。

（四）校园因素

1. 学业压力

在大学生活中，面对快节奏的专业学习，大学生的情绪会产生明显的变化。首先，学业压力可能导致大学生出现焦虑情绪。面对繁重的学习任务和即将到来的考试，学生可能会感到紧张，影响学习效率，还可能导致他们在生活中感到烦躁和不安。其次，学业压力还可能引发大学生的抑郁情绪。当学业上的困难和挑战超出学生的应对能力时，他们可能会感到无助和绝望，甚至对自己的能力和价值产生怀疑。

2. 人际关系

良好的人际关系是积极情绪的重要来源，也是预防陷入消极心境的重要因素。在大学校园内与朋友、同学和老师建立良好关系可以为学生提供情感支持。当学生在社交环境中感到被接纳和尊重时，他们更有可能体验到快乐、满足和自信等积极情绪。不良的人际关系则可能导致消极情绪的产生。例如，与室友冲突或被社交团体排斥等经历都可能引发焦虑、沮丧和孤独感。这些负面情绪不仅会影响学生的心理健康，还可能对他们的学术表现和整体生活质量造成负面影响。

三、大学生常见情绪问题

（一）焦虑

焦虑指个体在面对潜在或实际的威胁时，产生的一种紧张、不安、担忧的情绪体验。适度的焦虑有助于提升工作效率，但过度焦虑会对身心带来负面影响。焦虑可以分为状态焦虑和特质焦虑。状态焦虑是一种相对短暂的情绪状态，往往是由一定的情境或事件引起的，表现为对某种情况或任务的担忧、紧张和恐惧，会随着对应的情境和事件的结束而结束。比如考试焦虑就是一种状态焦虑，会在考前出现，并且随着考试的临近越发明显，当考试结束后消失。特质焦虑则是一种相对稳定的人格特质，表现为一种持续的担忧和不安，不会因情境的变化而变化。

大学生常见的焦虑情绪主要涉及以下几个方面。

一是考试焦虑。考试焦虑会在考前出现，在备考的过程中担心考试失败而产生紧张情绪，导致个体的注意力无法集中、记忆力下降，且会随着考试临近日益严重。

二是学业焦虑。由于大学课程相对于高中而言难度更大，学生的学习压力加大，容易出现紧张、不安、担心失败等情绪。如，担心自己无法掌握知识和技能，感觉自己利用不好时间，等等。

三是人际交往焦虑。在进入大学新环境后，人际关系相处模式也在不断发生改变。在社交和人际互动中，大学生因为社交技巧不足、过分关注他人对自己的评价等，容易产生过度紧张、担忧和不安的情绪状态。

四是就业焦虑。部分毕业年级的大学生，面对各种挑战和不确定性，他们会因为担心毕业后找不到合适的工作、对自身的就业优势和条件认识不全以及缺乏就业技巧等，产生紧张、担忧、恐惧等负面情绪。

心理测验：

焦虑自评量表（SAS）

请仔细阅读每一条文字，文字后有4个选项，分别表示： 1. 没有或很少时间（过去一周内，出现这类情况的日子不超过一天） 2. 小部分时间（过去一周内，有1—2天有过这类情况） 3. 相当多时间（过去一周内，有3—4天有过这类情况） 4. 绝大部分或全部时间（过去一周内，有5—7天有过这类情况）				
1. 我觉得比平常容易紧张和着急	1	2	3	4
2. 我无缘无故地感到害怕	1	2	3	4
3. 我容易心里烦乱或觉得惊恐	1	2	3	4
4. 我觉得我可能将要发疯	1	2	3	4
*5. 我觉得一切都很好，也不会发生什么不幸	1	2	3	4
6. 我手脚发抖打战	1	2	3	4
7. 我因为头疼、头颈痛和背痛而苦恼	1	2	3	4
8. 我感到容易衰弱和疲乏	1	2	3	4
*9. 我觉得心平气和，并且容易安静坐着	1	2	3	4
10. 我觉得心跳得很快	1	2	3	4
11. 我因为一阵阵头晕而苦恼	1	2	3	4
12. 我有晕倒发作或觉得要晕倒似的	1	2	3	4
*13. 我呼气、吸气都感到很容易	1	2	3	4
14. 我手脚麻木和刺痛	1	2	3	4
15. 我因为胃痛和消化不良而苦恼	1	2	3	4
16. 我常常要小便	1	2	3	4
*17. 我的手脚常常是干燥温暖的	1	2	3	4
18. 我脸红发热	1	2	3	4
*19. 我容易入睡，并且一夜睡得很好	1	2	3	4
20. 我做噩梦	1	2	3	4

若为正向评分题，依次评为粗分1、2、3、4分；反向评分题（带有*号者），则

评为 4、3、2、1 分。20 个项目得分相加即得粗分，用粗分乘以 1.25 以后取整数部分，就得标准分。

按照中国常模结果，SAS 问卷标准分在 50—59 分为轻度焦虑，60—69 分为中度焦虑，69 分以上为重度焦虑。如分数较高，建议到学校心理咨询室寻求专业帮助。

（二）抑郁

抑郁是一种常见的消极情绪，它是当大学生在学业、生活、人际关系等方面遇到挫折或压力时，容易出现的一种消极、沮丧、无助的情感体验。抑郁情绪会对大学生的学习和生活带来负面影响，严重时甚至可能导致抑郁症。在抑郁情绪下，大学生会出现情绪低落、自我评价下降、对生活失去兴趣等现象。带来抑郁情绪的原因包括学业压力、情感困扰、对未来的迷茫、不正确的自我认知等。

但需要注意的是抑郁情绪和抑郁症是两个名词，有抑郁情绪体验不一定就是抑郁症，正常人也会出现抑郁情绪。当遇到学业受挫、人际关系破坏、财产损失、亲人离世等事情时，个体容易产生忧愁和悲伤的情绪。而抑郁症则是一种常见的精神疾病，当抑郁情绪持续两周以上，出现持久的情绪低落、食欲下降、体重下降、早醒等现象，并且严重影响到了正常的学习生活，产生自伤自杀念头时，则可能是得了抑郁症，应及时就医。

心理测验：

抑郁自评量表（SDS）

请仔细阅读每一条文字，文字后有 4 个选项，分别表示：
1 没有或很少时间（过去一周内，出现这类情况的日子不超过一天）
2 小部分时间（过去一周内，有 1—2 天有过这类情况）
3 相当多时间（过去一周内，有 3—4 天有过这类情况）
4 绝大部分或全部时间（过去一周内，有 5—7 天有过这类情况）

1. 我觉得闷闷不乐，情绪低沉	1	2	3	4
*2. 我觉得一天中早晨最好	1	2	3	4
3. 我一阵阵哭出来或觉得想哭	1	2	3	4
4. 我晚上睡眠不好	1	2	3	4
*5. 我吃得跟平常一样多	1	2	3	4
*6. 我与异性密切接触时和以往一样感到愉快	1	2	3	4
7. 我发觉我的体重在下降	1	2	3	4
8. 我有便秘的苦恼	1	2	3	4

续表

9. 我的心跳比平常快	1	2	3	4
10. 我无缘无故地感到疲乏	1	2	3	4
*11. 我的头脑和平常一样清楚	1	2	3	4
*12. 我觉得经常做的事情并没有困难	1	2	3	4
13. 我觉得不安而平静不下来	1	2	3	4
*14. 我对未来抱有希望	1	2	3	4
15. 我比平常容易生气激动	1	2	3	4
*16. 我觉得做出决定是容易的	1	2	3	4
*17. 我觉得自己是个有用的人，有人需要我	1	2	3	4
*18. 我的生活过得很有意思	1	2	3	4
19. 我认为如果我死了，别人会生活得更好	1	2	3	4
*20. 平常感兴趣的事我仍然感兴趣	1	2	3	4

若为正向评分题，依次评为粗分 1、2、3、4 分；反向评分题（带有 * 号者），则评为 4、3、2、1 分。20 个项目得分相加即得粗分，用粗分乘以 1.25 以后取整数部分，就得标准分。

按照中国常模结果，SDS 问卷标准分在 53—62 分为轻度抑郁，63—72 分为中度抑郁，73 分以上为重度抑郁。如分数较高，建议到学校心理咨询室寻求专业帮助。

（三）愤怒

愤怒是指由于主客观条件不一致所产生的一种比较激烈的情绪反应，它的程度可以分为不满、生气、愠怒、激愤和暴怒。正如前文提到的那样，大学生的情绪具有强烈性和冲动性、波动性和两极性的特点，当他们遇到人际关系的矛盾、与他人观点的冲突等问题时，容易爆发出愤怒情绪。在愤怒情绪下，个体会出现心跳加速、血压升高，长期处于容易愤怒的状态也容易导致高血压、冠心病等疾病的出现。处于愤怒情绪下的大学生对自我的控制力也有所下降，容易做出过激的行为。

（四）冷漠

冷漠是一种消极的情绪反应，表现为对外界刺激缺乏积极的情感反应，对人对事漠不关心，无动于衷。心理学家松原达哉形容这样的学生是无欲望、无关心、无气力的“三无”学生。当大学生面临竞争压力、遇到挫折阻碍时，他们可能会变得冷漠，以此来进行自我逃避和自我保护。在冷漠情绪下，大学生会对正常的课程学习、社团活动等逃避抗拒。这种方式虽然能起到一定程度的自我保护作用，但会使个体萎靡不振、躲避退缩，对身心健康带来负面影响。

第三节　大学生情绪觉察与管理

一、大学生情绪觉察

（一）觉察自己的情绪

情绪觉察是情绪管理的开始。只有当我们留意此刻的情绪，把自己和情绪分离开，才能看清楚情绪的样子，做出适当的反应。我们要注意到自己的情绪“是什么”，而非“应该是什么”。不要对情绪做“正确”或“错误”的价值判断。开始自我觉察时，可以先问自己“我现在感觉到什么”，“我现在在想什么”等问题，只有认清自己的情绪，知道现在的感受，才能不被情绪左右，对自己的情绪负责。

前文已经提到，情绪具有内隐性，有时感受到的许多情绪可能是经过包装或掩盖的，比如以生气的方式掩藏内心受伤的感觉，所以要学习辨识自己真正的需求或感受。我们只有了解自己内心的真实想法，才能把想要表达的内容不失真地传达给他人。

（二）接纳自己的情绪

情绪接纳是指我们在感知自己的情绪的时候，将任何情绪体验都看成人的情感的必要组成部分，接纳不同的情绪体验。因为不管是好的情绪，还是坏的情绪，它们都是自己的生命体验。情绪是人类自然的反应，每种情绪都有其存在的意义和价值。接纳情绪并不意味着喜欢或享受这些情绪，而是不评判、不抵制自己的情绪，允许它们存在，不把它们视为敌人或障碍。

案例故事：

小 A 是一名大二的学生，平时学习努力，在学业上取得了不错的成绩，还积极参与各类社团活动，是同学们眼中的风云人物。但风光背后不为人知的是他也存在一些困扰。他发现自己常常感到焦虑和压力，在和同学相处时也容易因为一些小事而情绪激动，甚至有时会对同学或朋友产生过激的反应。小 A 意识到这个问题，但不知道如何控制和管理自己的情绪。

在这种情况下他向学校心理中心的老师寻求帮助。在几次咨询中，老师带着小 A 一起觉察自己的情绪，通过提问使小 A 明确自己情绪激动的场景，探索背后的原因。老师还让小 A 通过情绪日记更加详细地记录自己的情绪，包括触发情绪的事件、当时的感受以及身体的反应等。通过这种方式，小 A 开始逐渐意识到自己情绪背后的原因在于自我要求过高和在意他人对自己的评价。此后老师又带着小 A 逐步掌握合理释放

情绪的方法，使小 A 一步步成为自己情绪的主人。

参与式活动：

情绪日记

情绪日记是一种记录个人情绪变化和内心感受的日记形式。通过书写情绪日记，个体可以更加深入地了解自己的情感状态，发现情绪变化的规律和触发因素，从而更好地管理自己的情绪，提升自我认知和情绪调节能力。

记录情绪日记的方法可以因人而异，但通常包括以下几个步骤：

1. 确定记录时间：选择一个适合的时间段来记录，可以是每天、每周或根据需要随时记录。

2. 记录情境和触发因素：在日记中详细描述当时所处的环境、发生的事件以及可能触发情绪变化的因素。它有助于识别情绪产生的背景和原因。

3. 记录情绪感受：用文字表达自己的情绪感受，如我感到很快乐、悲伤、愤怒、焦虑等。可以尽量详细地描述这些情绪给身体带来的感觉、当时产生了怎样的想法，以及自己想要做什么或做了什么行为。

4. 反思和分析：在记录完情绪感受后，对自己的情绪进行反思和分析。思考这些情绪背后的想法是否合理，以及自己对这些情绪的应对方式是否恰当。这有助于增强自我认知，发现情绪管理中的问题和改进空间。

5. 制订改进计划：根据反思和分析的结果，制订具体的改进计划。例如，学习新的情绪调节技巧，改变对特定情境的看法或寻求外部支持，等等。

6. 持续跟踪和更新：情绪日记是一个持续的过程，可以定期回顾自己之前的记录，观察情绪变化的趋势，并根据需要更新改进计划。

二、大学生情绪管理方法

（一）合理宣泄情绪

当负面情绪出现时，只堵不疏、过分压抑只会让情绪找不到出口，最终对身心造成更大的损害。在合理范围内给情绪一个“出口”，让情绪得以适度地表露出来，有助于不良情绪得到缓解。

在遇到悲伤情绪时，可以允许自己暂时不那么坚强，允许自己哭一场，把自己内心的悲伤通过哭泣排遣出来。在压力很大时，可以到一个不影响他人的户外环境中用大喊来抒发自己内心的压力。

但要注意的是，情绪的宣泄要在合理的区间内进行，不能影响到自己和他人的正常生活，要采取适当的方式在适当的环境中进行。一旦宣泄的“度”过了，则有可能对自己或他人造成伤害，甚至违反社会道德规范和法律法规。因此，在宣泄情绪的同时，还需要保持清醒，控制好自己的行为。

（二）纠正不合理信念

不合理信念就是个体内心中不现实的、不合逻辑、站不住脚的信念。首先介绍一下情绪 ABC 理论。它是由美国心理学家艾利斯提出的，基本观点是：激发事件 A 只是引发情绪和行为后果 C 的间接原因，而引起 C 的直接原因则是个体对事件 A 的认知和评价而产生的信念 B，即人的消极情绪和行为结果，不是由于某一事件直接引发的，人们对这一事件的不合理信念才是直接原因。

不合理信念具有以下三个特征。

（1）绝对化。对任何事物都持有它必须发生或不可能发生的信念。持有绝对化非理性信念的人，在生活和人际交往中总是苛求完美，很容易陷入不良情绪。

（2）过分概括化。这是一种以偏概全的思维方式的表现。持有这种信念的人认为，如果自己某一方面做得不好，那就各方面都不好，无可救药。

（3）糟糕至极。会夸大事件的影响效果，把事情的负面影响说得天大。持有这种信念的人总是认为一旦什么做不好，就会出现巨大的负面后果。

在了解了什么样的信念是不合理信念后，在日常生活中就需要关注自己的信念和想法，识别其中的不合理因素，避免消极情绪的出现。

案例故事：

小 B 在中学期间一直担任的班长，不仅学习成绩优异，还积极参与班级管理和各种活动，深受老师和同学们的喜爱。而在大学班干部竞选过程中，小 B 却遭遇了失利。尽管他准备充分，演讲也充满激情，但最终还是未能赢得同学们的足够支持。这次失利让他备受打击，他开始怀疑自己的能力，认为自己在新的环境中不再优秀，甚至觉得自己一无是处。他开始对未来失去信心，认为自己无法再取得任何成就。

辅导员老师很快注意到了小 B 的变化，主动与他取得了联系，并开始了一系列的辅导工作。王老师鼓励小 B 表达自己的情绪和感受，也帮助他接纳自己的情绪，告诉他这些情绪是正常的反应，不必过于压抑或否认。在情绪得到宣泄和接纳后，老师开始引导小 B 审视自己的不合理信念。通过提问和讨论的方式，老师帮助小 B 认识到他的自卑和挫败感都是基于不合理的信念产生的。老师告诉他一次竞选失败并不能否认一个人的整体能力和价值，每个人都有失败的时候，重要的是从失败中汲取教训，重新站起来。之后老师帮助小B制订了包括学习新技能、参加社团活动、加强与同学的交流等目标的新计划。通过逐步实现这些目标，小B开始重新找回自信。

（三）转移注意力

转移注意力是指通过有意识地将注意力从当前的情境中转移到其他事物或活动上，从而减轻或缓解负面情绪影响的方法。当遇到负面情绪时，可以将注意力从引发负面情绪的刺激源转移到其他感兴趣的事物或活动上，帮助个体分散注意力，缓解不良情绪。也可以选择离开当前环境，找到一个能够让自己感到舒适和放松的地方，让自己暂时放松下来。还可以尝试与朋友、家人分享自己的感受和想法，向他们寻求理解和支持。

（四）自我放松法

自我放松法是通过让自己的身体放松来缓解不良情绪，尤其是紧张、焦虑情绪的一种方法。主要的自我放松法有肌肉放松法、呼吸放松法和想象放松法。

肌肉放松法，是通过让肌肉出现紧张后再放松以实现身体舒缓的一种方法。在肌肉放松法中，逐一紧张和放松一部分肌肉，循序渐进放松整个身体。

参与式活动：

肌肉放松

步骤一：上肢放松。伸直并绷紧双臂，双手握拳。用力绷紧双臂肌肉，握紧双拳，用力并保持数秒钟。放松双臂，松拳。

步骤二：下肢放松。伸直并绷紧双腿，勾起脚尖。用力绷直双腿，勾起脚尖，用力并保持数秒钟。放松双腿和双脚。

步骤三：紧皱前额眉头，紧闭双眼，咬紧牙齿，紧收下颚，紧闭双唇。脸部肌肉保持用力并保持数秒钟。放松脸部肌肉。

步骤四：绷紧全身肌肉。伸直双臂，握拳，伸直并绷直双腿，双脚勾起脚尖，胸部、腹部肌肉绷紧。全身各部分用力绷紧并保持数秒。放松各部分的肌肉。

呼吸放松法，是通过调整呼吸频率使身体和情绪平复下来的方法。日常呼吸时通常采用胸式呼吸，在进行呼吸放松时可以采用腹式呼吸并进行深呼吸，感受腹部在每一次呼吸中的向外扩张和向内收缩，通过放慢呼吸节奏、感受呼吸时空气从鼻腔进入体内再到呼出的全过程。

想象放松法，是通过想象营造出一个宁静舒适的场景，唤起轻松愉快的体验，实现缓解负面情绪的方法。比如，想象自己躺在温暖阳光下的沙滩上，感受海风吹拂着脸颊、海浪轻拍着岸边、海鸥在空中飞舞，等等，通过想象使自己进入平静愉悦的情绪。

（五）情绪升华法

情绪升华法是指将消极情绪引导至对社会和个人都有益的方向，实现情绪的转化和提升。它的核心在于转变我们对情绪的认知和应对方式，从而促进个人成长和社会发展。我们首先需要觉察并接纳自己当前的情绪，然后通过深入分析和理解情绪产生的根源，认识到自己的情绪需求，在此基础上寻找一种对社会和自己都有益的方式来表达或发泄这些情绪。如将愤怒转化为追求公平正义的动力，将恐惧转化为自我保护机制的完善等。

三、大学生积极情绪培育

1998年，赛利格曼、米哈里、费勒等人开创了积极心理学运动，成为心理学界一股新的风潮。二十多年来我国积极心理学也在不断发展，下面结合我国积极心理学家的研究成果简述如何培育积极情绪、塑造积极心态。

（一）开展体育运动

经常性地开展一些适度的体育运动对保持积极情绪具有重要作用。适度的体育运动能够刺激大脑分泌内啡肽、多巴胺等化学递质，它们有助于产生愉悦情绪。体育运动也为大学生提供了挑战自我和突破极限的机会，通过不断进步可以感受到成功的喜悦和自豪感，从而提高自尊心和自信心。心理压力往往也会导致肌肉紧张或僵硬，而适当的舒展运动可以有效地缓解这种肌肉紧张，通过身体的放松带来积极的情绪状态。

（二）培养爱好

培养一个适合自己的爱好可以为大学生提供一个积极的情绪输出渠道。当大学生投入自己感兴趣的活动中时，往往会体验到愉悦、满足等积极情绪。培养一个爱好也可以为大学生提供一个暂时逃离现实压力的机会，给他们一个转移注意力的空间，让他们放松身心、调整情绪。爱好也有助于促进大学生建立良好的人际关系。通过参与兴趣活动，大学生也有机会结识许多志同道合的朋友，共同分享兴趣和经验，拓展他们的社交支持网络，促进积极情绪的培养。

（三）表达感激

感激本身就是一种积极的情感，它体现了我们对他人或事物的认可、感谢和珍视。当表达感激时，我们会更加关注生活中的美好事物，从而增强幸福感和满足感。这种积极的情感体验有助于我们更好地应对生活中的挑战和压力。当向他人表达感激时，我们会传递出一种友善和尊重的信号，拉近彼此的距离，建立更加亲密的关系，感受到更多的社会支持，从而增强归属感和自我价值感，进一步促进积极情绪的产生。

参与式活动：

一封感谢信

给帮助过你的一个人写一封感谢信，表达你的感激之情，对象可以是亲人、老师、朋友，也可以是食堂大叔、宿管阿姨等。写完后在小组内进行分享。

（四）放松五种感官

五种感官，即嗅觉、视觉、听觉、味觉和触觉，是我们身体最直接的感受。充分放松五种感官可以增加积极情绪。比如，可以闻一闻鲜花的香气、青草的气味、雨后泥土的气味，或者喷洒喜欢的香水；看一看周围的风景，欣赏一幅喜欢的画作；听一些舒缓的歌曲，听听自然环境中的声音；给自己做一道菜，品尝喜欢的食物；洗一个热水澡，摸一摸可爱的动物，等等。通过选择适合自己的方式让自己放松下来，以一个积极的状态面对生活。

参与式活动：

公园20分钟放松五种感官

近期“公园20分钟”效应在网络上发酵破圈，越来越多的人选择走到公园里放松自我。我们不妨也在公园漫步中放松五种感官，培养积极心态。

在公园找到一个舒适的地方坐下，闭上眼睛，专心聆听周围的声音。注意听鸟儿的歌唱、树叶的沙沙声、微风的轻拂声，甚至是远处孩子们的欢笑声。之后慢慢睁开眼睛，专注地观察周围的自然景色。注意树木的颜色、形状，观察花朵、叶片的细节。让眼睛跟随飞翔的鸟儿或飘动的云朵，感受大自然的和谐与美丽。也可以做几次深呼吸，尝试嗅闻空气中的气味。这时的你可能会闻到新鲜的草地气息、各种鲜花的香气，或者是树木的清新味道。让这些自然的香气充满你的肺部，给你带来清新和活力。你还可以用手触摸周围的自然环境，比如草地、树叶、花朵等，感受它们的质地、温度和形状，让自己与大自然建立更直接的联系。方便的话，带一点水果或小零食，在放松的过程中品尝这些食物，感受它们的味道和口感，让味蕾也享受片刻的愉悦。

阅读推荐：

1. 严淑华、郭林锋：《大学生情绪管理与思想政治教育》，冶金工业出版社2022年版。

2. 陈瑜：《大学生情绪管理》，人民卫生出版社 2022 年版。
3. 彭凯平：《活出心花怒放的人生》，中信出版集团 2020 年版。
4. 郑日昌：《情绪管理　压力应对》，机械工业出版社 2008 年版。

电影推荐：

1. 《头脑特工队》(2015)，导演：彼特·道格特。
2. 《青春变形记》(2022)，导演：石之予。

第五章　问渠那得清如许，为有源头活水来

——大学生学习心理

非学无以广才，非志无以成学。

——诸葛亮《诫子书》

青春须早为，岂能长少年。

——孟郊《劝学》

学习目标：

1. 了解学习机制。
2. 觉察、调整自我学习动机。
3. 探索、理解、运用适合自身的学习策略。

第一节　了解大学生学习心理

一、大学生学习机制

了解和掌握学习机制是大学生进行有效学习的重要前提。学习机制是一个综合而复杂的过程，它涉及认知、情感、环境、动机和社会互动等多个层面。当前主流观点认为，大学生的学习不仅是对知识的获取，更是对知识的创新与应用。随着信息技术的飞速发展，大学生的学习方式也从传统的被动接受逐渐转变为主动探究与合作学习。自主学习能力能够帮助大学生不断适应新的知识和技能需求，更好地应对未来的挑战和机遇。同时，自主学习能力也是提高学习效果、实现个人成长和发挥潜能的关键。因此，大学生应着重培养自主学习能力，提升自身持续发展的核心能力。

（一）学习的信息加工观点

在学习心理学领域，学习的机制是一个复杂而多元的研究领域。有一个被广泛接受的观点：学习可以被视为一个信息加工的过程。这一观点认为，学习不仅是获得新知识，更是对这些知识进行深度处理和组织，以适应个体内部的知识结构和未来的应用情境。

从信息加工的观点来看，学习是信息输入、编码、存储和提取的过程。在这一过程中，学生通过感知觉接收外部信息，然后这些信息被转化为可以被大脑加工的形式，即进入短时记忆。短时记忆中的信息经过复述和编码后，被存入长时记忆。当需要使用这些信息时，它们被从长时记忆中提取出来，进而影响学生的行为反应。

1. 信息输入：感知觉的桥梁作用

学习始于对外部信息的感知。这些信息通过个体的感知觉系统进入大脑，例如视觉、听觉、触觉等。这些感觉信息被转化为神经脉冲信号，传递到大脑进行进一步处理。

以英语学习为例，学生可以充分利用视觉通道优势，通过记忆单词的图片、例句或上下文，来加强记忆和应用；利用听觉通道特点，通过反复听录音材料或跟读练习，来巩固和记忆知识；利用触觉通道，通过手写笔记、写作练习、触摸实物等方式，加深对英语知识的理解和记忆。

2. 信息的编码与存储：大脑的记忆机制

学习不仅仅是接收信息，更重要的是将信息转化为长期记忆中的知识。信息在输入大脑后，经过一系列的加工和编码过程，转化为可以被大脑理解和记忆的形式。编码过程涉及对信息的意义、组织、联系和记忆线索的加工。这些加工过程有助于信息在大脑中形成长期记忆。

以大学生学习一门新课程如心理学导论为例，学生可能会将心理学中的不同理论按照它们的核心观点或应用领域进行分类，并且将新学到的理论与之前学过的知识或经验联系起来，从而加深理解；在记忆这些知识时，有效学习的学生会主动创造记忆线索，如关键词、缩写、图像、思维导图或关联故事来帮助记忆。

3. 信息的存储与提取：长期记忆的奥秘

编码过的信息被存储在大脑的不同区域中，以便于在日后的情境中提取和使用。长期记忆是信息的主要存储区域，它允许人们在长时间内保留和使用这些信息。当需要使用这些信息时，大脑会通过不同的线索和背景信息来提取相关的记忆内容，进而影响个体的行为反应。

4. 信息的输出与反应：行为的决策与调控

经过处理的信息最后要被输出到个体的行为反应中。这种输出可能是言语表达、动作执行或决策制定等，取决于个体所处情境的需求和目标。

信息加工观点为我们提供了一个全新的视角来理解学习过程。如大学生备考四六级英语考试，复习过程中，学生首先接收到考试相关的词汇、语法和听力材料等信息。这些信息需要经过学生的主动加工，如分析句子结构、理解听力材料中的关键信息，并将其转化为自己的理解。在备考过程中，学生需要不断地将新信息与已有的知识库进行关联和整合，形成一个更加完整和系统的知识体系。例如，当学习一个新词汇时，学生需要将其与已掌握的词汇和语法规则进行联系，从而更好地理解和应用这个新词汇。

此外，信息加工观点还强调了自我调控能力的重要性。复习时，学生需要不断监控自己的学习进度，评估学习效果，并根据实际情况调整学习策略。例如，当发现自己在某个题型上经常出错时，学生可能需要调整复习重点，加强该题型的练习。

总之，大学生运用信息加工观点来指导学习过程，可以更加有意识和主动地参与到学习中，促进深度学习，提高效率和质量。

（二）学习的脑区域能量代谢机制

1. 大脑易疲倦

成年人的大脑约重 1.4 千克，约占人体体重的 2%，但耗氧量与耗能量却约占全身的 20%。因此，大脑对缺氧和血流量不足非常敏感。

任何情绪、行为都会消耗脑能量，哪怕是静止不动。高耗氧量、高耗能量的特性也决定了大脑容易疲惫，尤其是学习等需要占用大量脑内存的思维活动。因此，如果把时间用在纠结要不要学习、后悔没有早点学习上，这些压力和内疚本身就会消耗大量能量，自然没办法再调用更多内存去开启自律行为。所以，为了把更多脑内存用在学习上，不妨先试着控制翻来覆去又效果甚微的内疚和自责。

2. 大脑易重塑

大脑皮质是人类思维活动的物质基础，又是调节机体机能的最高中枢，主要由灰质构成。灰质能够对信息进行深入处理，比如自我控制。有意识地训练大脑，增加灰质，可以提升意志力。

研究发现，大脑不仅擅长冥想，还会增加自控力，提高集中注意力以及克制冲动、管理压力和认识自我的能力。每天 5 分钟的冥想训练，专注于呼吸，在脑海中默念“呼”“吸”，让大脑集中在呼吸上；当觉察到开始走神时，将注意力拉回，重新集中精神。冥想不是什么都不想，而是不要太分心，不要忘了目标就是“呼吸”。一段时间后，我们会发现自我调控能力比之前有明显改善。

阅读与思考：

脑电波与学习效率

脑电波是大脑神经元活动所产生的微弱电信号，它们通过同步化活动形成不同的波形，从而实现信息的传递与编码。具体来说，当大脑接收到外界的刺激或内部的需求时，神经元之间会发生电化学交流，产生电信号。这些电信号在神经元之间传递，形成一系列的电流波动，即脑电波。不同的脑电波波形代表着不同的信息内容和处理状态，如α波、β波、θ波、δ波等，它们分别对应着大脑的不同功能属性和认知过程。

α波是人们在身心放松、陷入沉思时的脑波，频率稳定在每秒8至13次。当人们沉浸在白日梦中或是进行漫无边际的遐想时，脑波便会以这种模式运作。这种脑波状态反映了人们处于一种轻松而清醒的状态之中。

β波是人们在保持有意识状态时所展现的脑波，其频率范围在每秒14至30次之间。当人们处于清醒、专注、警觉的状态，或是在进行思维分析、交流谈话和积极行动时，这种脑波就会被大脑释放。

θ波是人们在困倦或逐渐睡着时经常出现的脑电波，其频率在每秒4至7次之间。这段时期，人们正处于一种半梦半醒的蒙眬状态，大脑正在默默处理着白天所接收的各类信息，许多令人惊喜的灵感，往往就在这时悄然闪现。

δ波是当人们处于深度睡眠且无梦状态时产生的脑波，其频率范围在每秒0.5至3.5次之间。

最适合工作和学习的脑波状态因任务而异。当我们需要快速吸收大量科学资讯以增进对某事物的了解时，β脑波状态最为理想。然而，研究显示，在掌握了这些信息之后，整合和记忆的最佳时机却是在我们处于放松且清醒的α脑波状态下。在这种状态下，人们能够最有效地将所学内容存入长期记忆中。

二、大学生学习特点

大学是一个充满挑战与机遇的重要时期，其学习特点主要表现为以下几个方面。

（一）自主学习与自我驱动

大学生学习的一个显著特点是自主学习与自我驱动。相较于中小学阶段，大学的学习环境更加宽松，大学生有更多的自由来安排自己的学习时间和内容。在这样的环境下，大学生可以充分培养自主学习能力，实现独立思考、自我规划和自我激励。在这个过程中，大学生需要明确学习目标，制订合理的学习计划，并主动寻求学习资源和方法，以实现高效学习。同时，大学生还需要学会调整自己的学习，以应对不同的学习挑战。

（二）专业性与深度学习

大学生学习的另一个特点是专业性和深度学习。在大学阶段，学生会选择某一专业进行深入学习，这要求他们不仅要掌握专业基础知识，还要具备批判性思维和创新能力。因此，大学生需要进行深度学习，挖掘知识的内在联系和应用价值，形成自己的见解和判断。同时，他们还需要关注学科前沿动态，不断更新自己的知识体系。

（三）多元化与跨学科学习

随着科技的快速发展和全球化的推进，大学生学习也呈现出多元化和跨学科的特点。单一学科的知识已经难以满足现代社会的需求，因此，大学生需要拓宽自己的视野，进行跨学科学习从而帮助他们形成全面的知识结构，提高他们解决复杂问题的能力。大学生可以通过参加学术讲座、研讨会等活动，拓宽学术视野，丰富知识体系。

（四）实践性与创新能力

大学教育的最终目的是培养具有实践能力和创新精神的人才。因此，大学生在学习过程中需要注重实践，将所学知识应用于解决实际问题。通过参与实验、实习、社会实践、专业赛事、创业大赛等活动，大学生可以锻炼动手能力和解决问题的能力，同时培养创新思维和创业精神。

（五）合作与团队协作能力

大学生学习还具有合作与团队协作的特点。在大学阶段，大学生需要参与各种团队项目、小组讨论和集体研究，这要求他们要具备良好的合作与团队协作能力。通过与不同背景、不同专业的人合作，大学生可以学会如何有效地沟通、协调和解决冲突，培养自己的团队精神、协作力和领导力。这些能力对于他们未来的职业发展和社会适应都具有重要意义。

（六）自我管理与时间规划

大学生还需要具备自我管理与时间规划的能力。大学的学习环境相对自由，学生需要自主安排学习、生活和娱乐的时间。因此，大学生需要学会如何合理规划时间，平衡学习、工作和休闲的关系，确保高效地完成学业和其他任务。同时，他们还需要培养自我管理能力，包括制订学习计划、监控学习进度、调整学习状态等，以确保学习的质量和效率。

综上所述，以上从自主学习与自我驱动、专业性与深度学习、多元化与跨学科学习、实践性与创新能力、合作与团队协作能力、自我管理与时间规划等方面列举了当前大学生的主要学习特点，这些特点相互关联、相互促进，共同构成了大学生学习的完整画卷。了解和掌握这些特点，可以帮助大学生更好地适应大学学习环境，提高学习效果和综合素质。

三、大学生常见学习困扰

（一）学习方法与策略的不适应

大学生在学习上遭遇的第一个困扰往往是学习方法的不适应。从小学到高中，学生往往习惯于被动地接受知识，依赖于教师的详细讲解和大量的习题练习。然而，进入大学后，教学节奏显著加快，教学深度与广度也显著增加，大学生需要更多的自主学习和独立思考。该阶段要求大学生调整学习策略，从被动转为主动，学会如何有效地进行预习、学习、复习和总结。同时，不同学科之间的学习方法也有所差异，能够根据学科特点调整学习策略，成为大学生必须掌握的技能。

（二）时间管理与自我调控的困境

大学提供了更加宽松的学习环境，但同时也要求学生具备更强的自我管理能力。时间管理成为大学生必须面对的重要课题。许多学生往往因为缺乏有效的时间管理技巧，导致学习、学生工作、社交和娱乐之间的平衡失调。比如，他们会过度沉迷于网络游戏、社交媒体等娱乐活动，忽视学习；或者对于学习过度焦虑，忽视必要的休息和放松。因此，如何合理规划时间，设置优先级，成为大学生必须面对的挑战。

（三）学习动机与兴趣的缺失

学习动机是推动学生进行学习的内部动力。然而，在大学生活中，许多学生可能会感到学习动机的缺失。一方面，高中时期明确的学习目标（如考上大学）已经实现，新的目标尚未确立；另一方面，对所学专业的兴趣不足或对未来职业的迷茫也可能导致学习动机的下降。此外，大学课程的多样性和复杂性也可能让学生感到困惑和无所适从。如何重新确立学习目标、培养对专业的兴趣、增强学习动力，成为大学生需要尽早解决的问题。

（四）自我认知与职业规划的迷茫

大学生正处于人生发展的重要阶段，面临着从学习到就业的转变。许多学生在自我认知和职业规划上感到迷茫。他们可能对自己的兴趣、价值观、能力等方面缺乏清晰的认识，在选择专业、制定学习计划、规划未来职业等方面犹豫不决。此外，社会对人才的需求和就业市场的变化也增加了大学生职业规划的不确定性。因此，如何提高自我认知水平、明确职业目标、制定可行的职业规划，成为大学生需要关注的关键问题。

（五）情绪管理与心理健康的挑战

大学生活丰富多彩，但也充满了挑战和压力。学业压力、人际关系、未来规划等问题都可能引发大学生的情绪波动和心理困扰。然而，由于缺乏情绪管理的技巧和心理健康的意识，许多学生在面对困难时无法有效应对。因此，大学生需要持续探索如何管理情绪、保持积极心态、寻求心理支持等。同时，学校和社会也应提供有效的心理健康服务和支持，帮助大学生更好地应对这些挑战。

案例故事：

小E，女，大三学生，因考研复习焦虑主动预约心理咨询。自上大学以来，小E对学习放松了很多，大三下半年，她决定考研，已经复习了两个月，但是进度和效果都很不理想，觉得自己每天起早贪黑学习，看似努力又好像什么都没学到，日渐焦虑，越来越怀疑自己考不上，惶惶不可终日，日渐焦躁疲惫。

通过小E的叙述、咨询老师的倾听与理解，小E的焦虑情绪逐渐缓和，她开始意识到自己的焦虑情绪较高，导致意识狭窄，想法偏激，满脑子只有“考不上就完了”想法，没有把充沛的精力投入学习、应对学习困境。经过咨询老师的帮助，小E逐渐意识到自己一开始就用力过猛了，之前上课都是马马虎虎，现在复习了却要求自己“一步到位”，除了学就是学，结果就是总找不到学习状态，还把自己搞得精疲力尽。后来，小E从实际出发，合理规划学习进程，循序渐进地进入高效的学习状态。

第二节　培养大学生学习动机

一、学习动机与学习效果的关系

（一）学习动机的种类

1. 内在动机与外在动机

一般来说，学习动机可以分为内在动机和外在动机。内在动机源于学生对知识本身的兴趣、喜爱以及改善和提高自身能力的愿望，学生能够对学习保持持久的热情和自主性。外在动机则是由外界因素如奖励、惩罚或社会期望等激发的，它虽然可以短期内提高学习效果，但如果学生对学习内容本身兴趣较低，学习行为容易受到波动。

2. 高尚动机与低级动机

根据价值取向与社会意义，学习动机可以分为高尚的、正确的动机与低级的、错误的动机。高尚的、正确的学习动机与个人的长远目标、社会责任感和人类发展紧密相关，其核心是利他主义。低级的、错误的学习动机更多地受到个人短期利益、物质欲望或外部压力的影响，以利己主义为核心。

高尚的学习动机源于学生对知识、成长和社会责任的内在需求，而非外界压力或物质诱惑，具有长远性和稳定性，关注长远发展，不易受到外界因素的干扰和影响。低级的学习动机主要屈从外界压力、物质利益或成绩等，而非学生的内在需求和兴趣，具有短期性与不稳定性，常常局限于眼前利益，缺乏长远成长的韧性，忽视学习本身带来的意义，容易陷入盲目跟从和随波逐流的状态。

3. 近景直接动机与远景间接动机

根据学习动机与学习活动的关系，可以分为近景直接动机与远景间接动机。近景直接动机指与当前学习活动直接相关的动机，来源于对学习内容或学习结果的兴趣。如大学生为了取得好成绩、赢得老师和同学的认可而学习，或是对老师的讲授方式感兴趣而激发出对课程本身的学习热情。这种动机具有即时性和直接性，能迅速激发学习行为。例如，为了准备即将到来的期末考试，学生会突击复习，这种动机促使他们集中精力，快速掌握知识。

远景间接动机与个人的长远目标或社会期望相连，如大学生为了将来的职业发展、实现个人价值或为社会做贡献而学习。这种动机具有持久性和间接性，能激励学生持续努力学习。例如，一个立志成为专业医生的大学生，会为了这个远大目标而持续深入学习医学知识，这种动机使他们在学习过程中保持热情和动力。但是，为满足父母的期望或为提高自身名声、地位等而学习，这种间接性动机作用的稳定性和持久性较差，容易受到情境因素的冲击。

这两种动机在学习和生活中都起着重要作用，但具体哪种动机更为主导，因个人和情境的不同而有所差异。

4. 性格动机与情境动机

学习动机还可以分为性格动机与情境动机。性格动机是在许多学习活动中都表现出来的较稳定的、持久努力掌握知识经验的动机，贯穿于学习活动始终，甚至延伸到各种生活和工作活动中，与学生本身的价值观念和性格特征紧密相连，具有高度的稳定性。例如，进入大学后，有的学生因学习方法的变更迟迟探索不出更适合自己的学习节奏，有的学生因环境的松弛而掌握不好学习、活动与休闲的平衡，有的学生无论环境如何变化都能及时调整、认真学习。

情境动机是在某一具体学习活动中表现出来的动机，具有临时性和外部驱动性，受外部因素影响较大。具有这样动机的学生常常只对个别学科或课程感兴趣，而且多是由于在学习中学业成败或师生关系等影响形成。例如，有的学生擅长高数，不擅长英语，平时把更多的兴趣和精力放在高数学习上，对英语畏难心重，期末考试时就可能面临高数成绩优秀、英语却挂科的情况。

学习活动中的动机作用是复杂的，学习动机的强弱又直接影响着学生的学习态度、努力程度和学业成就。了解自身学习动机相关知识，有助于帮助大学生审查与修正个人学习态度与行为。

（二）学习动机与学习效果的互动关系

动机与学习效率之间的关系并非如许多人所想象的那样简单，即动机越强，学习效率便越高。实际上，心理学研究显示，动机强度与学习效率之间的关系呈现出一种倒 U 形的曲线形态。这意味着，并非最强的动机就能带来最佳的学习效率。相反，当动机强度适中时，人们的工作表现往往最为出色。这是因为，当动机过强时，人们可能会因为过于追求快速成功而产生过度的焦虑和紧张，这些负面情绪反而会干扰记忆和思维的正常运作，导致学习效率下降。例如，在考场上，有些人因为过于强烈的求胜心理而“怯场”，反而影响了他们的发挥。因此，动机的适度性对于学习效率的提升至关重要。

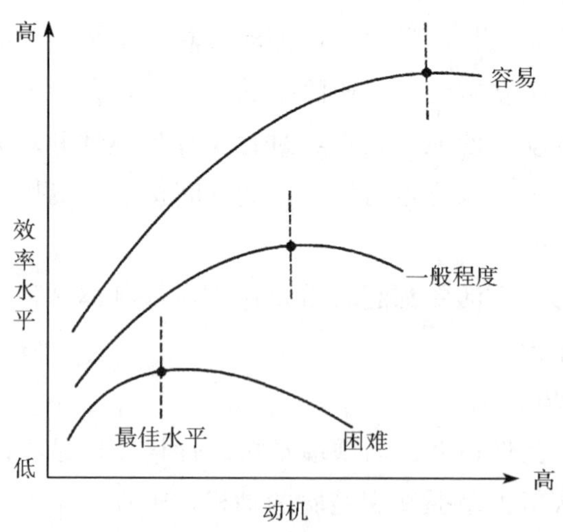

图 5-1　动机强度、任务难度与效率的关系

阅读与思考：

耶克斯-道德森定律

心理学家耶克斯和道德森研究发现，不同的活动都有其对应的最佳动机水平。无论是动机过弱还是过强，都可能导致学习效率的降低。更有趣的是，他们还发现这个最佳动机水平并非一成不变，而是随着任务性质的差异而有所变化。具体来说，在面临较为简单的任务时，学习效率通常会随着动机的增强而提升；然而，当任务难度逐渐加大时，动机的最佳水平却呈现出逐渐下降的趋势。这意味着，在面对挑战性较高的任务时，保持适度的低动机水平反而更有利于任务的顺利完成。这一发现为我们理解动机与学习效率之间的关系提供了新的视角。

二、学习动机理论与应用

动机是个体行为的动力源泉，它驱动着人们追求目标、满足需求。动机的存在使得人们能够在面对困难时保持坚韧不拔的毅力，以及在面对挑战时展现出卓越的能力。在学习领域，学习动机同样发挥着不可或缺的作用。学习动机强的学生会更加主动地投入学习，积极寻求学习机会和资源，从而取得更好的学习效果。相反，学习动机不足的学生可能会对学习产生厌倦和抵触情绪，导致学习效果下降。

（一）成败归因理论

心理学家罗特（J. B. Rotter，1966）把个体分为内控型和外控型。偏内控型人认为成败是由自身原因造成，更倾向于为行为负责；偏外控型人认为成败由外部因素造成，往往对自己的行为结果不愿意承担责任。

心理学家韦纳（B. Weiner，1974，1992）对行为结果的归因进行了系统研究，总结出人们将行为成败归因的六个主要方面：能力高低、努力程度、任务难易、运气好坏、身心状态、外界环境等。一般来说，学生通常将学业成败归因于能力、努力、任务难度、运气等四因素。韦纳还将以上因素归纳为三个维度：内部归因和外部归因、稳定性归因和非稳定性归因、可控归因和不可控归因，如能力、任务难度是稳定的，努力、运气是不稳定的。成败归因理论用于解释个体在面对成功或失败时如何解释这些结果，以及这些解释如何影响后续行为和动机。不同的归因模式会对个体的情绪、期望、动机和行为产生不同的影响。

具体来说，能力归因是指个体将成功或失败归因于自身的能力水平。如果个体将成功归因于自身能力强，可能会增强自信心和自尊心，提高自我效能感，从而更有动力去迎接新的挑战。相反，如果个体将失败归因于自身能力不足，可能会感到沮丧和无助，降低自我效能感，甚至产生习得性无助的心理状态，对后续的学习和行为产生消极影响。

努力归因是指个体将成功或失败归因于自身的努力程度。如果个体将成功归因于自身努力，会感到满足和自豪，同时会更有动力去继续努力。相反，如果个体将失败归因于自身努力不足，会意识到通过增加努力可以改变结果，因此会更有动力去付出更多的努力。这种归因方式有助于激发个体的内在动机和学习积极性。

任务难度归因是指个体将成功或失败归因于任务的难易程度。如果个体将成功归因于任务简单，可能会产生自满和轻视的情绪，对后续的挑战缺乏准备。如果个体将失败归因于任务困难，可能会感到无奈和沮丧甚至半途而废，当然，也可能会激发挑战的勇气。

运气归因是指个体将成功或失败归因于外部的、不可控的因素。如果个体将成功归因于运气好，可能会产生侥幸心理，误判自身的能力和努力。如果个体将失败归因于运气不好，可以避免太过突然、强烈或负性的情绪反应。

归因理论在指导大学生学习行为上具有重要意义，能促进学生自我省察，认识到成功与失败不仅源于能力，更与努力、策略、运气等因素息息相关。理解这一点，有助于建立积极的归因模式，激发内在动力，面对挑战时保持坚韧不拔的态度，从而更好地规划和管理自身的学习旅程。

表 5-1 成败归因理论

项目	成败归因维度					
	稳定性归因		内外部归因		可控性归因	
	稳定	不稳定	内在	外在	可控制	不可控制
能力	○		○			○
努力程度		○	○		○	
工作难度	○			○		○
运气		○		○		○
身心状况		○	○			○
外界环境		○		○		○

（二）自我效能感理论

自我效能感是指个体对自己是否能够成功地从事某一成就行为的主观判断，或者说人们对自己完成特定任务能力的信念或信心。这一概念由美国心理学家班杜拉最早提出，它涉及个体对自己能力的评估以及这种评估如何影响他们的行为选择、努力程度和持久性。

自我效能感理论主张个体在尝试实现某一目标之前，先对自己完成该任务的能力进行评估。这种评估不仅仅基于知识或技能的掌握程度，更在于个体对自己能否成功执行该行为并取得预期结果的信心。与此不同，传统的动机理论主要关注的是如何通过外部强化来驱动学习行为。然而，即便人们掌握了必要的知识，并对学习结果有了清晰的认知，他们是否真正愿意投入学习，仍受到其自我效能感的深刻影响。

简而言之，自我效能感在学习行为的启动和持续中扮演着关键的调节角色。高自我效能感的学生倾向于设定明确且具挑战性的学习目标，能够更好地调节自己的学习行为并在面对困难时表现出更多的坚持和毅力。相反，自我效能感低的学生可能会因为怀疑自己的能力而避免挑战，或者在遇到困难时轻易放弃。

（三）成就目标理论

成就目标理论是在对阿特金森的成就动机理论进行深入探索的基础上，结合德韦克的能力理论，形成的一种关于学习动机的综合性理解。德韦克特别强调了人们对自身能力本质的不同看法，即能力增长观和能力实体观。

1. 能力增长观与能力实体观

在德韦克的理论中，个体对能力有两种截然不同的认知框架。持能力增长观的个体认为，能力是可以通过持续学习、实践和努力而不断增强的。对他们而言，挑战和困难被视为提升能力的机会，而非证明能力的障碍。相反，持能力实体观的个体则认为，能力是相对固定且不易改变的。这种观念导致他们在面对挑战时，可能更关注于证明表现自己的能力，而非通过挑战来增强能力。

2. 成就目标的差异

基于上述的能力观念差异，人们在设定成就目标时也会有所不同。倾向于能力增长观的个体，其成就目标更多地聚焦于掌握新知识和技能，即掌握目标。他们重视学习的过程和自身能力的提升，而非简单的结果或他人的评价。相反，持能力实体观的个体则更可能设定表现目标，即追求在他人面前展示或验证自己的能力。

3. 目标与学习效果

尽管掌握目标和表现目标都可能驱使个体参与挑战性的任务，但研究表明，这两种目标导向在学习效果上存在差异。掌握目标导向的学习者更可能采取深入、策略性的学习方法，因为他们关注的是知识的理解和应用，而非简单的成绩或他人的认可。相反，表现目标导向的学习者可能更注重表面的学习策略和成绩比较，这可能会限制他们在深层次上的学习和发展。

了解成就目标理论可以帮助大学生更好地认识自己的学习动机和策略，选择更适合自己的学习目标。鼓励大学生设定掌握目标，可以帮助他们建立更加健康、深入和持久的学习习惯，实现个人潜能的最大化。

第三节 探索大学生学习策略

学习策略是指学习者在学习过程中，为了提高学习效果和效率，有意识地采取的一系列方法和技巧。对于大学生而言，掌握有效的学习策略不仅能够帮助他们更好地应对学业挑战，还能够培养其自主学习和终身学习的能力。

一、时间管理策略

时间管理是提高学习效率的关键之一。大学生应该学会合理安排时间，制订科学的学习计划，将时间分配给不同的学习任务和学习科目，避免拖延和浪费时间。同时，应该注重休息和放松，避免长时间的学习导致疲劳和效率下降。

（一）遵循生物钟

生物钟，即人体的生理节律，是自然界中生命体为适应环境变化而发展出的一种内在调节机制。对于大学生而言，遵循生物钟不仅是保持身心健康的基础，更是提高学习效率、优化学习策略的关键所在。

首先，生物钟决定了我们的睡眠-觉醒周期。科学研究表明，规律的作息有助于稳定情绪、提高记忆力。大学生应当根据自身的生物钟特点，合理安排作息时间，确保每天获得足够的睡眠，避免睡眠不足、睡眠不规律带来的负面影响。

其次，生物钟还影响着我们的能量水平和注意力分配。每个人的生物钟都有所不同，有些人可能在早晨精力充沛，而有些人则可能在晚上思维更为活跃。因此，大学生应当根据自己的生物钟特点，选择最适合自己的学习时间段，以达到事半功倍的效果。

此外，研究表明，生物钟与饮食习惯、代谢调节等生理过程密切相关。遵循生物钟的饮食规律，如按时进餐、避免暴饮暴食，有助于维持身体健康，提高学习效率。

大学生应当充分了解自己的生物钟特点，据此制订个性化的学习策略。让我们通过合理安排作息时间、选择适合自己的学习时间段、保持健康的饮食习惯等，提高学习效率，为学习和生活打下坚实的基础。

阅读与思考：

人体生物节律

生物节律是生命体自然演化的产物，对每一个生物体都产生着深远的影响。在人体中，这种节律具体表现为体力、情绪和智力的周期性变化。从诞生到离世，每个人都遵循着体力每23天、情绪每28天、智力每33天一个循环的规律，这就是我们通常所说的人体生物节律。在每一个循环周期内，体力、情绪和智力都会经历从高峰到低谷，再从低谷到高峰的起伏变化，分别对应着高潮期、低潮期和临界期。由于这种节律具有精准的时间性，我们习惯称之为人体生物钟。它调控着我们的生理和心理状态，使我们的生活呈现出一种有规律的节奏。

生物钟对人体生理和认知功能具有显著影响，特别是在记忆和注意力方面。科学研究表明，人的记忆力在一天中并非恒定不变，而是存在高峰和低谷。通常，早晨和晚上是记忆力较为出色的时段，而下午则相对较弱。同样，注意力的表现也呈现出类似的趋势。早晨和晚上，人们往往更能集中注意力，但午后却容易出现疲劳，导致注意力下降。这背后的原因是生物钟通过调控激素的分泌，进而影响人的警觉性、专注力和整体认知水平。因此，了解和顺应生物钟的规律，对于优化记忆和注意力、提升个人学习效率具有重要意义。

（二）时间管理模块化

时间管理模块化强调将学习时间划分为不同的模块，并为每个模块设定明确的目标和计划。这种策略有助于提高学习效率，减少拖延现象，更好地平衡学业、生活和兴趣爱好。

首先，时间管理模块化有助于建立清晰的学习目标。通过将学习任务细化为具体的模块，学生可以更直观地了解自己需要完成的内容和进度。每个模块都应有明确的目标和预期成果，帮助学生在学习过程中保持专注和动力。

其次，时间管理模块化有助于合理分配学习时间。学生可以根据自己的生物钟和学习习惯，将学习时间划分为不同的模块，如集中学习模块、复习巩固模块、休息放松模块等。这样既可以确保学习任务的完成，又可以避免过度疲劳和效率低下。

最后，时间管理模块化有助于培养自律和计划性。通过设定每个模块的开始和结束时间，学生可以更好地掌控自己的学习进度，减少拖延。同时，这种策略也有助于学生形成良好的学习习惯和自律意识。

研究表明，模块化管理时间对于提高大学生的学业成绩和心理健康具有积极作用。通过合理规划和利用时间，大学生可以更好地应对学业压力和挑战，减少焦虑和抑郁等负面情绪的影响。

综上所述，时间管理模块化是大学生学习策略中不可或缺的一部分。通过实施这种策略，大学生可以更加高效地利用时间，提高学习效率和质量。

二、思维策略

思维策略是大学生在学习过程中不可或缺的重要工具，它能够帮助大学生更高效地进行知识整理、记忆与应用。在众多思维策略中，康奈尔笔记法和思维导图法因其直观性和实用性而备受欢迎。

（一）康奈尔笔记法

康奈尔笔记法，作为一种经典的笔记技巧，不仅是记录知识的工具，更是促进深度思考与知识整合的桥梁。这种方法将笔记页面划分为三个核心区域——主栏、副栏和总结栏，通过明确每个区域的功能，实现了从记录到思考的完美过渡。

主栏是康奈尔笔记法的核心，占据页面大部分空间。在课堂上或阅读时，学生应将主要内容、关键知识点或重要论述详细记录在这一区域。记录时，尽量使用简洁明了的语言，以便日后回顾和整理。

副栏位于页面的右侧或左侧，宽度适中。这一区域主要用于记录对主栏内容的思考、疑问或提炼。学生可以在听讲或阅读的过程中，随时在副栏写下自己的感悟、疑惑或是与主栏内容相关联的其他知识点。

总结栏位于页面的底部，在课后复习时，学生可以将主栏和副栏的内容进行关联和整理，通过对比、分析或归纳等方法，形成对知识点的系统理解和认知，最后在总结栏中提炼出核心要点和感想。

（二）思维导图法

思维导图是一种以图形方式呈现思维过程的工具，可以将复杂的知识点以直观的方式呈现出来，将思考具体化、可视化。它以一个中心主题为核心，通过分支和节点的方式将相关概念、知识点或想法进行连接和展开。这种策略不仅有助于系统地建构、梳理知识体系，还能促进新旧知识的融合与创新。通过绘制思维导图，学生可以清晰地看到各个知识点之间的联系和层次结构，从而加深对知识的理解与记忆。同时，思维导图法还能激发学生的创造力，促使他们从不同角度思考问题，寻找新的解决方案。

思维策略是影响学习效果的重要因素之一。大学生应该学会运用不同的思维方式和方法来解决问题和学习知识。例如，可以通过归纳和演绎的方法理解概念和原理；通过比较和分类的方法整理知识；通过想象和创造的方法拓展思维等。此外，还可以通过参加讨论和辩论等活动提高自己的思维能力和表达能力。

三、记忆策略

记忆策略是提高记忆效果的重要方法之一。大学生可以尝试运用不同的记忆技巧和方法来增强记忆能力。例如，可以通过反复背诵和复习来加深记忆；通过联想和想象来帮助记忆；通过笔记和摘要来整理记忆等。此外，还可以通过参加记忆训练等活动来提高自己的记忆能力和思维能力。

（一）知识性质对记忆的影响

学习材料的性质对记忆效果具有显著影响。通常来说，有意义的材料由于其内在的逻辑联系，往往能够在大脑中形成更加深刻的印象，因此遗忘的速度较慢。相比之下，无意义的材料缺乏这些联系和相关性，导致它们在大脑中的留存时间较短，遗忘得更快。

此外，在相同的学习程度下，当记忆的知识过多时，大脑需要处理的信息量增大，这可能导致信息之间的干扰增强，进而加速遗忘。相反，当记忆的知识量较少时，大脑可以更加专注于这些信息的处理与存储，遗忘的速度相对较慢。

因此，大学生在学习时应根据知识的性质合理确定学习的数量。对于有意义的材料，可以适当增加学习量，以充分利用其易于记忆的特点；而对于无意义的材料，则应控制学习量，避免因为信息量过大而导致遗忘加速。总之，不贪多求快，而是追求学习的质量和效率，是大学生保持心理健康和提高学习效果的关键。

（二）知识位置对记忆的影响

知识位置是指知识在学习材料中的位置或顺序。学生在记忆过程中也可以采用位置记忆法等技巧来提高记忆效果。在记忆策略中，首因效应与近因效应是两个重要的心理学概念，它们对记忆活动有着显著的影响。

首因效应，也被称为首位效应或初始效应，指的是人们倾向于记住信息序列中最初呈现的部分。这是因为初次接触的信息在大脑中留下的印象深刻，且在后续信息处理过程中容易形成较强的联结。例如，在课堂上，教师开课时所讲述的内容往往能给学生留下深刻印象，这就是首因效应的体现。为了充分利用首因效应，大学生在记忆时可以优先处理重要或关键的信息，以确保这些信息能够在记忆中占据突出位置。

与首因效应相对应的是近因效应，它指的是人们更容易记住信息序列中最近呈现的部分。这是因为近因效应受到短期记忆的影响，最近接收的信息在大脑中活跃度高，因此更容易被提取和回忆。比如，在考试前夜，学生复习的内容往往能在考试中更容易被回想起来，这便是近因效应的作用。为了提高记忆效果，大学生可以在学习结束前对所学内容进行复习和巩固，以加强近因效应对记忆的积极影响。

首因效应和近因效应并不是相互独立的，它们在学习过程中往往共同作用。为了优化记忆效果，大学生应灵活运用这两种效应。例如，在学习新知识时，可以先将重要内容放在开头部分进行理解，以利用首因效应的优势，然后在学习过程中不断回顾和巩固所学内容，以加强近因效应的作用。

总之，首因效应与近因效应是记忆策略中的重要组成部分。通过了解并灵活运用这两种效应，大学生可以提高记忆效率，优化学习效果。

（三）学习程度对记忆的影响

学习程度，即学习的深度和广度，也会影响记忆效果。过度学习是指在学习达到刚好成诵以后的附加学习，它能够提高记忆的保持效果。大学生在学习时，应当适度地进行过度学习，以提高记忆的牢固性。

通常而言，对所要记忆的知识，不能达到完全无误背诵的学习程度，被称为低度学习。如果在达到能够刚好背诵的状态后，仍继续投入一段时间进行深化学习，称之为过度学习。实验验证，低度学习的内容往往更容易在记忆中消逝，而经过适当过度学习的材料，其记忆效果显著优于仅达到背诵要求的知识。然而，过度学习并非无止境的过程。如果在学习上投入过多的时间与精力，不仅可能无法实现记忆效果的进一步提升，还可能造成宝贵时间与精力的浪费。因此，在学习时，我们需要合理控制学习的时间和深度，以实现高效且可持续的记忆效果。

以记忆英语单词为例，仅仅通过浏览、朗读或机械抄写，很难将单词完全无误地记住，这种情况就是低度学习。相反，如果在初次背诵之后，学生能够投入更多的时间和精力进行复习和巩固，比如通过制作单词卡片、进行听写练习、在实际语境中运用这些单词，这就构成了过度学习。经过这样的过度学习，学生对单词的记忆效果会明显优于仅达到背诵标准的同学。

（四）遗忘规律对记忆的影响

遗忘，作为学习过程中不可避免的现象，是指个体对先前学习内容的回忆出现错误或无法回忆的状态。艾宾浩斯遗忘曲线为我们揭示了遗忘的基本规律：遗忘在学习完成后立即开始，并且遗忘的速度呈现出先快后慢的特点。因此，大学生在学习新知识后，应当及时复习，减缓遗忘速度，促进所学内容牢固地存储在记忆中。

在学习过程中，遗忘现象可以细分为三个阶段：瞬时遗忘、短时遗忘和长时遗忘。

瞬时遗忘，是指在学习新知识后，立即出现的遗忘现象。这主要是由于信息在初次接触时，尚未在大脑中形成稳定的记忆痕迹。因此，瞬时遗忘是学习过程中的一个自然现象，但通过及时的复习和巩固，可以有效减少影响。

短时遗忘，发生在学习后的一段时间内。在这个阶段，虽然信息已经初步存储在大脑中，但由于缺乏足够的复习和强化，这些记忆会逐渐变得模糊，甚至被遗忘。为了应对短时遗忘，大学生应当在学习后合理安排复习时间，通过反复练习和回顾，巩固所学内容。

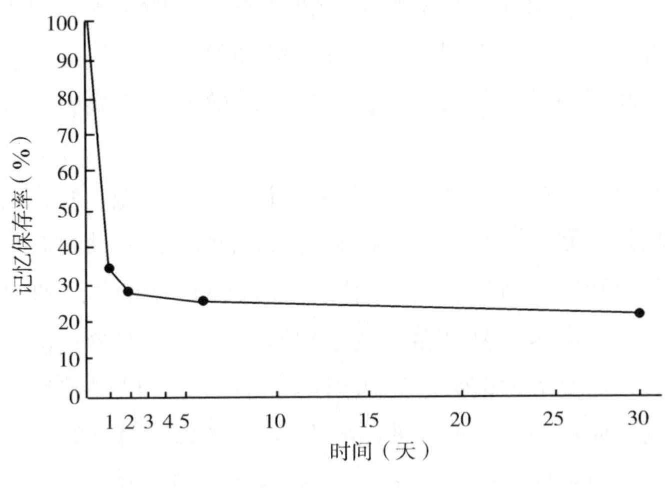

图 5-2　记忆与遗忘曲线

长时遗忘，则是指随着时间的推移，记忆中的信息逐渐消失的现象。长时遗忘通常发生在较长时间的学习间隔后，或者是在没有进行有效复习的情况下。为了应对长时遗忘，大学生需要制订长期的学习计划，定期进行知识的回顾和总结，以确保所学知识能够长期保持在记忆中。

了解这三个阶段的遗忘规律，有助于大学生采取针对性的复习策略来巩固所学知识，减少遗忘的发生。例如，在学习过程中，可以采用分散复习的方法，将学习内容分成若干部分，在不同时间段进行复习；同时，反复练习也是提高记忆效果的有效手段。

此外，保持良好的生活习惯和健康的心态等也对减少遗忘具有积极影响。因此，大学生在注重学习方法的同时，也应关注自身的身心健康，为高效学习创造有利条件。

四、复习策略

复习，作为学习过程中的重要环节，对于巩固知识、提高记忆效果具有不可或缺的作用。以下将从四个方面阐述复习策略。

（一）复习要及时

遗忘规律表明，遗忘在学习之后立即开始，遗忘速度先快后慢，因此及时复习是防止遗忘的关键。大学生在学习过程中，应当养成及时复习的习惯，即在学习新知识后，尽快对所学内容进行回顾和巩固。通过及时复习，可以加深对知识点的理解，强化记忆痕迹，减缓遗忘进程。

（二）正确分配复习时间

合理安排复习时间是确保记忆效果的关键所在。一般来说，复习可以分为集中复习和分散复习两种方式。集中复习，即连续不断地对某一内容进行复习，而分散复习则是安排一定的时间间隔进行复习。实验证实，分散复习比集中复习更能取得良好的记忆效果。

在决定复习的时间间隔时需要综合考虑多个因素。首先，知识的性质。不同性质的知识需要不同的复习策略。对于较为简单或基础性的知识，可以适当增加复习间隔；而对于复杂或抽象的知识，则需要缩短间隔，以加强记忆的连贯性和深度。其次，知识的数量。大量的知识内容需要更多的复习次数和时间，而少量的知识则可以相对减少复习频率。最后，还要考虑记忆已经达到的水平。对于已经熟练掌握的知识，可以适当延长复习间隔；而对于尚未牢固掌握的内容，则需要缩短间隔，以便及时巩固。

一般来说，在复习初期，由于记忆痕迹尚不稳定，我们需要安排较短的复习间隔，以加强记忆效果；随着复习的深入和记忆的巩固，我们可以逐渐延长复习间隔，以减轻学习负担并提高学习效率。

（三）注意序列位置效应

序列位置效应是指在学习序列中，开头和结尾的内容往往更容易被记住的现象。大学生在复习时，应充分利用这一效应，将重要的知识点放在学习序列的开头和结尾部分进行复习。这样不仅可以提高记忆效果，还能在有限的时间内，更有效地掌握关键内容。同时，也可以通过变换复习顺序，打破固定的学习模式，以提高记忆的灵活性和准确性。此外，对知识内容的中间部分可以适当加强复习，强化记忆。

（四）利用外部记忆手段

外部记忆手段是辅助复习的重要工具。大学生在复习过程中，可以充分利用笔记、思维导图、学习卡片等外部记忆手段，帮助自己梳理知识体系、强化记忆点。如学习卡片、学习软件等便携式的复习工具，可以帮助大学生随时随地进行复习，提高学习的便捷性和灵活性。

综上所述，有效的复习策略对于提高大学生的学习效率和质量具有重要意义。通过及时复习、正确分配复习时间、注意序列位置效应以及利用外部记忆手段等方法，大学生可以更好地巩固所学知识、提高记忆效果。大学生应积极探索并实践适合自己的复习策略，让学习之路更加高效、顺畅。

参与式活动：

请同学们按以下表格填写内容，觉察、分享、交流学习策略。

高中学习策略	大学学习策略	谁“优”谁“劣”	反思

思考与问答：

1. 你的记忆力在一天中哪个阶段最好？
2. 你目前习惯的学习方法是什么？你认为还有哪些方面需要改进？

阅读推荐：

1. ［美］丹尼尔·T. 威林厄姆：《大脑想要这样学：高效学习的认知心理学方法》，赵安琪译，上海科学技术文献出版社 2023 年版。

2. ［美］加兰·库尔森：《拖延症患者自救手册》，王青译，北京时代华文书局 2020 年版。

3. ［美］凯利·麦格尼格尔：《自控力》，王岑卉译，北京联合出版有限公司 2021 年版。

电影推荐：

1. 《放牛班的春天》(2004)，导演：克里斯托夫·巴拉蒂。
2. 《当幸福来敲门》(2006)，导演：加布里尔·穆厅诺。
3. 《银河补习班》(2019)，导演：邓超、俞白眉。

第六章　采菊东篱下，悠然见南山
——大学生休闲与独处

笑指吾庐何处是？一池荷叶小桥横。

——陈继儒《浣溪沙·初夏夜饮归》

我爱热闹，也爱冷静；爱群居，也爱独处。

——朱自清《荷塘月色》

几乎所有的痛苦都来自我们不善于在房间里独处。

——帕斯卡尔《思想录》

学习目标：

1. 了解休闲、独处的内涵。
2. 学会分辨独处与孤独。
3. 探索学习与休闲的平衡，培养独处能力。

第一节　大学生休闲心理

一、休闲的需要

（一）休闲的含义

休闲的英文单词是leisure，来自古拉丁语licēre，代表“被允许”。从古希腊词源学的角度看，休闲可以被理解为一种自我持留或是单纯的逗留。这种逗留的精髓在于，当人们感受到自己处于静止或无所事事的状态时，既不感到急切想要逃离这种“令人焦躁”的感觉，也没有展现出那种无法自我控制或受到痛苦困扰的迹象。相反，他们选择沉浸在这种单纯的逗留中。不是某个特定的地方或是空闲的时间段为这种逗留式的休闲提供了条件，而是这种逗留式的休闲本身为自己营造出了适合它的空间和时间。

休闲，从字面意义上理解，即“闲暇之余的休息”。它指的是个体在完成了必要的工作、学习或生活任务后，所拥有的可以自由支配的时间。这段时间内，人们可以自主选择参与自己感兴趣的活动，以获得身心的放松和愉悦。休闲不仅仅是时间的概念，更是一种生活的态度和心理状态，它反映了人们对生活质量的追求和对精神世界的向往。

休闲，对于大学生而言，既是课余时间的放松与娱乐，更是调节心理状态、提升生活品质的重要手段。在紧张的学习生活中，大学生需要休闲来释放压力，调整心态。休闲的需求源于人的本能，是身心健康的必要条件。大学生在休闲中，可以放松身心，感受生活的美好，增强生活的幸福感。

（二）休闲的价值

1. 休闲与身心健康

休闲活动对于大学生的身心健康具有不可替代的作用。在紧张的学习之余，适当的休闲活动能够帮助学生缓解压力，放松身心。通过参与运动、艺术、阅读等休闲活动，学生可以提升身体素质，增强免疫力，同时也有助于培养良好的心态和情绪管理能力。

2. 休闲与个人成长

休闲不仅是身心放松的过程，也是个人成长的重要途径。在休闲活动中，学生可以探索自己的兴趣爱好，发展特长，提升综合素质。此外，休闲活动还能帮助学生拓宽视野，增长见识，增强社会适应能力。

3. 休闲与生活质量

休闲是提高生活质量的关键因素之一。拥有丰富多彩的休闲生活，可以让学生更好地享受大学生活，提升幸福感。同时，休闲活动也有助于培养学生的审美情趣和文化素养，丰富精神世界，提升生活品质。

休闲对于大学生的身心健康、个人成长和生活质量都具有重要的价值。大学生应该注重休闲活动的安排和选择，充分利用休闲时间，为自己蓄力赋能。

阅读与思考：

“休闲”的内涵考述

《说文解字》中，“休”字原始含义描述的是人们依靠大树，在树荫下舒缓休憩，消除身体疲惫的情境。随着时代的变迁，“休”字的含义逐渐丰富，涵盖了停止、终结、休闲、喜悦及欢乐等多种积极表达。而“闲”字最初指的是门前的栅栏，后来逐渐引申为伦理道德的规范和限制。由于“闲”字的繁体形式“閑”与“間”（即间）在历史上的混用，“闲”字也获得了空闲、闲暇时间的意义，并进一步衍生出闲职、悠闲等概念。

“休闲”一词最早在魏晋时期曹植的《吁嗟篇》中出现，至唐朝开始在文书和文学作品中广泛使用，成为中国古代书面文字中的固定表达。纵观历代文献，“休闲”一词涵盖了多重内涵。

首先，它意味着身体的休憩和心灵的安闲，既指身体上的放松，以缓解疲劳，又指心理上的宁静，享受安逸的生活。

其次，“休闲”还蕴含着辞官归隐和官职闲散的意味，一方面指的是退休或辞官，享受隐逸生活的选择；另一方面则是指那些不重要的、闲散的官职。

最后，“休闲”还代表着娱乐与闲适自得的状态，它描绘了人们在摆脱公务繁忙和身体疲惫后，所拥有的自由时光和休闲活动。这种休闲不仅是外在的体验，更是内在的思考与追求，它引导人们探索更高的精神境界，赋予“休闲”一词更深层次的文化内涵。

二、培养休闲的能力

（一）休闲方式

休闲方式的选择多种多样，因人而异。有的人喜欢通过运动来释放压力，有的则偏爱阅读、音乐或艺术。每种休闲方式都有其独特的魅力，关键是要找到适合自己的方式。

1. 文化娱乐型休闲

这类休闲方式以文化娱乐为主要内容，如看电影、看戏剧、听音乐会、阅读、绘画、摄影等。它们不仅能丰富大学生的精神生活，提升审美情趣，还有助于培养良好的文化素养和人文情怀。在享受这些活动带来的精神愉悦时，也应注意个人财物的安全，避免在公共场所遗失或被盗。同时，在参与一些需要特殊设备或工具的活动中，如摄影，应确保设备使用安全，避免因操作不当造成意外伤害。

2. 创意手工型休闲

创意手工型休闲包括陶艺制作、手工制作、编织等，这些活动能使人放松心情的同时，还能体验纯粹的创作魅力。在进行这些活动时应选择合适的工具和材料，遵循制作规范，避免因操作不当导致的意外伤害。同时，要保持工作环境的整洁和安全，避免杂物和锐器造成划伤或碰伤。

3. 体育运动型休闲

体育运动是大学生常见的休闲方式，包括篮球、足球、羽毛球等球类运动，以及跑步、游泳、瑜伽等健身活动。它们有助于锻炼身体，增强体质，同时也能释放压力，促进心理健康。在进行这些活动时，务必注意运动安全，遵守运动规则，穿着合适的运动服装和鞋子，避免因激烈运动导致扭伤、拉伤等。同时，在参与水上运动时，应确保自身具备足够的游泳技能，并在有救生员或安全设施的地方进行。

4. 户外探险型休闲

户外探险型休闲包括徒步、露营、攀岩、骑行等，这些活动能让人亲近自然，体验挑战。户外环境也有助于放松心情，缓解学业、生活压力。在进行户外探险时，安全要放在首位，应提前了解活动路线和天气情况，携带必要的装备和食品，确保通信设备的畅通。在攀岩、徒步等高风险活动中，应遵循专业指导，切勿冒险行事。同时，要注意防范野生动物和自然灾害等潜在风险。

总而言之，大学生在选择休闲方式时，既要考虑活动对身心的修复与整合，又要遵守相关规则，保障自身安全。

（二）休闲策略

1. 探索忙碌与休闲的平衡

忙碌与休闲并不是对立的，而是相辅相成的。大学生要学会在忙碌的学习生活中留有休闲的时间，同时也要在休闲中保持对生活的热爱和追求。只有找到忙碌与休闲的平衡，才能真正享受大学生活的美好。

首先，时间管理是实现忙碌与休闲平衡的关键。合理规划时间，确保学习任务得到妥善安排，同时留出足够的休闲时间。通过制定时间表或日程表，可以确保学习任务得到有序安排，同时留出足够的时间用于休闲活动，更好地掌控自己的时间，避免过度忙碌或无聊闲散。

其次，调整心态对于实现忙碌与休闲的平衡至关重要。学会调整心态，以平和的心态面对生活中的各种挑战和压力。当面对繁重的学业任务时，要学会合理安排时间，保持专注与高效；在休闲时刻，也要全身心地投入其中，享受生活的美好。有意识地培养自身乐观、积极的心态，可以更好地应对忙碌与休闲之间的转换，保持身心的平衡与健康。

再次，学会有效拒绝与委托。大学生活中常常面临各种活动邀请和任务安排，学会有效拒绝、合理委托那些与自身目标不符或过于耗费精力的活动，是保持忙碌与休闲平衡的关键。

同时，注重休闲的质量而非数量。有时候，即使只是短暂的休闲时光，也能带来深度的放松和愉悦。因此，不必过分追求长时间的休闲，而是要注重在休闲中体验生活的美好和意义。

最后，培养自我觉察能力也是实现忙碌与休闲平衡的重要一环。大学生应当学会关注自己的身心状态，及时发现并调整忙碌与休闲之间的失衡。当感到压力过大或过于疲惫时，应及时调整学习计划或安排一些休闲活动来放松自己；当感到生活过于单调乏味时，也应尝试寻找新的休闲方式来丰富自己的生活。

案例故事：

小G，男，大三学生。小G进入大学后决定再也不要像高中那样每天只有学习，没有一点生活；要做自己，要享受生活，要多姿多彩，绝不再让成绩把自己绑架。于是，大学三年，他学习懒散，挂科多门，参加多个学生社团，聚会游乐不断，跟舍友也经常组团通宵游戏，好不快活。小G觉得自己的大学生活过得非常充实，丰富了组织活动经验，认识了很多朋友，尝试了很多新事物。然而，在大三下学期，小G收到了学业警告通知，看着通知单，才发现自己原来挂了这么多科，挂得哪些却记不清楚了。小G彻底蒙了，突然不确定什么样的生活才是对的了……

显而易见，小G的大学规划出现了严重偏差，休闲、生活、学习的平衡远远未建立起来，顾此失彼。完全肯定或彻底否定某一方的价值，只会让自己一时顺心、局部开花，不能整体均衡、长远进步。在意识到自己的问题后，小G决定重新审视自己的大学生活和规划。他深知，要过上真正充实而有意义的大学生活，不能仅仅追求一时快乐和能力锻炼，还是要把主要的精力投入学习中，并且做好未来规划。

2. 探索适合的休闲方式

每个人的兴趣和爱好都不尽相同，因此，适合自己的休闲方式也会有所不同。大学生应该根据自己的兴趣和特点，选择适合自己的休闲方式，这样才能真正达到放松身心、提升生活质量的目的。

首先，可以通过尝试多种休闲活动，发现自己感兴趣的领域。例如，参加学校的社团活动、参与户外运动、尝试艺术创作等，都是很好的尝试。在这个过程中，学生可以关注自己的感受和需求，逐渐找到适合自己的休闲方式。

其次，可以根据时间和预算，选择适合的休闲活动。例如，在课余时间选择阅读、听音乐等低成本的休闲方式，或者在假期选择旅行、户外运动等更具挑战性的活动。通过选择适合自己的休闲方式，学生可以更好地放松身心，提升生活质量。

最后，在探索适合的休闲方式时，还应注意以下几点：一是避免沉迷于某种休闲方式，导致时间和精力的浪费；二是注意休闲活动的质量和效果，确保自己真正从中获得放松和愉悦；三是与他人分享和交流休闲体验，拓宽自己的视野和思路。

思考与问答：

1. 你喜欢的休闲方式是什么？它们如何调节你的生活？
2. 你还希望自己拥有哪些休闲方式？

第二节　大学生网络心理

一、网络心理概述

（一）网络心理的特点

网络心理是指个体在网络环境中形成的心理特征和行为模式。对于大学生而言，网络心理具有鲜明的特点。这些特点既体现了网络时代的优势，也揭示了网络对当代大学生心理的挑战。

1. 自主性与从他性

在网络空间中，大学生能够摆脱现实生活中的束缚，自由地表达自己的观点和情感。他们可以根据自己的兴趣、需求，选择浏览的内容、参与的讨论，以及建立的人际关系。这种自主性不仅体现在信息获取上，还体现在自我展示和个性塑造上。然而，由于网络信息的海量性和多样性，大学生在浏览、选择信息时，容易受到他人观点、潮流趋势的影响，产生从众心理，甚至失去自我判断的能力。

2. 开放性与隐蔽性

网络的开放性为大学生提供了一个广阔的信息交流平台。他们可以接触到来自世界各地的观点、文化和知识，拓宽自己的视野。同时，网络的匿名性也使得大学生可以更加自由地表达自己的想法和情感，而不必担心现实生活中的种种顾虑。然而，这种开放性也伴随着隐蔽性。在网络中，个体的真实身份、动机和意图往往难以辨识，这使得网络交流充满了不确定性。有时，一些大学生可能会利用网络的隐蔽性，隐藏自己的真实身份，发表不负责任的言论，造成不良影响。

3. 依赖性与排斥性

网络已经成为大学生学习、娱乐、社交的重要工具。然而，这种高度的依赖性也带来了一系列问题。一些大学生沉迷于网络游戏、社交媒体等，忽视了现实生活中的学业、人际关系等重要方面。同时，过度依赖网络也可能导致大学生的思维能力、沟通能力等逐渐退化。另一方面，当网络出现问题或无法满足他们的需求时，一些大学生可能会产生排斥心理，对现实生活产生不满。

（二）网络的负性影响

在数字化浪潮席卷全球的背景下，网络以其独特的魅力和便捷性，迅速渗透到大学生生活的方方面面。然而，任何事物都具有两面性，网络在带来无限便利的同时，也带来了一系列不容忽视的负性影响。

1. 思维能力钝化：快餐式内容的侵蚀

网络信息的碎片化、即时性和浅显性特点，使得大学生在获取信息时往往停留在表面，难以形成深入的思考和批判性思维。在短视频、社交媒体等快餐式内容的冲击下，大学生的注意力变得难以集中，思维变得迟钝。他们习惯于接受碎片化的信息，缺乏对复杂问题的深入分析和解决能力。此外，网络搜索功能的便利也使得大学生过度依赖网络解决问题，自身的思维能力和创新能力受到抑制。这种思维方式上的钝化，不仅影响了大学生的学习效果，也阻碍了其个人成长和发展。

2. 时间管理停滞：网络诱惑下的失控

网络的诱惑使得大学生在不知不觉中浪费了大量时间。无论是刷微博、看抖音，还是玩游戏、追剧，这些看似无害的娱乐活动，实则让时间在不知不觉中流逝。学生往往沉迷于网络世界，无法自拔，导致时间管理失控，难以有效平衡学习、娱乐和休息的时间，使得学业和生活的各个方面都受到影响。长期下来，这种行为不仅会损害学生的身体健康，还会导致学习效率下降，甚至影响未来的职业规划。

3. 情绪健康水平降低：负面信息的侵蚀与人际关系的疏离

网络世界中的信息繁杂，其中不乏负面信息和网络暴力。大学生在浏览这些信息时，情绪上容易受到影响，产生焦虑、抑郁等负面情绪。他们可能会因为网络上的言论或事件而感到愤怒、失落或沮丧，进而影响到现实生活中的情绪状态。此外，网络社交的匿名性和距离感也容易导致人际关系的疏离和冷漠。大学生在网络世界中可能更容易隐藏真实的自我，用虚拟的身份进行交往，这种缺乏真实互动的交流方式，使得他们难以建立深厚的人际关系。

4. 网络行为失范：虚拟世界的道德迷失

网络空间的匿名性和虚拟性使得一些大学生在网络行为中失去自我约束，出现言论不当、网络欺诈、侵犯他人隐私等失范行为。他们可能在网络上随意发表不负责任的言论，甚至进行恶意攻击和诽谤；或者利用网络的匿名性进行欺诈行为，损害他人的利益；还有的可能侵犯他人的隐私，窥探他人的秘密，严重损害了网络环境的健康和秩序。更为严重的是，这种网络行为失范可能逐渐侵蚀道德观念和价值观，致使在现实生活中也难以遵守道德规范。

阅读与思考：

网络语言暴力

网络语言暴力，指的是在网络空间发布的含有侮辱、伤害意味的言论、图片或视频。其形式多样，如辱骂、恶语相向等，受害者因此陷入强烈的情绪扰动中，引发自卑与恐惧等负性感受，甚至这种影响会蔓延到他们的现实生活中。网络语言暴力具有速度快、覆盖广、传播快的特点，加之网络环境的匿名性，使得这种行为更易发生，也更难以遏制。

为了解青年对网络暴力的态度和看法，有媒体曾面向全国高校大学生发起问卷调查，共收到来自 107 所高校的 2397 份有效反馈。调查结果表明，大部分受访者（88.44%）认为网络暴力是群体非理性行为的一种体现，超过半数（50.02%）受访者觉得它是群体宣泄愤怒的一种方式，而少部分（14.27%）则认为这是网民试图伸张正义的行动。同时，调研还发现，大约两成受访者（20.82%）表示自己情绪、说话方式等会受到网络暴力事件的显著影响；超过半数（56.70%）受访者表示会在一定程度上受到影响，比如对事件的判断；而剩余部分（22.48%）则认为自己基本不会受到网络暴力事件的影响。

参与式活动：

请同学们拿出手机，找到自己最近发布的一条朋友圈或状态，在课程群里发一条你希望收到的反馈、评论……

5. 社会适应受阻：虚拟与现实的脱节

过度依赖网络使得大学生与现实社会的联系逐渐减弱，导致他们在面对现实生活中的问题和挑战时显得力不从心。网络中的虚拟世界虽然丰富多彩，但无法替代真实的人际交往和社会实践。长期脱离现实社会，大学生的社会适应能力将受到严重影响。他们可能缺乏与人交往的能力，难以处理复杂的人际关系；也可能缺乏解决实际问题的能力，难以应对现实生活中的挑战。这种虚拟与现实的脱节，不仅影响了大学生的个人发展，也阻碍了其融入社会大家庭的进程。

6. 自我同一性混乱：虚拟身份与真实自我的冲突

网络世界中的信息多元且复杂，大学生在接触这些信息时，容易受到各种价值观和文化的影响，导致自我认知的混乱。他们可能在网络中追求各种虚拟的身份和角色，却忽略了真实的自我。这种虚拟与现实的冲突，使得大学生在自我认同和定位上产生困惑和迷茫。他们可能对自己的价值观、人生目标等产生怀疑，难以形成稳定的自我同一性。这种自我同一性的混乱不仅会影响大学生的心理健康，也会阻碍其个人成长和发展。

综上所述，网络对个体心理的负性影响不容忽视，我们应充分认识到网络的双面性，合理使用网络，避免其带来的负面影响。在未来的发展中，我们期待网络能够成为促进大学生成长和发展的有力工具，而不是阻碍其前进的绊脚石。这需要大学生不断有意识地增强自我网络心理调适能力。

二、网络调适

（一）厘清网络自我

厘清网络自我，是大学生网络调适的第一步。大学生应认识到，网络世界中的自我只是真实自我的一部分，不应将网络自我视为全部。要警惕网络世界中的虚假信息和虚拟角色，不盲目追求网络中的“完美自我”。同时，要学会区分网络自我和现实自我，保持对自我的清晰认知。

（二）选择网络环境

大学生应选择健康、积极的网络环境，避免接触不良信息和负面舆论。在选择社交媒体平台时，应关注其信息质量和用户群体，避免被不良信息所误导。同时，大学生可以选择信息质量高、用户群体素质好的社交媒体平台。这些平台往往能够提供更加丰富、有深度的内容，同时用户群体也相对更加成熟和理性。在这样的环境中，大学生能够接触到更多有益的信息和观点，促进自己的成长和发展。

（三）设定上网目标

在上网前，应明确自己的需求和目的，避免长时间无目的地浏览，避免过度使用网络导致沉迷和依赖。可以根据自己的时间安排和需求，合理分配上网时间，确保网络不会影响到正常的学习和生活。

（四）投身现实生活

网络虽然为我们提供了丰富的信息和便利的交流方式，但过度依赖网络会导致与现实生活脱节。因此，我们应积极参与现实生活，培养兴趣爱好，规律生活作息，丰富生活体验。通过参与日常活动，无论是日常学习、归纳整理、聊天沟通、体育运动、音乐艺术还是读书旅行等，都能够让大学生感受到生活的美好和多彩，增强与现实世界的联系，提升自我认知和社会适应能力。

（五）规划合理目标

科学规划目标，有助于大学生在网络与现实生活之间找到平衡。大学生应根据自己的实际情况，制定切实可行的目标，并付诸实践。在规划目标时，应充分考虑自己的兴趣、能力和需求，避免盲目追求他人设定的标准；要合理安排时间和资源，确保计划的可行性和有效性；也要保持灵活性和适应性，根据实际情况及时调整计划。

同时，要学会将长期目标与短期目标相结合。长期目标能够让我们保持前进的动力和方向，短期计划能够帮助我们更加清晰地了解在每个阶段需要做什么、怎么做以及达到什么效果，这样才更有可能逐步实现自己的发展规划。

（六）寻求社会支持

在面对网络情绪困境时，大学生应积极寻求社会支持，勇于与同学、朋友、家人分享自己的困惑和感受，寻求他们的建议和支持。同时，寻求专业支持也是获取情感支持的重要途径。当个人努力无法缓解网络带来的心理压力时，专业的心理医生或心理咨询师能够提供科学、个性化的指导和帮助。他们具备专业知识和经验，能够深入剖析问题根源，引导个体找到适合自己的解决方案，从而平衡网络生活与现实生活，促进个人心理健康发展。

三、网络文明

（一）树立客观健康的网络认知

网络的诞生，象征着信息时代揭开了序幕。它消除了地域间沟通的时间空间障碍，为人类交往开辟了新天地，对人与人、人与社会的关系产生了深远影响。然而，网络世界既自由开放，又充满诱惑与挑战，我们既不能盲目恐惧，将其视为灾难之源，也不能沉溺其中，丧失现实生活的方向。

对于大学生而言，网络应被视作一种工具，其使用效果取决于人的智慧和选择。不良网络行为是人为之过，非网络之罪；网络资源的珍贵不容忽视，任何破坏和滥用都是对社会秩序的威胁，最终将殃及每个人。虚拟世界虽能带来短暂快感，但真正的幸福源于现实生活的体验和成长。

片面夸大网络的利弊皆非明智之举，唯有建立全面、客观的认知，方能善用网络资源，平衡现实与虚拟的关系，避免网络心理问题的滋生。网络世界是现实生活的延伸和补充，而非替代。正确看待网络，合理利用其便利，是大学生在信息时代的必修课。

（二）恪守和谐文明的网络道德

1. 积极传播网络文明，杜绝发布任何虚假或污秽的信息

网络作为一个开放平等的平台，每个人都有权利获取自己所需的信息。然而，散

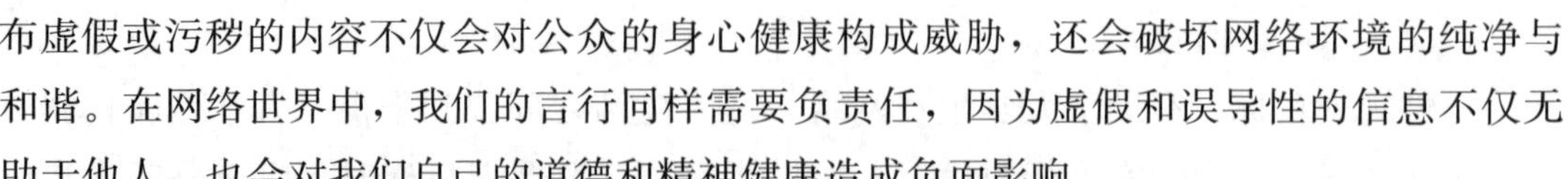

布虚假或污秽的内容不仅会对公众的身心健康构成威胁，还会破坏网络环境的纯净与和谐。在网络世界中，我们的言行同样需要负责任，因为虚假和误导性的信息不仅无助于他人，也会对我们自己的道德和精神健康造成负面影响。

2. 尊重他人的网络财产权，不得盗用他人的网上资源

虽然网络财产是虚拟的，但它们往往是网民们投入大量时间、精力和金钱后获得的成果，因此应被视为特殊的私有财产并受到法律的保护。盗用他人的网络资源不仅违背了道德原则，也容易使我们陷入对网络的不健康依赖，最终导致不劳而获的心态滋生。

3. 维护网络系统的安全与稳定

随着黑客技术的不断进步，网络安全面临的威胁日益增多。这要求我们每个人都要从自身做起，不得蓄意破坏网络设施或传播恶意软件，确保网络能够持续稳定地为大众提供服务。

4. 坚守网络礼仪，尊重他人

一项调查显示，超过80%的受访者认为网络暴力是通过网络言论、图片、视频等方式对他人进行羞辱、攻击的行为，且近半数受访者曾遭受过谩骂、人身攻击等形式的网络暴力。这些数字提醒我们网络语言暴力的普遍性和严重性。网络是交流的桥梁，绝非伤害他人的工具。任何形式的侮辱、攻击都是对他人尊严的践踏，我们应倡导友善、理性的网络对话，共同营造一个和谐的网络环境。

阅读与思考：

群体心理

从心理学的一些角度看，在群体心理中，个体间的智力差距变得模糊，独特的个性特征也逐渐消失。原本各异的特质在群体中融为一体，无意识的行为和情绪则占据了主导地位。简而言之，个体的差异被削弱，共性凸显，无意识占据主导。

个人独处时并不具备的特征在聚集时反而轻易出现并成为群体共性。群体往往更容易受到暗示，容易轻信传闻，情绪容易冲动、多变且易怒。此外，群体倾向于使用低级推理，或“类似推理”的方式形成观点，情感表达也更为夸大和单一。有一种说法是群体在情感表达上往往趋于简单和极端，倾向于完全接受或拒绝一些信息，将这些信息视为绝对正确或完全错误。

之所以这样是由多种原因决定的。一是群体中的个人感受到了人多带来的力量感，这种力量让他们敢于放纵情感，而不再像单独行动时那样有所收敛。由于群体匿名，他们无须承担个人行为的责任，这使得个体在群体中的行为更加放纵，不再受到个人

责任感的束缚。二是传染性。在群体中，个体的任何情绪与行为都可能迅速传播，使得整个群体呈现出某种特定的氛围或行为模式。三是群体中的个人会展现出与其独处时截然相反的特性。这主要是因为群体容易受到暗示的影响，传染性正是这种特性的结果。当个人在群体中失去自我意识和个性时，他们更容易受到引导者的心理暗示，从而做出与自己原本性格和习惯截然不同的行为。仔细观察便可发现，长时间处于群体行动中的个人，受到群体氛围的影响，会很快具有这个群体的气息，表现出群体共性。

在群体中，个体的有意识个性逐渐消散，无意识个性占据主导。情感和观点在暗示和传染的作用下，被引导至特定的方向，并可能迅速转化为行动，这构成了群体中的个人所展现出的主要特征。

思考与问答：

1. 你是否曾经有意或无意地参与过网络语言暴力？
2. 你如何看待网络暴力事件中网友激烈的情绪与侮辱性语言？

（三）提升必要的网络安全意识

在信息化、网络化的今天，网络已经深入大学生活的方方面面，成为大学生学习、生活、娱乐和社交的重要平台。然而，网络空间的开放性和匿名性也带来了一系列安全问题，如隐私泄露、网络诈骗、网络暴力等。因此，提升自我网络安全意识，维护个人权益，对构建健康的网络生态、促进整体网络文明具有积极意义，也有助于维护网络环境的信任基础。

保持学习和更新知识。网络安全是一个不断发展和变化的领域。大学生可通过定期阅读相关的网络安全文章、新闻或参与在线课程，了解最新的网络威胁和防范措施，如 AI 诈骗及识别办法。

强化密码管理。使用加强密码，并定期更换。避免在多个账户上使用相同的密码，以防止一旦一个账户被破解，其他账户也面临风险。利用密码管理器来帮助你安全地存储和管理密码。

谨慎处理个人信息。避免在网络上随意分享敏感的个人信息，如身份证号码、银行账户详情或家庭地址。确保了解常用的网站或应用程序的隐私政策和安全措施。

备份重要数据。定期备份计算机和移动设备上的重要数据，以防数据意外丢失或被恶意软件加密。

警惕网络诈骗。学会识别常见的网络诈骗手法，如钓鱼邮件、虚假购物网站；对于网络上出现的各种“免费”或“超低价”的诱惑，更要保持警惕，避免贪图小利而遭受重大损失。遇到可疑情况时，保持冷静并验证信息的真实性。

使用安全软件和更新系统。确保你的计算机和移动设备上安装了可靠的防病毒软件和防火墙，并定期更新操作系统和应用程序，以修复已知的安全漏洞。

安全连接和加密通信。在使用公共 Wi-Fi 时，注意连接安全可靠的网络，并避免在这些网络上进行敏感信息的传输。对于需要保密的通信，使用加密工具或服务。

大学生作为数字时代的先锋队，应当积极建立并强化维护网络系统的安全与稳定意识。网络安全意识是一个持续的过程，需要不断地学习和适应新的威胁和挑战。这不仅包括认识网络安全的重要性，主动学习和掌握相关的网络安全知识和技能，更需要在日常的网络活动中保持高度警惕，谨防网络诈骗，保障个人权益，维护网络文明。

第三节　大学生独处心理

一、了解独处

（一）独处的含义

独处（solitude）是与他人的交际分离，是选择自我自由的一种心理状态。具体来讲，独处并非只是“个体独自一人”的状态，而是个体没有社会互动的一种状态。

在日常的思维模式中，独处往往与孤独、寂寞等负面情绪紧密相连。然而，这种理解并不准确。独处与孤独既不同，又存在着关联。孤独（loneliness）是指个体对他人陪伴的渴望，当个体感到当前的社会交往无法满足其期望时，便会体验到这种心理上的痛苦。独处更多地被视为一种积极的状态，是人们主动寻求而非刻意避免的。当然，在独处中，个体也有可能体会到寂寞感这种不愉快的消极情绪体验，这是独处与孤独的联系。两者的区别在于：不愉快的感觉是孤独本身固有的，却不是独处所固有的。独处中的个体可以是快乐的，也可以是不快乐的，它是一种开放的状态，可以容纳任何情绪体验。

从马斯洛的需求层次理论来看，独处是个体内心的一种需求，它在自我实现者身上表现得尤为明显。这些自我实现者不仅乐于独处，而且会主动寻找独处的机会。在他们看来，独处是自我成长、反思和内省的重要时刻，是实现个人价值和追求更高境界的必要途径。

（二）独处的分类

独处可以分为非自愿独处和建设性独处。

非自愿独处是指渴望有人陪伴而得不到，从而被迫一个人。在非自愿独处中个体有更多的消极体验，这些消极体验可归结为孤独感。

建设性独处是个体主动选择，具有较高自主性的独处状态。在建设性独处中，个人并非独立无援，反而可以借此空间摆脱外界的干扰，倾听内心需求与渴望，专注于自我提升和成长，实现知识积累、情感梳理和思维创新。

心理测验：

UCLA 孤独量表（第 3 版）

下列陈述描述了人们一时的感受。请阅读每个句子，并选择一个数字以表明你感觉的频度。例子如下：你是否经常感到快乐？如果你从来没有感到过快乐，你就回答“从未”；如果你总是感到快乐，你就回答“总是”。1（从未），2（很少），3（有时），4（总是）。

题目	几乎没有	很少	有时	总是
1. 你是否经常感到能与身边的人“融洽”相处？	1	2	3	4
2. 你是否经常感到缺乏友谊？	1	2	3	4
3. 你是否经常感到求助无门？	1	2	3	4
4. 你是否经常感到自己孤零零？	1	2	3	4
5. 你是否经常感到自己是朋友圈子中的一员？	1	2	3	4
6. 你是否经常感到与身边的人有很多共同点？	1	2	3	4
7. 你是否经常感到不再想亲近任何人？	1	2	3	4
8. 你是否经常感到身边的人并不接纳你的兴趣和观点？	1	2	3	4
9. 你是否经常感到自己外向而友好？	1	2	3	4
10. 你是否经常感到与人关系亲密？	1	2	3	4
11. 你是否经常感到受人忽视？	1	2	3	4
12. 你是否经常感到与他人的关系没有意义？	1	2	3	4
13. 你是否经常感到没有人能真正了解你？	1	2	3	4
14. 你是否经常感到与人隔绝？	1	2	3	4
15. 你是否经常感到自己需要时就能找到同伴？	1	2	3	4
16. 你是否经常感到有人真正理解你？	1	2	3	4
17. 你是否经常感到羞怯？	1	2	3	4
18. 你是否经常感到身边的人不愿意和你在一起？	1	2	3	4
19. 你是否经常感到有人可以倾诉？	1	2	3	4

续表

题目	几乎没有	很少	有时	总是
20. 你是否经常感到有人可以求助？	1	2	3	4

1、5、6、9、10、15、16、19、20 等题目需反向计分。即 1 变 4，2 变 3，3 变 2，4 变 1。其他题目正常计分。年轻男性平均得分是 42，年轻女性平均得分是 39。男女两性得分的标准差都是 9.5。

（三）独处的功能

1. 自律品格

独处，是自律品格的摇篮。刚开始选择独处时，难免会焦躁难耐，但是经过最初的不安阶段，我们便能以平和的心态迎接独处的时光。此时，你会发现，独处实际上是一种珍贵的资源，它让你能够更专注地集中精神，更深入地学习和研究。在这个过程中，你会逐渐明确自己的内心需求，对生活的理解也愈发清晰，会发现一个人可以独自完成那么多事情，生活可以如此充实和丰富，也更为自然地发展出并喜欢上自律的生活。独处还能够分解烦恼，缓解焦虑。美国斯坦福大学的心理学家凯利·麦克戈尼格尔指出，独处时的沉默状态能使大脑进入一种强化记忆的模式，有利于思考。当一个人静下心来时也更容易受到积极情绪的影响，从而有效地化解烦恼，舒缓焦虑和抑郁的情绪，珍惜并善用这段时间，让它在我们的学习生活中发挥积极的作用。

2. 自省品格

独处，是自我认识的起点与终点。它让个体得以从喧嚣中抽离，深入探索内心的世界。独处为我们提供了一个独特的空间，使我们能够将时间与精力专注于与自我思想和感受的深入交流。这种专注于内在的对话，使我们得以更坦诚地面对自己，进而更深刻地了解自己。当我们摆脱了外界嘈杂声音的干扰，内心便能更加自由地表达真正所想，不再受到外界期待的束缚。

此外，独处还赋予我们在困境中向内寻求力量的能力。当我们面临危机或挑战时，除了向外寻求支持，我们也能从内心深处找到肯定与力量。这种内在的支持使我们能够超越社会环境的限制，独立思考，自主判断自己的处境。这种全面的自我认知使我们更加坚定，不易被他人的意见所左右。

因此，独处不仅是一种自我反思的方式，更是一种深入了解自己的途径。它让我们有机会更加清晰地认识自己，进而在人生道路上更加从容自信地前行。

3. 独立品格

独处，为独立品格插上翅膀。在独处的天空中，个体得以自由翱翔，无须依赖他人的羽翼。情感上的独立，使我们能够在关系中保持自我，不被他人所左右；意志上的独立，则让我们在面对问题时，能够依靠自己的力量去克服，真正为自己的人生负责。

在关系层面，独处可以赋予人们更为“纯粹”的亲密关系。在独处的时光中，我们学会了不过度依赖另一半来填补内心的空缺或满足个人需求。这并不是说我们将伴侣视为满足自我需求的工具，而是我们在独处的过程中，已经学会了自我满足和自得其乐。因此，在亲密关系中，我们不再因为害怕失去对方而过度焦虑不安，因为我们深知，即使在独处时，我们也能在精神与情感上自给自足。明智的人深知独处的价值，他们既能够与他人建立深厚的联系，又能够保持自己的独立性和自主性。他们懂得，真正的亲密关系并非建立在彼此的依赖之上，而是在相互尊重、理解和支持的基础上共同成长。这样的关系更加健康、稳定，也更能够经受住生活的考验。

4. 坚韧品格

独处，是锤炼坚韧品格的磨石。它要求个体主动远离喧嚣，静下心来面对自己。在独处的过程中，我们学会了倾听内心的声音，抵御外界的干扰。那些耐得住寂寞的人，往往拥有更为坚韧的品格，他们能够在困境中保持冷静，不断反思与成长，展现出强大的内心力量。

5. 创造品格

独处，是激发创造品格的源泉。在独处的空间里，个体的思维得以自由驰骋，潜能得以充分释放。独处让我们有机会审视生命的意义，丰盈自己的灵魂。在这个过程中，我们不仅能够发现新的自我，更能够创造出独特的价值，为世界带来新的可能。

二、觉察独处

（一）客体关系理论视角下的独处

客体关系，可以简单理解为与他人的关系。该理论主张，人类的行为都源于对关系的渴求，这种渴求源自我们与重要他人在早期互动中所形成的体验。

Winnicott 认为，独处能力的发展与个体和主要照料者的互动紧密相连。通过积极的亲子互动、充满支持的环境，婴儿能够发展出平和的心态，感知到“自我”的存在，并将自己与周围环境区分开来，进一步探索独处的个人体验。这种体验为儿童构建真实自我感受提供了基础，有助于形成健康的自我认知。一旦儿童拥有了好的、稳定的自我认知，他们便能更自如地接受独处，进一步发展独处能力。

客体关系理论的重要贡献之一在于揭示了人类生命发展中的关键要素，尤其是与主要照料者之间的互动关系对个体生命发展和情绪健康的重要性。在早期互动中，婴儿能够被充分照料并准确及时地回应，那么就会逐渐建立起与他人的亲密关系，并将这些经验内化，形成“好的”内在他人形象，进而学会独立与分离。在这一过程中，人际关系与独处之间的平衡成为个体生命健康发展的重要保障。

（二）需要理论视角下的独处

独处需要理论，指个体在社交需求与独处需求之间寻求一种动态的平衡状态。根据这一理论，独处并非消极的体验，而是能够满足人类深层次需求的积极过程。

该理论主张，独处时个体所获得的自我体验至关重要。这种独特的体验有助于个体更深入地探索自我，发掘自身的潜能和优势，更清晰地认识自己的兴趣和喜好，强化自我认同感，并提升自尊和自信。在独处的空间里，个体可以毫无顾忌地展现真实的自我，无须担心他人的评判和审视，从而增强自我接纳的能力。

此外，独处也具备提升个体情绪稳定性和自我控制能力的显著作用。在独处的时光里，个体能够更从容地面对和处理内心的情绪与情感波动，减少对外部环境的依赖和受到的干扰，进而更自如地驾驭自身的情感与行为。这样的独处经历有助于增强个体的情感稳定性，并提升自我控制能力，对个体的整体健康与持续发展具有积极的影响。

总体而言，独处不仅是人类的基本需求，更是推动个体成长的发展性需求。在独处的时光中，个体能够更深入地认识自我，增强自我认同与自尊自信，进而提升情绪稳定与自我控制的能力。这种自我成长与内在力量的培养，使个体能够更好地应对生活中的各种挑战。

阅读与思考：

客体恒常性

客体恒常性，是客体关系理论中的核心概念之一。在胎儿时期，我们通过脐带与母亲紧密联结，融为一体，这一时期尚未形成“自体”与“客体”之分。

随着逐渐长大，大约在出生后的五个月，我们开始进入“分离-客体化时期”。这时，我们开始意识到我们与母亲似乎是各自独立的存在，即“我是我，妈妈是妈妈”，母亲成为我们生活中的一个“客体”。

在这个过程中，有一个重要的心理现象——客体恒常性。在建立这种恒常性之前，当发现母亲不在视线范围内时，我们会感到恐慌，仿佛母亲已经从我们的世界中消失。这是因为我们尚未学会即使事物不在眼前，它仍然存在的概念。这种对母亲缺失的恐惧，使我们体验到最初的孤独感。

幸运的是，如果母亲在这个阶段能给予足够的关爱和安抚，我们便能逐渐建立起客体恒常性。这意味着，即使母亲暂时离开，我们也能在心中维持一个稳定的母亲形象，给予我们安全感。这个内在的稳定客体成为我们面对孤独时的心理支撑。

0—3 岁是人格形成关键期，我们会依据与母亲的关系模式建立与其他人的关系，即我们会用母亲对待我们的方式去对待他人，用与母亲互动的方式与他人互动。如果与母亲的关系健康稳固，我们长大后就更可能拥有良好的人际关系。反之，若与母亲的关系存在问题，我们可能会在人际交往中感到孤独和无助。

因此，能否建立起内在的稳定客体，不仅影响我们与他人建立关系的能力，也决定着我们能否与孤独和平共处。我们或是被孤独所困，或是学会享受孤独，这都与我们内心是否拥有这样一个稳定客体息息相关。

（三）存在主义视角下的独处

存在主义哲学家 Moustakas 深刻洞察了人类生存的孤独本质。这种孤独并非外界所能轻易消解，即便是在最亲密的关系中，内心深处的孤独感依旧如影随形。孤独，作为一种存在状态，是人类无法回避的命题。

孤独展现出两种不同的面貌。其一，是“焦虑的孤独”，它源自个体对孤独的恐惧和无力感，这种恐惧常常驱使个体寻求外界的慰藉，以期转移注意力，缓解内心的焦虑。然而，这种逃避往往导致一系列不健康的行为反应，如过度依赖他人，甚至产生社交恐惧。其二，是“真实的孤独”，它则是一种更为成熟和深刻的体验。在这种孤独中，个体选择勇敢地面对自己的孤独感，通过耐心与接纳，逐渐从中汲取力量。这种孤独不仅帮助个体克服了对孤独的恐惧，更培养了独立思考的能力，使其能够深入探索自己的内心世界，审视自己的价值观和生命意义，从而获得更为丰富和深刻的体验和感悟。

三、培养独处

（一）生活途径

培养独处能力需要从日常的生活习惯入手。一方面，个体应学会合理规划自己的时间，为独处留出足够的空间。无论是早晨的冥想、午后的阅读，还是夜晚的日记记录，都是培养独处能力的有效方式。另一方面，个体还应关注自己的生活环境，创造一个安静、舒适、有利于独处的空间。这个空间可以是一个安静的书房，也可以是一个温馨的卧室，只要能够让自己在其中感受到宁静和放松即可。

（二）兴趣途径

在大学生活的繁华与喧嚣中，培养兴趣爱好不仅为我们提供了休闲与娱乐的方式，更为我们发展独处能力提供了生长空间。当我们投身于自己热爱的活动时，无论是绘画、写作、音乐还是运动，都会沉浸其中，忘却外界的纷扰。这种专注和投入不仅让我们在独处时感到充实和满足，更能够让我们在忙碌的学习生活中找到一片属于自己的宁静天地。

同时，兴趣爱好有助于我们建立与自我对话的机制。在独处的时光里，我们可以借助兴趣爱好来与自己进行深入的对话：通过绘画表达内心的情感，通过写作记录生活的点滴，通过音乐抒发内心的情感……我们不仅能够更好地了解自己的内心世界，更能够发现自己的潜能和优势。这种自我对话不仅有助于我们建立更加健康的自我认知，更能够让我们在独处时不断成长和进步。

（三）关系途径

1. 现实关系途径

从客体关系理论角度看，婴儿在发展出自我意识之前，被妈妈充分照料的美好感受让婴儿觉得自己很棒，这种积极体验又让婴儿形成安全感，在他能区别出自己与他人时，会有足够的安全感和自我意愿去独立探索，进而发展独处能力。所以，个体与主要照料者的早期积极互动对独处能力的发生发展具有关键性的促进作用。

在成年后，优质的关系依然可以起到治愈作用。在现实生活中，良好的人际关系或恋爱关系如同一缕阳光，能够照亮我们内心深处的阴暗角落，治愈过往的伤痛。通过与他人的互动和交流，我们可以逐渐修复早期的不良经历，重塑自我认知和情感世界。这种治愈与修复的过程，不仅让我们变得更加坚强和自信，更有助于我们发展出独处的能力。在独处的时光里，我们能够更加深入地思考、反省和提升自己，从而更好地应对生活的挑战。因此，我们应该珍惜身边的良好关系，用心去经营和维护，让它们成为我们成长道路上的重要支撑。

2. 心理咨询/治疗关系途径

在心理咨询或治疗的过程中，个体可以通过与咨询师或治疗师建立信任关系。在接纳与支持中，我们可以更有勇气与信心去深入了解自己的内心世界，学会面对和处理内心的孤独感和焦虑情绪，整合集聚内心潜能，进而发展出更为成熟的人格水平，发展出自己与自己相处的能力。

总之，休闲与独处是大学生生活中不可或缺的部分，它们对于大学生的心理健康具有深远的影响。休闲不仅仅是时间的消耗，更是心灵的滋养；而独处则是自我反思、成长的重要时刻。

思考与问答：

1. 你认为自己的独处能力怎么样？
2. 你觉得自己在什么时候最需要独处？这时候的独处为你带来了什么？

阅读推荐：

1. 郭鲁芳：《休闲学》，清华大学出版社 2011 年版。
2. 赖勤芳：《休闲美学读本》，北京大学出版社 2011 年版。
3. ［德］叔本华：《人生的智慧》，韦启昌译，上海人民出版社 2014 年版。
4. 陆艳清、陆诗伟：《人格养成》，广西师范大学出版社 2021 版。

电影推荐：

1.《寻找小糖人》(2012)，导演：马利克·本德让劳尔。
2.《火星救援》(2015)，导演：雷德利·斯科特。
3.《WALLE》(2008)，导演：安德鲁·斯坦顿。

第七章　相知无远近，万里尚为邻

——大学生人际关系

人之相识，贵在相知，人之相知，贵在知心。

——孟子《孟子·万章下》

学习目标：

1. 了解人际关系的基本特征及心理效应。
2. 结合自身体验，了解大学生常见的心理困扰。
3. 理解并运用所学，提升人际沟通能力。

第一节　人际关系概述

一、人际关系的定义

（一）人际交往与人际关系

人际交往是指人们在日常生活中，通过语言、表情、动作等方式与他人进行信息、情感、思想的交流过程。它是人类社会生活中不可或缺的一部分，也是个体心理发展的重要途径。在人际交往中，人们不仅能够获得必要的信息和资源，还能够建立和维护各种社会关系，从而满足自身归属感和安全感需求。

人际关系指人与人相互交往的一种心理过程，反映的是人们之间的心理距离和亲疏状况。人际交往与人际关系密切相关，人际交往是人际关系实现的前提和基础，人际交往的不断深入和发展，能够促进人际关系的建立和深化。同样，良好的人际关系能够为人际交往提供更加广阔的空间和更加深厚的情感基础。区别是：人际关系指向人的心理状态，人际交往指向人的行为活动。从时间上看，人际交往在前，人际关系在后。人际交往是一个动态的过程，而人际关系则具有相对稳定性。

中华五千年的悠久历史孕育了丰富的文化，在人际交往方面，不同的思想流派具有不同的观点。儒家文化倡导仁爱，注重礼仪。庄子则更侧重于个人意识与人际关系的和谐统一。孟子坚信人性本善，认为恶是受后天环境影响，进一步强调了人性中的善良本质和后天环境的重要性。这些思想共同彰显了中华文化的独特魅力。

（二）人际关系的特点

人际关系是一种复杂而多变的社会心理现象，不仅受个人性格、价值观、文化背景等因素的影响，还受社会环境、历史背景等宏观因素的影响，是一种多层次、多维度的情感与需求交流。

1. 人际关系具有社会性

人是社会性动物，我们的行为和思想都受到社会环境的影响。人际关系作为社会生活的核心组成部分，体现了人们在特定社会背景下的交往模式和规则。这些规则可能因文化、地域、阶层等因素而异，形成不同的交往方式和交往风格。

2. 人际关系具有复杂性

人际关系涉及多方面因素，包括个性、情感、价值观、利益等。这些因素之间相互作用、相互影响。不同的人可能有不同的交往动机和期望，建立和维护人际关系时需要具备较高的敏感度和洞察力。

3. 人际关系具有多重性

在人际交往中，我们扮演着多种角色，如家人、朋友、同事、合作伙伴等，每种角色都带有其特定的期望和行为规范，因此我们在处理人际关系时需要灵活调整自己的行为和态度。同时，多重性也意味着人际关系可能涉及多个层面的利益冲突，需要我们在处理人际关系时保持平衡和公正。

4. 人际关系具有情感性

情感是人际关系中不可或缺的一部分，它影响着人们的交往体验和心理感受。在人际关系中，人们会体验到各种情感，如喜悦、愤怒、悲伤、信任等。这些情感不仅影响着人们对关系的评价和满意度，也影响着人们在交往中的行为和态度。

5. 人际关系具有动态性

人际关系不是一成不变的，它会随着时间、环境和个人状态的变化而发生改变。有时，人际关系可能因为某些事件或冲突而疏远；有时又可能因为共同经历或理解而更加紧密。这种动态性要求我们在处理人际关系时保持开放和灵活的心态，随时准备应对变化。

6. 人际关系具有目的性

人们在建立和发展人际关系时往往带有一定的目的，如寻求支持、建立友谊、实现合作等。这些目的可能因个人需求和社会环境的不同而有所差异，但它们共同推动着人际关系的形成和发展。了解并尊重彼此的目的有助于我们更好地理解和处理人际关系。

阅读与思考：

纽科姆相似人际关系实验

美国著名心理学家纽科姆在1961年做了一个实验，其实验目的主要是想验证，在人际交往中，心理相似的人，其对待事物的态度是否一致。

这个实验在美国密歇根大学进行，纽科姆选取了该校17名大学生作为实验对象。纽科姆为这些学生免费提供四个月的住宿，但是作为交换条件，纽科姆要求实验对象定期接受谈话和测验。在这些学生进入宿舍前，纽科姆的助手首先测定这些学生关于政治、经济、审美、社会福利等方面的态度和价值观以及他们的人格特征，然后将那些态度、价值观和人格特征相似和不相似的学生混合安排在几个房间里一起生活四个月。在这四个月内，纽科姆会定期测试被试对政治、经济、审美和社会福利的看法和态度。四个月以后，再来测定这些学生对上述问题的看法和态度，同时让他们相互评定寝室的人，喜欢谁或者讨厌谁。

通过一系列的科学评定和翔实的访谈记录，实验表明，在这些学生相处的初期，空间距离的邻近性决定了人际的吸引，即同寝室的同学比较亲密，但是到了后期相互吸引发生了变化，彼此间的态度和价值观越相似的人，相互间的吸引力越强。也就是说，对待事物态度一致的学生，彼此双方在感情上容易产生共鸣，同时在行为上容易相互支持，并且容易构建比较好的关系。

（三）人际关系的意义

人际关系在社会生活中有着至关重要的意义。它不仅是一种社会关系，更是每个人生活中不可或缺的一部分，对个人的身心健康、自我认识和主观幸福感都有深远的影响。

1. 人际关系对人的身心健康至关重要

温尼科特的理论认为，婴儿的成长源自与母亲之间真实而深入的人际互动。一个称职的母亲对婴儿保持高度敏感，能够细致地察觉其需求变化。随着婴儿神经系统的逐渐成熟，当母亲敏锐地感知到孩子不再需要过多的照料时，她会适时地减少介入。一个充满爱与理解的人际环境，是孩子心理健康成长的沃土。同样，充满爱与理解的人际环境能够使我们感受到彼此的关爱与融洽，内心充满愉悦与满足。这种积极的心理状态不仅让人感受到生活的美好，更有助于提升个人的幸福感和生活质量。相反，不良的人际关系则可能导致焦虑、抑郁等心理问题的发生，甚至引发身心疾病。

2. 人际关系对自我认识也起着关键作用

个体对自己的认识是先从认识别人对自己的评价开始的。人对自己的认识需要通过与他人进行交流、比较，在他人的评价中不断了解自己、界定自己，从而形成相应的自我画像。同时，通过与他人的比较，我们可以更好地认识自己的能力与特长。这种比较可以帮助我们找到自己的优势和不足，进一步促进自我发展。

3. 良好的人际关系也是提升幸福感的重要条件

人生的幸福不仅来源于物质生活的丰富，更离不开精神生活的满足。一个和谐、友爱的人际关系环境能够使人感到温暖和幸福，为个人的成长和发展提供精神支持，为个人的事业发展创造更多机会。

心理测验：

人际关系综合诊断量表

该量表是由郑日昌等人编制，共28道题目，包括4个维度：与人交谈、交友交际、待人接物与异性朋友，每个维度包含七个题目。本量表所有题目均为选择题，选择“是”计1分，选择“否”计0分。

题目	是	否
1. 关于自己的烦恼有口难言		
2. 和生人见面感觉不自然		
3. 过分羡慕和妒忌别人		
4. 与异性交往太少		
5. 对连续不断的会谈感到困难		
6. 在社交场合感到紧张		
7. 时常伤害别人		
8. 与异性交往感觉不自然		
9. 与一大群朋友在一起，常感到孤寂或失落		
10. 极易受窘		
11. 与别人不能和睦相处		
12. 不知道与异性相处如何适可而止		
13. 当不熟悉的人对自己倾诉他的生平遭遇以求同情时，自己常感到不自在		
14. 担心别人对自己有什么坏印象		
15. 总是尽力使别人赏识自己		

续表

题目	是	否
16. 暗自思慕异性		
17. 时常避免表达自己的感受		
18. 对自己的仪表（容貌）缺乏信心		
19. 讨厌某人或被某人所讨厌		
20. 瞧不起异性		
21. 不能专注地倾听		
22. 自己的烦恼无人可倾诉		
23. 受别人排斥与冷漠		
24. 被异性瞧不起		
25. 不能广泛地听取各种意见、看法		
26. 自己常因受伤害而暗自伤心		
27. 常被别人谈论、愚弄		
28. 与异性交往不知如何更好地相处		

满分为 28 分，总分为 0—8 分表示基本不存在人际困扰，9—14 分表示存在一定的人际困扰。15—28 分表示人际困扰严重。该问卷在我国的使用广泛，效果较好。

阅读与思考：

有趣的“剥夺”实验

《参考消息》1987 年 12 月 26 日转载《香港商报》的一篇报道，内容是 33 岁的意大利研究员莫利西奥在一个狭小的山洞里独居 212 天，其间完全与世隔绝，创下了迄今为止“孤独”的最长纪录。类似的实验，科学家们在实验室里已做过很多次，较早的，也是最著名的一次，是美国一位心理学家设计的叫作“剥夺”的实验。实验是这样的：

在几间无声、无光，甚至连空气的流动和温度都保持不变的、完全与世隔绝的实验室里，分别放置一张舒适的床，配备足量的美味佳酿，先后请一些大学生来受试。条件是，只要他们能单独地在这种吃喝完全“自由”的房间里，安静地生活 4 天，便可拿到一笔数量不小的酬金。可是，出人意料的是，所有受试者差不多在不到两天的时间里，都变得烦躁不安起来，纷纷敲打墙壁，要求出来。

这个有名的实验，常被心理学家用来说明脱离群体后，人将发生怎样的心理、生理变化。正如莎士比亚所说，除“让生活走向永久的宁静”，否则，人是不能离群索居，孤独生存的。

二、人际关系的理论

人际关系理论是对人与人之间相互作用的模式、规律和影响因素的探究和解释，每一种都有其独特的视角和贡献。以下是对几种人际关系理论的介绍。

（一）社会渗透理论

人际关系的发展是一个动态过程，通常经历相识、互动、深入交往和稳定关系等阶段。这一过程中，个体需要主动展示自己的个性特点、兴趣爱好和价值观，同时也需要学会倾听、理解和尊重他人。奥尔特曼和泰勒等人用社会渗透理论解释关系发展的过程。他们认为人际交往主要有两个维度：一是交往的广度，即交往或交换的范围；二是交往的深度，即交往的亲密水平。关系发展的过程是由较窄范围内的表层交往，向较广范围的密切交往发展。人们根据对交换成本和回报的计算来决定是否增加对关系的投入。同时他们认为，良好人际关系的发展，一般经过四个阶段：定向阶段、情感探索阶段、情感交流阶段、交往稳定阶段。

1. 定向阶段

这一阶段包括注意、交往对象的选择，以及与交往对象进行初步的沟通。在人际交往中，人们对交往对象的选择具有一定偏好。进入一个交往场合时，人们往往会根据自己的喜好或需求，选择性地将注意力集中在某些人身上，进而进行进一步的交流。

2. 情感探索阶段

如果在定向阶段双方有好感，产生了良好的印象和继续交往的意愿，那么他们可能会进行更深入的自我展示，并开始探索在哪些方面可以建立深厚的情感联系。此时，双方的交流会逐渐扩大，涉及更多的个人情感和经历，但不会涉及私密性的领域。同时，双方的交往还会受到角色规范、社会礼仪等方面的制约，比较正式。

3. 情感交流阶段

如果在情感探索阶段双方能够谈得来，建立了基本的信任感，那么他们可能会进入更深的情感交流阶段。在这个阶段，双方的交流会更加深入和广泛，涉及更多私人性和敏感的话题，例如相互诉说感情、生活中的困扰或家庭中的情况等。这时，双方的关系已经超越了正式规范的限制，展现出了更为真实和深厚的情感联系。

4. 交往稳定阶段

情感交流如果能够在一段时间内持续且顺畅地进行，人们就有可能进入更加亲密和稳定的交往阶段。双方会将对方视为亲密的朋友，愿意分享自己的私人领域，如生活空间、情感隐私和财务情况等。此时的自我展示会变得更加深入和全面。这种深厚的情感联系和信任，如同珍贵的宝藏，让人倍感满足和幸福。这种“得一知己，如获

至宝”的交往，无疑是人际关系中最宝贵的部分。

在人际关系中，有时不论一方多么盼望关系能更稳定或更强化，有些关系仍然会面临结束的现实。有时候，结束一段关系并不是一种损失，而是一种解脱。

（二）社会认知理论

社会认知理论由美国心理学家班杜拉提出，该理论强调了人类的主观能动性和对环境的解释性，探讨环境、个体及其行为之间的动态的相互决定关系。这一理论主张，人们不仅仅是被动地接收和反映外部世界的信息，而是积极地组织、感知和诠释这些信息，以形成自己的认知结构，并据此指导人们的行为。

1. 社会认知理论帮助个体更深入地理解自我和他人

人们通过积极组织和解释所接收的信息，建立起对自我和他人的认知结构，并以此为依据指导自己的行为。这一认知过程不仅涵盖了对他人情感、意图和信念的敏锐感知，还包括对他人行为的精准理解和预测。这种深度的认知使个体在人际交往中更加得心应手，能够更好地处理与他人的关系，从而建立起更加稳固的人际关系。然而，人们在信息处理时常常带有选择性，倾向于关注与自身兴趣、经验和需求相关的信息，而忽略其他可能同样重要的信息。这种选择性注意虽然提高了信息处理的效率，但也可能导致对某些关键信息的遗漏。因此，在应用社会认知理论时，我们需要保持警觉，努力克服选择性注意的局限性，以获得更全面、准确的自我和他人认知。

2. 社会认知理论有助于解决人际冲突和提高沟通效果

了解他人的情感状态和信念期望，可以使个体更准确地回应他人的需求，使自己的行为更好地满足他人的期望，从而减少误解和冲突，促进更有效的沟通。但若生活背景、理想信念及价值观差异较大，可能影响个体对他人、对事件的理解，产生不可避免的误会。

3. 社会认知理论强调个体的主观能动性和对环境的解释性

这意味着个体可以通过调整自己的认知结构来改变自己对他人和环境的看法，进而改变自己的行为反应。这种主观能动性的发挥有助于个体在人际关系中更加主动和积极地寻求解决方案，推动关系的正向发展。

4. 社会认知理论还提醒我们注意偏见和刻板印象对人际关系的影响

个体的期望和偏见会影响其对外部世界的感知和解释，进而导致对某些重要信息的忽视或扭曲。因此，提高社会认知能力，减少偏见和刻板印象，有助于建立更加公正、平等、和谐的人际关系。

（三）舒茨人际关系三维理论

社会心理学家舒茨在 1958 年提出了人际关系三维理论。该理论主张，每一个个体在人际互动过程中，都有三种基本的需要，即包容需要、支配需要和情感需要。

包容需要：指个体希望与他人接触、交往并建立和维持和谐关系的需要。这种需要体现了人们希望被接纳、被认可、被喜欢的愿望，以及与他人建立并维持满意的人际关系的愿望。

支配需要：指个体希望控制他人或被他人控制的需要。这种需要体现了人们在人际关系中的权力欲望和控制欲望，包括对他人的影响力、控制力以及被他人所引导、所控制的愿望。

情感需要：指个体希望爱别人或被爱的需要。这种需要体现了人们在情感层面对人际交往的渴望，包括亲情、友情、爱情等情感需求，以及被关心、被理解、被尊重的愿望。

舒茨进一步指出，这三种基本的人际需要可以转化为动机，产生一定的行为倾向，进而建立一定的人际关系。同时，他也认为，这些需要的满足程度会影响个体的心理健康和人际关系的质量。如果个体的这些需要得不到满足，就可能产生焦虑、孤独、抑郁等心理问题。人际关系三维理论基于个体在满足包容、支配和情感这三种基本人际需要时的主动性和被动性，提出了六种人际关系行为模式。

1. 主动包容型

这种类型的人主动寻求与他人的接触和交往，愿意与他人建立并维持关系。例如在一个团队中，主动包容型的人可能会主动发起对话，邀请团队成员参与活动，以增进彼此的了解和合作。

2. 被动包容型

这种类型的人期望他人主动接触和接纳自己，通常较为依赖他人的邀请和接触。例如在社交场合，被动包容型的人可能会等待他人主动与自己交谈，而不是主动发起对话。

3. 主动支配型

这种类型的人倾向于控制他人或情境，希望在人际关系中占据主导地位。例如在家庭中，主动支配型的人可能会主导家庭决策，确保家庭成员遵循自己的意愿和期望。

4. 被动支配型

这种类型的人愿意被他人控制或引导，通常较为顺从和依赖。例如在工作中，被动支配型的人可能会遵循上级的指示和要求，不太愿意提出自己的意见或建议。

5. 主动情感型

这种类型的人主动表达自己的情感和需求，寻求与他人的情感联系和亲密关系。例如在恋爱关系中，主动情感型的人可能会主动表达自己的爱意和关心，寻求与伴侣的深入情感交流。

6. 被动情感型

这种类型的人期望他人主动表达自己的情感，通常较为内敛和含蓄。例如在友情关系中，被动情感型的人可能会等待朋友主动表达关心和支持，而不是主动向朋友寻求情感支持。

这六种模式并不是相互独立的，人们在不同的情境和关系中可能会表现出不同的模式。了解这些模式有助于我们更好地理解自己在人际关系中的行为倾向，以及如何与他人建立和发展健康的关系。

三、人际关系中的心理效应

在人际关系中，心理效应是指由于某些心理机制的作用，导致人们在交往过程中产生特定的心理反应或行为模式。这些心理效应对人际关系的发展和维护具有重要影响。

（一）首因效应

首因效应，也称第一印象效应，指在人际交往中，最初获得的信息对形成总体印象起着主导作用。第一印象往往影响着后续的人际交往和认知。因此，在初次交往中，人们通常会努力展示自己的优点和魅力，以留下良好的第一印象。

（二）近因效应

与首因效应相反，近因效应指在人际交往中，最近获得的信息对形成总体印象起着重要作用。在长时间的交往中，最近的行为和表现往往会对之前的印象产生影响，甚至改变之前的看法。因此，在长期的人际关系中，保持一致的积极行为对于维护良好关系至关重要。

（三）光环效应

光环效应，也称为晕轮效应，指人们对某一特质的评价会影响到对其他特质的评价。这种效应容易导致偏见和误解。例如，如果一个人被认为很聪明，那么他的其他品质也可能被高估。反之，如果一个人被认为不诚实，那么他的其他品质也可能被低估。

（四）刻板效应

刻板效应指人们对某一类人或事物持固定的、简化的观念或印象。这种效应容易导致偏见和歧视。例如《三国演义》中曾与诸葛亮齐名的庞统拜见孙权，“权见其人浓眉掀鼻，黑面短髯、形容古怪，心中不喜”；庞统又见刘备，“玄德见统貌陋，心中亦不悦”。孙权和刘备都因庞统丑陋的面貌而看低他，认为他不会有什么才能，因而产生不悦情绪。这实际上也是刻板效应的负面影响在产生作用。

（五）定势效应

定势效应也称定型效应，指人们在认知过程中倾向于根据已有的知识、经验或观念来解释新的信息，从而形成一种固定的认知模式。这种效应可能导致人们对新事物缺乏客观、全面的认识。在人际关系中，定势效应可能导致人们对他人的认知产生偏见或误解。

（六）投射效应

投射效应指人们常常将自己的思想、情感或特质投射到他人身上，认为他人与自己具有相似的特性或感受。这种效应容易导致误解和冲突。例如，一个人可能认为自己的想法代表了大多数人的想法，从而将自己的观点强加给他人。

了解这些心理效应有助于我们更好地理解人际交往中的复杂现象，并学会如何更有效地与他人建立和维护关系，同时也可以帮助我们避免一些常见的心理陷阱，提高人际交往的质量。

阅读与思考：

包达列夫之眼

苏联社会心理学家包达列夫做过一个精巧的实验，他向两组被试分别展示了同一个人的照片，照片上男人眼睛深凹，下巴外翘。他向两组被试分别介绍情况：给甲组介绍情况时说“此人是个罪犯”；给乙组介绍情况时说“此人是位著名学者”。然后，他请两组被试分别对此人的照片特征进行评价。

甲组被试认为：此人眼睛深凹，表明他凶狠、狡猾，下巴外翘反映他顽固不化的性格；乙组被试认为：此人眼睛深凹，表明他具有深邃的思想，下巴外翘反映他具有探索真理的顽强精神。

这个有趣的实验正验证了刻板效应：当把一个人当罪犯来看时，自然就把其眼睛、下巴的特征归类为凶狠、狡猾和顽固不化；而把他当学者来看时，便把相同的特征归为思想深邃和意志坚韧。

第二节　大学生人际关系

一、大学生人际关系的类型

（一）人际关系的社会学分类

1. 血缘关系

血缘关系指基于亲属关系而建立的人际关系，如家庭成员之间的关系。这种关系通常具有深厚的情感和信任基础，是大学生情感支持和精神寄托的重要来源。

2. 地缘关系

地缘关系指基于共同的地域背景而建立的人际关系，如老乡关系、邻里关系等。在大学中，地缘关系常表现为来自同一地区或相同文化背景的学生之间的关系。这种关系因为共同的语言、习俗和价值观而具有较强的心理相容性。对于初次离家求学的大学生来说，地缘关系可以在一定程度上起到心理稳定的作用。

3. 业缘关系

业缘关系指基于共同的事业、爱好或学业而建立的人际关系，如师生关系、同学关系、宿舍关系等。在大学中，业缘关系是最为普遍和重要的一种人际关系类型。通过共同参与学习、研究和课外活动，大学生可以建立广泛的业缘关系网络，这些关系对于他们的学业进步、社交技能提升和未来发展都具有重要意义。

4. 恋人关系

从社会学视角来看，恋人关系是一种基于深厚情感纽带和相互承诺的特殊人际关系。这种关系往往超越了普通的社交界限，进入一种更为亲密和排他的层面。在恋人关系中，双方通常愿意投入大量的时间和精力，以建立和维护彼此之间的情感联系。他们分享生活中的喜怒哀乐，互相扶持，共同成长。此外，恋人关系也涉及对未来的规划和期望，双方会共同商讨并努力实现共同的生活目标和梦想。然而，这种关系并非一成不变，它会随着时间和环境的变化而不断发展和演变。因此，理解和应对恋人关系中的挑战和变化，需要双方具备相互理解、尊重和沟通的能力。

5. 网络关系

大学生们通过社交媒体、即时通信工具等平台建立起广泛而复杂的网络联系，这些联系不仅跨越了地域界限，更让不同背景、不同兴趣的人们得以相互结识。网络人际关系为大学生提供了便捷的交流渠道，使他们能够随时随地分享生活点滴、交流学术见解。同时，这种关系也带来了挑战，如信息过载、隐私泄露等问题。因此，大学生在享受网络人际关系带来的便利时，也需要具备一定的网络素养和自我保护意识。

思考与问答：

1. 你认为维持良好的人际关系需要具备哪些核心要素呢？
2. 在人际交往中，你能与他人进行有效且良好的沟通吗？

参与式活动：

游戏“南辕北辙”

所需材料：

A4 纸若干。

游戏规则：

将参与者分成若干小组，每组人数相等。

每组内的成员需将 A4 纸放在背后，确保自己无法看到纸张，同时其他人也看不到自己的纸张。

每组选出一名“指挥者”，其余成员作为“执行者”。指挥者可以看到所有人的纸张，但不可以帮助执行者撕纸。执行者在执行过程中只能听，不能说。

游戏开始后，指挥者需要给出指令，让执行者们根据指令撕纸。例如“在纸张的上方撕一个小口”“将纸张的右下角撕掉”等。

执行者们需要根据指挥者的描述，尝试理解并准确地撕纸。由于无法看到纸张，执行者们需要高度依赖指挥者的描述。

完成后，每组内成员可以展示自己撕出的纸张，并进行简单的分享和讨论，探讨在撕纸过程中遇到的困难以及如何才能有效沟通。

（二）人际交往范围分类

按照交往范围的不同，大学生人际关系可以分为个体与个体之间的关系、个体与群体之间的关系以及群体与群体之间的关系。

1. 个体与个体之间的关系

个体与个体之间的关系指大学生之间一对一的交往关系，如同学关系、朋友关系、师生关系等。身处大学的你有没有过这样的疑惑：担心别人超过自己，觉得难以找到知心朋友，感慨人际关系怎么这样难处。这种一对一的交往关系，是大学生人际关系中最基本也最常见的一种类型。正是通过个体与个体之间的深入交往，大学生们得以建立起深厚的友谊与信任，彼此间提供情感上的支持与心理上的慰藉。这种交往不仅有助于个人的成长与发展，更是大学生活中不可或缺的一部分。

2. 个体与群体之间的关系

个体与群体之间的关系指大学生作为个体与各种群体（如宿舍、班级、学生组织等）之间的交往关系。比如在宿舍里，有的人晚睡晚起，是猫头鹰型，有的人早睡早起，是百灵鸟型；有的人做作业喜欢听音乐，有的人则需要安静；有的人睡午觉，有的人不睡午觉；有的人不爱干净，有的人有洁癖。这些差异在个体与群体之间的交往中显得尤为突出。如何在这种多样性和复杂性中找到平衡，建立和谐的人际关系，是每个大学生都需要面对的挑战。

3. 群体与群体之间的关系

群体与群体之间的关系指不同群体之间（如班级与班级之间、社团与社团之间等）的交往关系。这种关系具有广泛性和竞争性，是大学生人际关系中比较特殊的一种类型。通过群体与群体之间的交往，大学生可以了解不同群体的文化和特点，增强自己的社交能力和竞争力，同时也可以促进不同群体之间的交流和合作。

二、大学生人际关系的特点

大学生处于人生中的一个重要阶段，渴望与他人建立联系。大学生人际关系的特点可概括为：交往愿望迫切、交往内容丰富、交往观念自主、交往方式多样、交往能力不平衡、交往心理理想化。这些特点反映了大学生对友情的渴望、对个性平等的尊重以及对多元化社交的追求。

（一）交往愿望迫切

大学生刚刚结束紧张的高中生活，进入相对宽松的大学环境，对于人际交往抱有积极的态度和迫切的愿望。他们希望了解别人，同时也渴望被人了解和尊重。

（二）交往内容丰富

由于大学生兴趣爱好广泛，生活丰富多彩，他们在人际交往中重视心灵共鸣、情感同频和价值观的契合，交往的内容十分丰富。

（三）交往观念自主

大学生具备独立思考能力，他们在人际交往中体现出独立性和自主性，能够自主选择发展友谊。

（四）交往方式多样

大学生是数字公民，善于接受新事物，交往方式也十分多样，包括线上和线下各种方式，如微信、微博、QQ 等。

（五）交往能力不平衡

大学生人际交往能力不平衡主要体现在沟通、情感表达、倾听及冲突解决等方面。一些大学生能自信流畅地表达，懂得倾听他人，有效处理冲突；而另一些则可能沟通不畅，难以表达情感，或在冲突面前显得手足无措。这种不平衡不仅影响个体与同学、老师的关系，还可能制约未来的职业发展。

（六）交往心理的理想化

由于大学生阅历较浅，他们在人际交往中往往根据头脑中先在的“理想化模型”

来交友。如果所交的朋友与理想化标准不符，他们可能会产生疏远感。

案例故事：

小 A 是一名性格内向的大二学生，从小生活在父母的严格要求和期望之下，希望能在学业和生活中都表现得尽善尽美。从学习到生活琐事，他只有遵循父母的意愿行事，才能获得他们的认可。这种成长环境使小 A 养成了迎合父母、取悦他人的习惯，逐渐失去了独立思考的能力。

进入大学后，小 A 面临着全新的人际环境。他发现自己总是依赖他人的安排，而没有自己的需求和想法。他试图通过迎合舍友和同学们的期望来建立良好的人际关系，但结果并不如他所愿。舍友们有的开朗健谈，有的沉默内敛，但他们都能自如地与他人交往。小 A 看着他们，心中充满了羡慕，他开始反思，为什么自己总是得不到集体的重视，为什么自己在集体中一点威望也没有。他感到孤独和无助。

在这种困境下，小 A 来到了心理咨询室。在老师的引导下，他逐渐意识到自己过于迎合他人行为的根源在于缺乏自我认同和自信。由于长期在父母的期望和要求下，他渐渐迷失了真实的自我。他意识到，自己首先需要学会倾听自己，提出自己的需求，接纳自己的感受，并尝试表达自己。

三、大学生人际关系的困扰

每个大学生在人际交往中都难免会遇到一些挑战和挫折。无论是宿舍里的小摩擦、学习上的压力，还是情感交友中的困惑，都是成长路上不可避免要面对的挑战。

（一）对自己，不喜欢也不了解

弗洛姆在《爱的艺术》中说，一切有能力爱别人的人必定也爱自己。曾仕强老先生认为，人际关系的起点不是我们与他人的关系，而是我们与自己的关系。我们可能常常陷入自我怀疑的漩涡，对自己既不喜欢也不了解；也可能时常质疑自己的价值，觉得自己一无是处；也缺乏对自己的认识，不清楚自己的兴趣和优势，甚至连自己喜欢什么、想干什么都不知道，每天都过得很迷茫。

（二）与人交往，总是不同频

“不知道和别人聊些什么。”“他们聊个热门话题，我却一头雾水。”“感觉别人感兴趣的领域我完全不清楚，也不喜欢。”这可能是一部分同学在大学生活中的感受，总是感觉自己和别人不在同一个频道上，无论是聊天的话题、思考问题的角度，还是处理事情的方式，总是难以与其他人产生共鸣，因而感到非常孤独和无助。

（三）在团队里，总感觉自己像个局外人

“每次参与社团活动或项目，总感觉自己像个局外人。”“看着大家嘻嘻哈哈、打成一片，我却总是插不上话，融不进去。”有的同学在集体中感到无法真正融入团队，也无法与团队成员建立起深厚的友谊和信任关系。尽管他们十分用力，但总感觉自己与团队其他成员之间存在着无形的隔阂，感到非常沮丧和无助，继而也对团队合作失去信心，感觉自己像个透明人，生活得很孤单。

（四）朋友很多，但是知心的不存在

“我有几个朋友，但我不愿意把我的负能量带给他们，也担心他们不能理解我。”“我真的好希望能有一个知心的朋友，能和我一起分享喜怒哀乐。”虽然有些同学身边有很多朋友，但总是感觉缺乏真正的知心人，遇到困难和烦恼时，没有人能够倾听自己、理解自己、支持自己。

（五）处理人际关系，总是拖泥带水

“明明想和对方好好沟通，却又总是说不出口。”“明明知道这段感情已经走到尽头，却还是舍不得放手。”无论是恋爱关系还是友情关系，当一段关系出现问题或者不再适合继续下去时，有些同学总是犹豫不决，无法果断地做出决定，导致在关系中常常陷入被动和无奈的局面，因此感到疲惫和困惑。

（六）与家人沟通，总是力不从心

“很想和家人好好聊聊，告诉他们自己的心事和想法，但每次话到嘴边，却又说不出口。”在与家人沟通交流时，有些同学会感到家人似乎并不能完全理解自己的意思，甚至有时候还会因为观念不同而产生矛盾，久而久之，就逐渐放弃和家人沟通。这种放弃可能源于多次无效的尝试、逐渐累积的失望，或是感到家人无法理解自己的成长和变化。

思考与问答：

1. 你在人际关系中存在以上困扰吗？
2. 你是如何理解自己的？
3. 你打算如何面对这些困扰？

第三节　提高大学生人际关系能力

一、建立良好人际关系的原则

在开放的现代社会中，人际关系虽然呈现出多元的交往目的与方式，但人际交往的本质和应遵循的原则始终未变。平等、尊重、真诚、宽容、理解和互利，这些原则共同构成了大学生建立良好人际关系的基础。遵循这些原则，不仅能够为自己带来和谐的人际关系，也能为他人创造积极、有益的社交环境。

（一）平等原则

平等是建立良好人际关系的基石。在大学生的人际交往中，平等意味着既不自卑也不自负。自卑会导致自己失去与他人平等交流的机会，而自负则可能引起他人的反感。真正的平等是在尊重他人的同时，也尊重自己的价值和能力。大学生应该学会在交往中保持自信，不过于谦虚或傲慢，以平等的姿态与他人沟通，从而建立真正健康的人际关系。

（二）尊重原则

尊重是人际关系中的基本要求。大学生应该尊重他人的观点、感受、人格和隐私，避免任何形式的侮辱或歧视。尊重原则要求我们在交流中保持礼貌和谦逊，不轻易打断他人的发言，认真倾听对方的观点，并给予积极的反馈。尊重他人是建立良好人际关系的基础。

（三）真诚原则

真诚是建立人际关系的关键。大学生在与人交往中应该保持真实、坦诚和诚实的态度，不伪装自己或故意隐瞒自己的真实想法和感受，勇于表达自己的观点和感受。同时，也要学会理解和接纳他人的真实面貌，不轻易评判或指责他人。真诚相待是建立深厚友谊的基石。

（四）宽容原则

宽容是人际关系中的美德之一。大学生应该学会宽容和包容他人的不同观点和做法。在交往中，不要过于苛求或挑剔他人，而要尝试理解和接纳他人的差异。宽容原则有利于缓解冲突、增进理解，建立更加和谐的人际关系。

（五）理解原则

理解是建立良好人际关系的重要条件。大学生应该努力从他人的角度去理解问题，了解他人的需求、期望和感受，通过倾听和关心，建立彼此之间的共鸣和共情，增进理解和信任。理解原则有助于减少误解和冲突，促进人际关系的和谐发展。

（六）互利原则

互利原则在大学生建立良好人际关系中起着至关重要的作用。它强调在人际交往中，双方应该互相支持、互相帮助，实现互利共赢。大学生应该学会在交往中主动为他人提供帮助和支持，同时也要勇于接受他人的帮助。通过互利原则，大学生可以建立起稳固的合作关系和友谊，增进彼此之间的信任和依赖，为未来的个人发展和社会合作奠定坚实的基础。

参与式活动：

美国芝加哥大学的社会心理学家在该大学的 300 名大学生中调查什么行为最令人厌烦，其中位列前八位的是：

1. 经常向别人诉苦，包括个人健康问题、经济困难、工作情况等，但对别人的问题却从不感兴趣，不予关注。

2. 经常唠叨，只谈论一些琐事，或不断重复一些肤浅的见解及一些空话。

3. 言语单调，喜怒不形于色，对任何事情都漠然视之，情绪上毫无反应。

4. 过于严肃，不苟言笑。

5. 缺乏投入感，在社交场合中悄然独立，既不参与别人的活动，也不主动与人沟通。

6. 态度过激，或语气浮夸粗俗、满口脏话。

7. 过分以自我为中心，不断向人诉说自己的生活琐事，夸耀个人经历，或只谈论个人的兴趣，而不理会别人的感受和反应。

8. 过分热衷于取悦别人，不惜花言巧语，以博得别人的好感。

你是否也经常出现上述的行为呢？请与你身边的好朋友交流分享。

二、提升人际关系的策略

（一）合理地自我定位

美国最受欢迎的戏剧演员露西尔·鲍尔曾说：首先爱你自己，其他事情就顺理成章了。大学生应该了解自己的兴趣、优点和不足，从而在人际交往中找到适合自己的位置；避免过于自卑或自负，以平等、开放的态度与他人交流。

自我定位的行动计划：

（1）自我反思日记：每天晚上花 10 分钟记录自己当天在人际交往中的表现，特别关注自己的优点和改进点。

（2）寻求反馈：向朋友、家人或同学寻求他们对我们的看法和建议，以便更全面地了解自己。

（3）定期评估：通过参与心理测试等方式，了解自己的性格、价值观、优点和不足。每周日花 30 分钟回顾本周日记，总结自己在人际交往中的进步和需要继续努力的方面，进而形成清晰稳定的自我概念。

（二）以双方为中心，做好的倾听者

1. 倾听与理解

在交流中，要学会倾听对方的观点和感受，努力理解对方的需求和立场，并给予充分的关注和回应。通过积极倾听和理解，建立起与对方的共鸣和信任。

倾听练习：在每次对话中，在内心为自己设定一个提醒，确保自己至少有一半的时间在倾听对方，尝试理解对方话语背后的情感和需求。在倾听过程中，适时地给予反馈，确认自己的理解是否正确。可以用简短的语句重复对方的话，或者用自己的话概括对方的观点。

2. 尊重与包容

尊重对方的个性和选择，避免对他人进行无谓的评判和指责。在人际交往中，要学会包容不同的观点和做法，以开放的心态接纳他人的差异。

多元交流：每月至少与一位观点或背景不同的人进行深入交流，记录并反思这些交流带来的视角和洞见。在与人交往时，尽量避免先入为主的偏见和刻板印象，尝试从对方的角度思考问题，理解其立场和选择。

（三）“从我做起”——主动参与社交活动

自觉、积极地投入各类社交场合中，主动与他人交流互动，以拓展人际关系、提升社交能力。

1. 参加校园社团

加入兴趣相投的社团，与志同道合的同学共同交流和学习。通过参与社团活动，可以结交更多志同道合的朋友，拓宽自己的人际圈。

2. 参与志愿者活动

通过参与志愿者活动，结交不同背景的朋友，拓宽自己的社交视野。同时，志愿者活动也是培养社会责任感和奉献精神的重要途径。在学期开始时，查看并标记所有感兴趣的志愿者活动日期，确保至少参加其中一项。

3. 参加学术研讨会

参加学术研讨会可以结识业界的专家学者，提升自己的学术水平和认知能力。通过与专业人士的交流合作，可以为自己未来的职业发展打下基础。关注学校或相关机构的学术研讨会信息，提前注册并确保至少参加一场与自己专业或兴趣相关的研讨会。

4. 参与团队合作项目

积极参与校园或社团的团队合作项目。在合作中，保持谦虚和开放的态度，促进彼此的互助合作，共同实现更大的目标。明确自己和他人的职责与分工，同时，在必要时对其他小组成员提供支持和帮助，并在项目结束后进行自我评估。

（四）建立并深化人际关系

建立并深化人际关系的关键在于真诚待人、积极沟通，通过持续的互动与理解不断深化彼此的情感联系。

1. 同情

同情不仅仅是对他人不幸遭遇的怜悯，更是设身处地地理解对方感受，并愿意给予对方支持和帮助。在人际交往中，当他人遇到挫折、困难或痛苦时，如果我们能够表达同情，就能让对方感受到我们的关心和理解，从而加深彼此之间的情感联系。

2. 保持联系

定期与朋友保持联系，问候、分享生活中的点滴，可以维护友谊的持久性和稳定性，让彼此的关系更加紧密。

3. 解决冲突

当面临人际冲突时，要学会冷静分析、主动沟通，不轻易说“过头话”“伤人话”，为自己留出和解空间，寻求双方都能接受的解决方案。积极解决冲突，化解矛盾，才能维护人际关系的和谐与稳定。

（五）摆脱束缚，潇洒告别

我们可能会遇到一些特别的朋友，他们带来的不是欢乐和成长，而是满满的负能量和困扰。当感觉某个关系开始变得不健康时，要果断表达自己的想法和感受。如果觉得沟通无果，或者对方根本不在意你的感受，那就不必再纠缠了，果断减少接触，甚至可以断绝朋友关系。在人际交往中，顺利地终止有害关系是一种能力。有害关系可能带来负面情绪、心理压力甚至损害个人成长。如果你感到结束关系有困扰，系统脱敏计划可能有助于你逐步适应并减少由此产生的焦虑或不适。

系统脱敏计划：系统脱敏是一种逐步暴露于刺激源的过程，以帮助个体逐渐适应并减少对这些刺激源的过敏反应。根据以下步骤，可以尝试进行初步的脱敏训练。

1. 弛缓训练

弛缓训练也称松弛疗法或放松训练，我们自己可以做一些简单的工作让自己身心放松下来。

（1）深呼吸法

找一个安静舒适的地方坐下或躺下，闭上眼睛。

用鼻子慢慢吸气，感觉气流进入肺部，扩张胸腔。

吸气后，暂停几秒钟，然后慢慢用嘴巴呼气，想象将身体的紧张和压力一起呼出。

重复这个过程几次，直到感觉身体放松下来。

（2）渐进式肌肉松弛法

从头部开始，逐渐向下放松身体的每个部位。

紧绷某个部位的肌肉，持续数秒钟，然后突然放松，感受肌肉松弛的感觉。

例如，可以紧绷额头肌肉，然后放松；接着紧绷脖子肌肉，再放松。以此类推，直到放松整个身体。

（3）想象放松法

闭上眼睛，想象一个宁静、美丽的地方，如海滩、森林或山顶。

专注于这个场景，想象自己身临其境，感受那里的宁静和美丽。

通过这种想象，让身体逐渐放松下来。

（4）温水泡脚法

准备一盆温水，温度适中。

将双脚浸入温水中，感受温水带来的舒适感。

轻轻按摩脚底和脚趾，促进血液循环，缓解疲劳。

（5）简单伸展运动

站立或坐下，进行简单的伸展动作，如伸展手臂、转动脖子、摆动腰部等。

这些动作可以缓解肌肉紧张，促进血液循环。

2. 建立焦虑等级表

将你的触发点按照引发焦虑的程度进行排序。例如，你可以将最轻微的触发点评为1分，而将最严重的触发点评为10分。

3. 逐步暴露

从最低级别的触发点开始，逐渐暴露自己于这些刺激中。比如“想象你们谈论‘结束关系’这件事的相关场景”。开始时，你可能只需要短暂地接触这些触发点，然后逐渐增加接触的时间和强度，确保每次暴露都在你的舒适范围内，不要强迫自己。重要的是要保持冷静和放松，并随时准备使用你的深呼吸和放松技巧。

4. 观察并记录

在每次暴露后，记录下你的感受和反应。注意你是否有任何不适或焦虑增加的情况，并相应地调整你的暴露计划。

5. 奖励自己

在每次成功完成暴露后，不妨给自己一些小奖励，以增强积极性和自信心。

请注意，系统脱敏是一个复杂的过程，并不适用于所有人或所有情况。如果你发现自我脱敏训练无效或产生负面影响，建议寻求专业心理咨询师或治疗师的帮助。

三、萨提亚人际沟通理论的理解与实践

萨提亚是家庭治疗的创始人，国际著名心理治疗师，美国著名的《人类行为杂志》，称她为“每个人的家庭治疗大师”，是 21 位全球最具影响力的治疗师名单中唯一的女性，且高居首位。萨提亚人际沟通理论强调，沟通不仅仅是言语的交流，更是情感的传递和心灵的碰撞。在沟通过程中，身体体态作为非言语沟通的一种形式，不仅能够传递出我们的情感状态，还能够影响他人的感受和反应。

（一）身体体态在萨提亚人际沟通理论中的解释

1. 开放与封闭的体态

开放的体态通常表现为身体前倾、目光接触、面带微笑等，这种体态传递出的是接纳、友好和合作的信号。相反，封闭的体态表现为身体后仰、目光回避、面无表情等，这种体态传递出的是拒绝、冷漠和疏离的信号。在萨提亚人际沟通理论中，开放的体态有助于建立积极的人际关系，而封闭的体态则可能导致人际关系的紧张和冲突。

2. 紧张与放松的体态

紧张的体态通常表现为身体僵硬、肌肉紧绷、呼吸急促等，这种体态传递出的是焦虑、不安和敌意的信号。而放松的体态则表现为身体柔软、肌肉松弛、呼吸平稳等，这种体态传递出的是平静、自信和友善的信号。在萨提亚人际沟通理论中，放松的体态有助于缓解紧张气氛，促进双方的沟通和理解。

3. 支配与服从的体态

支配的体态通常表现为身体前倾、挺胸抬头、双手叉腰等，这种体态传递出的是权威、自信和控制的信号。而服从的体态则表现为身体后仰、含胸低头、双手交叉等，这种体态传递出的是顺从、谦卑和依赖的信号。在萨提亚人际沟通理论中，支配和服从的体态都可能对人际关系产生负面影响，因为它们都可能导致双方的不平等和失衡。

（二）萨提亚人际沟通理论的理解与实践

萨提亚人际沟通理论是一种深入研究人际互动中沟通模式的理论，它揭示了人们在沟通中常常出现的几种不同的应对姿态，包括讨好型、指责型、超理智型、打岔型和一致型沟通。这些沟通姿态不仅通过言语表达，还通过身体语言、面部表情和体态等非言语方式来体现。

参与式活动：

你是用什么样的方式来处理人际冲突呢？

（1）在起冲突时我倾向于让步，即使吃亏也无所谓。

（2）即使关系变得紧张，也一定要让对方清楚明白我的看法。

（3）我倾向于不动感情，只摆出逻辑与合理的观点，然后要求大家不要争吵，冷静下来才能够看得清楚，希望冲突可以自然化解。

（4）我喜欢用幽默、问题或其他打岔的方法来缓和或结束冲突。

1. 讨好型沟通（只关注到情境、他人）

讨好型沟通者常常表现出一种卑微、顺从的体态，他们倾向于忽视自己的需求和感受，而过度关注他人的需求和情境。在身体体态上，讨好型沟通者可能会表现出低头、含胸、身体前倾等姿势，这些姿势传递出一种谦卑、恭顺的信号。他们可能会用柔和的语气和表情来迎合对方，以避免引起冲突或不满。

讨好型沟通者约占人群的50%，他们了解他人和环境，但并不了解自己的渴望。他们希望通过讨好别人来维持人际关系，不太能够承受这种人际的张力。这种沟通姿态并不利于建立健康的人际关系。长期忽视自己的需求和感受会导致自我价值感的降低，甚至可能引发抑郁和焦虑等心理问题。同时，过度迎合他人也会让对方感到不真实和难以信任。

案例故事：

小B，大一年级的学生，她的家庭有家暴的现象，父亲不高兴了就会打她。她的父亲想要一个男孩儿，可是母亲生了她，所以父亲不满意，父母经常吵架，她非常害怕。她的妈妈总说，你只要好好学习，好好听话，咱们家就不会总吵架了。

进入大学后，小B心中怀揣与舍友和谐共处的愿望。她认为，只要自己乖巧，多付出，大家就会成为亲密无间的朋友。因此，她总是尽力满足舍友的各种需求，同时也殷切期望得到她们的关心与帮助。

然而，现实却并非如她所愿。舍友们的请求时常让她陷入两难的境地，虽然她内心感到为难，却始终难以开口拒绝。她害怕一旦拒绝，便会被视为不合群、自私之人，甚至担心有人在背后议论纷纷。这些担忧给她带来了沉重的心理压力，让她开始逃避这种看似“复杂”的宿舍关系。

小B的困扰，实际上反映了许多人在人际交往中面临的问题。在追求和谐与融洽的同时，我们往往容易忽略自己的感受和需求，过度迎合他人，反而让自己陷入困境。

面对这种情况，我们需要更加理性地看待人际关系，懂得在适当的时候表达自己的立场和感受，真正实现健康、平衡的人际交往。

2. 指责型沟通（只关注到情境、自己）

指责型沟通者则表现出一种攻击性、防御性的体态，他们倾向于批评、指责他人，以保护自己不受伤害。在身体体态上，指责型沟通者可能会表现出挺胸、抬头、双手叉腰等姿势，这些姿势传递出一种强势、挑衅的信号。他们的面部表情和语气也往往带有敌意和不满。

指责型沟通者约占人群的30%，他们攻击别人，理解自己的感受和环境需求，但并不知道他人的感受。指责型沟通姿态同样不利于人际关系的健康发展。同时，这种沟通姿态也会让指责者自己陷入一种孤立无援的状态，难以与他人建立真正的联系。长期指责他人会导致对方感到被否定和攻击，从而引发冲突和隔阂。

3. 超理智型沟通（只关注到情境）

超理智型沟通者则表现出一种冷漠、客观的体态，他们倾向于忽视自己和他人的情感需求，只关注事实和逻辑。在身体体态上，超理智型沟通者可能会表现出身体僵硬、面无表情等姿势，这些姿势传递出一种冷漠、疏远的信号。他们的言语也往往缺乏情感色彩，只关注事实和逻辑分析。

超理智型沟通者约占人群的15%。他们逃避现实的任何感受，也回避因压力所产生的困扰和痛苦。超理智型沟通姿态虽然在一定程度上能够保持客观和理性，却忽视了人际关系中的情感因素。长期缺乏情感交流会导致人际关系的疏远和冷漠，难以建立真正的信任和联系。

案例故事：

小C，是一名学霸，女生，大二。她的父亲是一个严谨且成功的商人，对小C寄予了极高的期望。在父亲的教导下，小C几乎不会让情感左右自己的决策。父亲常常对她说："做人要理智、独立，不要被情绪左右，追求卓越，才是你应该做的事情。"在父亲的熏陶下，她始终坚信，只有严谨和努力，才能实现个人的价值和梦想。

小C的成绩一直名列前茅，她顺利考入了国内一所知名大学。她在与同学交往时，总是能够冷静地分析问题并给出合理的建议。然而由于缺乏情感上的交流和支持，同学们有了心事，都不愿意跟她倾诉，她与同学们之间总是有一层隔膜。小C渐渐发现，学习成绩好并不是生活中的唯一，她开始感到孤独、困惑和迷茫，不知道自己真正想要的是什么。

小C渐渐失去了对学习的热情和兴趣。每当面对书本和考试时，她的内心就会充满焦虑和不安。

超理智型沟通者过于注重事实和逻辑，而忽视了情感因素在人际关系中的重要性。通过心理咨询，小C逐渐意识到，自己按照父亲的要求生活并没有获得内心的愉悦，平衡理智和情感，关注当下自己和他人的情感需求，才能在追求成就的同时，拥抱友情，保持内心的平和与幸福。

4. 打岔型沟通（都没关注到）

打岔型沟通者则表现出一种逃避、不稳定的体态，他们倾向于逃避沟通中的问题和冲突，不愿意面对现实。在身体体态上，打岔型沟通者可能会表现出身体不安定、频繁移动等姿势，这些姿势传递出一种焦虑、不安的信号。他们的言语也往往缺乏连贯性和逻辑性，容易转移话题或逃避问题。

打岔型沟通者约占人群的0.5%。他们避重就轻，习惯闪躲，对自己、环境和他人都没有感受，经常改变话题来分散注意力，不能专注在一件事上。他们回避情绪上的话题，不愿意真正面对。打岔型沟通姿态不利于解决人际关系中的问题和冲突。

案例故事：

小D，女生，大一。老师要求大家在课堂上围绕某个主题进行小组讨论时，小D的组员小E刚刚发表了自己的看法，准备进一步阐述时，小D突然插话道："哎，你们知道吗？我最近看了一部电影，跟这个主题好像啊！"她兴致勃勃地开始讲述电影情节，完全忽视了小E尚未说完的观点。

小E试图等小D讲完后继续自己的发言，但小D似乎并没有意识到自己的打岔行为，又开始谈论其他与主题无关的话题。整个讨论过程中，小D频繁打断他人，使得小组讨论无法顺利进行。这种打岔型的沟通姿态给小D的人际关系带来了一定的困扰。她的朋友们常常觉得她不够尊重人，缺乏耐心和理解力。

5. 一致型沟通（关注到自己、他人、情境）

一致型沟通则是一种健康、有效的沟通方式，它要求沟通者同时关注到自己、他人和情境的需求和感受。在身体体态上，一致型沟通者表现出一种开放、自然的姿势，既不过于谦卑也不过于强势，既能够表达自己的情感也能够理解他人的感受。他们的面部表情和语气也往往平和而自信。

一致型沟通姿态有助于建立健康的人际关系。通过同时关注到自己、他人和情境的需求和感受，沟通者能够更加全面地了解问题的本质和背景，从而找到更加有效的解决方案。同时，这种沟通姿态也能够让沟通者更加自信和有力量地面对人际关系中的挑战和困难。

参与式活动：

你的室友很想和你一起去自习室学习，然而你更享受在学习的时候独处，因为独处能够让你更加专注于学习，避免被他人的动作或声音所干扰。你该如何应对？如何委婉地拒绝室友的邀请？

四、新时代大学生人际关系：挑战与重塑

随着新时代的到来，尤其是“微时代”的兴起，大学生人际关系面临的挑战，不仅体现在交往方式的多样性上，还深刻地影响着大学生如何建立、维持和发展人际关系的模式。

（一）虚拟交往的双刃剑效应

“微时代”为现代人提供了一个广泛的网络交流空间，使得我们能够轻松地与世界各地的人建立联系。然而，这种虚拟的交往方式也带来了双刃剑效应。一方面，它拓宽了我们的社交圈，让我们能够接触到更多元的文化和观点；另一方面，它也削弱了面对面交流的重要性，导致我们在现实生活中的人际交往能力逐渐下降。这种趋势使得大学生在建立和维护人际关系时面临着更多困难。

（二）情感与信任的缺失

在虚拟交往中，由于缺乏非言语信息的支持，人们往往难以准确解读对方的情感和意图。这种不确定性导致了情感与信任的缺失，使得人们在人际交往中变得更加谨慎。同时，由于网络信息真假难辨，大学生在接收信息时也容易受到误导和欺骗，进一步加剧了人际关系的脆弱性。

（三）现实社交能力的下降

过度依赖虚拟交往可能导致大学生无法适应线下的交流方式，缺乏基本的社交技巧和礼仪。这种能力缺失不仅会影响大学生在校园内的社交生活，也会对未来的职业发展和社会适应能力产生负面影响。

（四）重塑大学生人际关系的策略

面对新时代人际关系的变革，我们首先要提高自我认知和自我管理能力，明确自己在人际交往中的需求和期望，避免过度依赖虚拟交往。其次，我们要在学校、家庭

和社会的教育和引导下，树立正确的价值观和人际交往观念。此外，还可以通过参加各种形式的社交活动和培训课程来提高自身的现实社交能力，在实践中学习和成长。

新时代下，大学生人际关系面临着诸多挑战。我们需要正视这些挑战，通过提高自我认知和实践锻炼等方式，更好地适应新时代的社交环境，建立更加稳固、和谐的人际关系。同时，我们也应该认识到虚拟交往和现实交往的互补性，在享受虚拟社交带来便利的同时，不忘现实生活中的情感交流和人际交往。

阅读推荐：

1. ［美］艾里希·弗洛姆：《爱的艺术》，刘福堂译，人民文学出版社2018年版。

2. ［法］安托万·德·圣埃克苏佩里：《风沙星辰》，梅思繁译，四川文艺出版社2023年版。

3. ［日］岸见一郎、古贺史健：《被讨厌的勇气》，渠海霞译，机械工业出版社2020年版。

4. ［美］马歇尔·卢森堡：《非暴力沟通》，阮胤华译，华夏出版社2018年版。

5. ［美］维吉尼亚·萨提亚等：《萨提亚家庭治疗模式》，聂晶译，世界图书出版公司2015年版。

电影推荐：

1. 《奇迹男孩》(2017)，导演：斯蒂芬·卓博斯基。

2. 《触不可及》(2011)，导演：奥利维埃·纳卡什/埃里克·托莱达诺。

3. 《双赢》(2011)，导演：托马斯·麦卡锡。

第八章　东边日出西边雨，道是无晴却有晴
——大学生恋爱与性心理

两情若是久长时，又岂在朝朝暮暮。

——秦观《鹊桥仙·纤云弄巧》

春天没有花，人生没有爱，那还成个什么世界。

——郭沫若（小草也有春天）

学习目标：

1. 了解爱情的心理学理论，并能在生活中具体应用。
2. 掌握健康的恋爱观念，提升爱的能力和技巧。
3. 了解性心理的变化和特点，掌握性心理的调适方法。

第一节　爱情心理概述

在青春年华，恋爱与性心理是不可避免的话题。爱情可以是浪漫的、热烈的、温馨的，也可以是稳定的、成熟的、持久的，它能够带来幸福和满足感，但也可能带来痛苦和挑战。

一、认识爱情

参与式活动：

1. 心灵感应：准备一系列关于爱情的问题，如“你理想中的伴侣是什么样的?”或“你在恋爱中最看重什么?”让每个人写下自己的答案，然后随机抽取并读出，看看是否有人的答案相似。

2. 小组讨论：选择一个与爱情心理学相关的主题，如“恋爱中的权力斗争”或“如何维持健康的恋爱关系”，让参与者分组进行讨论。

3. 心理剧表演：让参与者根据自己的恋爱经历或想象创作一个心理剧，并进行表演。

（一）爱情的含义

爱情在多个维度和层面上都有着丰富的诠释，不仅仅是情感上的交流，还涉及彼此在思想、价值观和生活方式等方面的契合和共鸣。它涵盖了情感、认知、动机、社会和文化等多个方面，是一种强烈的人际吸引和情感联系，是身心成熟到一定程度的个体对异性个体产生的有浪漫色彩的高级情感。

从心理学的角度来看，爱情被定义为人际吸引最强烈的形式，是一种强烈的情感联系，这种联系可以表现为浪漫的激情、亲密的共享以及长期的伴侣关系，它源于个体对另一个人的深厚感情、关心、尊重和承诺。同时，爱情也是一种高尚的精神生活，体现了人类特有的情感和价值观。

爱情对个人的心理健康具有重要影响。研究表明，与伴侣建立紧密的情感联系可以增强个人的自尊、幸福感和生活满意度。同时，爱情也可以提供一种支持系统，帮助人们应对生活中的压力和挑战。然而，不健康的爱情关系也可能导致焦虑、抑郁等心理问题，甚至影响个体的身心健康。因此，建立健康的爱情关系对于维护个人心理健康具有重要意义。

在爱情关系中，人们可能会面临各种挑战和困难，如沟通障碍、信任危机、价值观冲突等。为了应对这些挑战，伴侣们需要学会有效的沟通技巧、建立信任和理解、尊重彼此的差异和寻求共同目标。同时，他们也需要保持开放和包容的心态，愿意为关系的健康发展付出努力。

（二）影响爱情的因素

爱情并不仅仅是一种生物现象，它还受文化、社会和个人经历等多种因素的影响。

文化因素对爱情的影响深远。不同的文化背景为爱情赋予了不同的含义和表达方式。例如，在一些文化中，爱情被视为神圣而浪漫的，注重情感的表达和个人的感受；而在其他文化中，爱情可能更强调责任和稳定，注重家庭和社区的和谐。这些文化差异使得人们在理解和处理爱情关系时，可能会采取不同的策略和价值观。

社会结构也对爱情产生重要影响。社会地位、经济状况、教育水平等因素都可能影响人们选择伴侣的范围和方式。例如，社会经济地位较高的人更有可能选择与自己背景相似的伴侣，形成所谓的“门当户对”的爱情关系。此外，社会的开放程度和包容性也会影响人们对爱情的看法和选择。

个人经历对爱情的影响同样不可忽视。每个人的成长环境、家庭关系、性格特点等都会塑造其对爱情的理解和期待。例如，童年时期家庭环境的和谐与否，可能会影响一个人对爱情中亲密关系和信任感的看法。个人性格也可能决定一个人在爱情中的行为模式和沟通方式。

这些因素相互作用，共同决定了一个人对爱情的独特体验和看法。因此，每个人对爱情的理解和体验都可能有所不同。

（三）爱情的特点

1. 独特性与普遍性

爱情具有独特性，每个人的爱情体验都是独一无二的。这源于每个人的成长背景、性格特质、价值观等因素的差异，使得每个人在爱情中的感受、需求和表达方式都有所不同。然而，尽管爱情的形式千差万别，但其普遍性却是不容忽视的。无论是东方还是西方，古代还是现代，人们都在追求和体验爱情，它如同一种无形的力量，穿越时空，连接着每一个渴望爱与被爱的灵魂。

2. 复杂性与多样性

爱情的复杂性体现在它的多维性和动态性上。爱情不仅仅是简单的喜欢或厌恶，它还包含尊重、理解、信任、承诺等多种元素。这些元素在爱情中相互作用，共同构建爱情的深度和广度。此外，爱情的多样性也体现在它的表现形式上，有的人可能通过言语表达爱意，有的人则更善于用行动来证明自己的爱。这种多样性使得爱情更加丰富多彩，也更具包容性。

3. 自我性与无私性

爱情具有自我性，它是个人情感的体现和追求。在爱情中，人们往往会展现出最真实的自我，追求内心的满足和幸福。然而，爱情也具有无私性，它要求人们在追求个人幸福的同时，也要考虑到对方的感受和需要。这种利他行为使得爱情成为一种高尚的情感，让人们愿意为了所爱之人付出一切，甚至牺牲自己的生命。

4. 持久性与变化性

爱情的持久性体现在它对时间的超越上。真正的爱情不会因时间的流逝而消退，反而会随着时间的推移而愈发深沉。这种持久性使得爱情成为人类情感世界中最为珍贵的财富之一。然而，爱情也具有变化性，它可能随着环境、年龄、经历等因素的变化而发生改变。这种变化并不一定是负面的，它可能是爱情在适应新的环境和挑战时所做出的调整和优化。

5. 自由性与责任性

爱情的自由性体现在人们有权选择自己的爱情对象和爱情方式。每个人都有权利追求自己所爱的人，并有权决定自己的爱情生活如何展开。这种自由性是爱情活力的源泉，它使得爱情充满了无限的可能性和创造力。然而，爱情也具有责任性，它要求人们在享受爱情带来的美好时，也要承担起相应的责任和义务。这种责任性使得爱情成为一种需要付出和承诺的情感，让人们更加珍惜和尊重自己的爱情选择。

这些特点共同构成了爱情的丰富内涵和深厚底蕴。在追求和体验爱情的过程中，我们需要认识到这些特点的存在和影响，以便更好地理解和把握爱情的真谛。同时，我们也需要以开放的心态去接纳爱情的多样性和变化性，让爱情在我们的生活中绽放出最美丽的光芒。

二、大学生恋爱心理

（一）大学生恋爱心理现状

大学生恋爱现状呈现多样性和复杂性的特点。一方面，随着社会观念的开放和教育环境的变化，越来越多的大学生选择在大学期间谈恋爱，他们追求真挚的感情和共同的成长。另一方面，由于学业压力、未来规划的不确定性以及个人心理成熟度等因素，部分大学生对恋爱持谨慎态度或选择单身。此外，网络社交的普及也为大学生恋爱带来了新的变化和挑战。总体来说，大学生恋爱现状既有积极的一面，也存在一些需要关注和引导的问题。例如，部分大学生可能存在“快餐式”恋爱的倾向，对待感情不够认真和投入，导致恋爱关系短暂或频繁更换恋爱对象。而且，一些大学生在恋爱中过于依赖对方，缺乏独立性和自我成长的动力。另外，由于社交媒体的普及，一些大学生可能会陷入虚拟的恋爱关系中，忽视了现实生活中的人际交往和情感沟通。

案例故事：

小云和小蔡是同一门选修课的同学，小云生性热情，小蔡内向腼腆。在选修课上结识后，小云曾热心开导过小蔡，小蔡后来提出交往的意向，小云明确告知对方自己已有男朋友，并删了小蔡的联系方式。然而，小蔡并不放弃，他到对方兼职必经之路等候，希望能够尝试交往，小云再次拒绝。小蔡认为自己从未见过对方的男朋友，推测小云是在考验自己，于是他效仿偶像剧情节，采用了紧追不放、苦苦守候偶遇的方式。小蔡多次制造偶遇扰乱了小云的生活。小云十分害怕并报警，警察护送其回校门口。由于小蔡未构成任何实质性的伤害，派出所也无法立案，希望学校对小蔡加强教育，以免造成更大伤害。

对于大学生恋爱，我们既要看到其积极的一面，也要关注其中存在的问题，并引导他们树立正确的恋爱观和价值观，以健康、理性的态度面对恋爱关系。同时，学校和家庭也应该加强对大学生的情感教育，帮助他们提高情感素养和应对恋爱问题的能力。

（二）大学生恋爱心理特点

1. 恋爱现象普遍存在

大学生恋爱现象的普遍性既反映了青春期的自然需求，也体现了大学生在成长过程中的探索和挑战。大学生正处于人生的黄金时期，他们充满了活力、好奇和浪漫，恋爱成为他们探索自我、理解他人和世界的一种方式。

大学校园为恋爱提供了肥沃的土壤。在这里，学生们脱离了家庭的束缚，开始独立生活，有更多的时间和空间去结交新朋友，包括潜在的恋人。同时，大学也是一个人生观、价值观形成的关键时期，恋爱经历可以帮助他们更好地认识自己，理解自己的需求和期望。

恋爱对于大学生来说，既有积极的影响，也有潜在的挑战。积极的方面包括：增强自我认同、促进情感成熟、培养责任感和同理心等。通过恋爱，大学生可以学会如何与他人建立亲密关系，如何处理情感冲突，如何平衡学业和个人生活等。然而，恋爱也可能带来一些挑战，如情感波动、时间管理问题，甚至可能影响到学业和未来的职业规划。

2. 恋爱动机多元化

随着社会的快速发展和文化的多元交融，大学生的恋爱观念和行为模式也呈现出多样化的特点。

第一，情感需求是大学生恋爱动机中最基本也是最核心的一点。在大学阶段，学生们正处于青春年华，情感丰富且渴望与异性建立深厚的情感联系。他们希望通过恋爱来寻找心灵的寄托和情感的满足，共同分享生活的喜怒哀乐。

第二，社交需求也是大学生恋爱动机中的重要组成部分。大学是一个社交圈子相对较小但人际关系密切的环境，通过与恋人的互动，他们可以更好地融入集体，提升社交能力。

第三，心理成熟和自我认同也是推动大学生恋爱的重要因素。在大学阶段，学生们逐渐脱离了家庭的束缚，开始独立思考和探索自我，恋爱成为他们展示自我、追求独立和成熟的一种方式。通过与异性的交往，他们可以更好地认识自己，提升自我认同感和自我价值感。

第四，生理需求也是不可忽视的恋爱动机之一。大学生正处于生理发育的成熟阶段，对于异性的身体吸引和亲密接触有着自然的渴望。恋爱为他们提供了一个合理且健康的渠道来满足这些生理需求。

3. 不稳定与不成熟性

大学生正处于青春期的尾声和成年期的开始，他们的心理、情感和社会经验都还在不断发展和成熟中。因此，他们的恋爱关系往往表现出以下特点：

(1) 情感波动大。大学生的情绪容易受到外界因素的影响，比如学业压力、人际关系等。这些情绪波动可能会直接反映在他们的恋爱关系中，导致双方的感情不稳定。

(2) 缺乏长期规划。由于大多数大学生还在学校学习，他们未来的职业规划和人生道路都还存在很大的不确定性。这种不确定性可能会影响他们对恋爱关系的看法和投入。

(3) 处理冲突能力有限。大学生在恋爱中遇到冲突和矛盾时，往往缺乏有效的解决策略。他们可能缺乏沟通技巧，容易陷入冷战或激烈的争吵中，导致关系破裂。

(4) 自我价值感影响。大学生在建立恋爱关系时，往往还在探索自己的身份和价值，他们的自我价值感可能会影响到恋爱关系的稳定性和深度。

(5) 社会经验不足。大学生通常缺乏处理复杂人际关系和情感问题的社会经验，在面对恋爱中的挑战时，他们可能会感到无助和困惑。

4. 耐挫折能力较差

大学生恋爱中耐挫折能力较差可能是由于他们在成长过程中，往往较少面对真正的挫折和困难，而恋爱关系中的种种问题，如争吵、误解、分手等，对他们来说可能是前所未有的挑战。

第一，大学生在恋爱中往往抱有过高的期望。他们可能将恋爱关系理想化，认为恋爱就应该是甜蜜、完美的，而一旦遇到不如意的情况，就会感到失望和沮丧。这种对恋爱的过度理想化导致他们在面对挫折时缺乏心理准备。

第二，大学生在恋爱中缺乏应对挫折的经验。由于他们大多数人在之前的生活中较少经历过真正的挫折，因此缺乏应对挫折的经验和技巧。当恋爱关系中出现问题时，他们可能不知道如何有效地沟通和解决问题，而是选择逃避或放弃。

第三，大学生在恋爱中还可能受到来自家庭、朋友、社会等外部因素的影响。例如，家人的反对、朋友的看法、社会的舆论等都可能对他们的恋爱关系产生影响，增加他们的心理压力和挫折感。

三、爱情心理学理论

（一）斯滕伯格的爱情三元论

心理学家斯滕伯格将爱情划分为三个核心要素：亲密、激情和承诺。这三个元素的不同组合构成了不同类型的爱情。爱情三元论在关于爱情和亲密关系的心理学研究中占据重要地位，为理解人类情感关系提供了有力的理论支持。

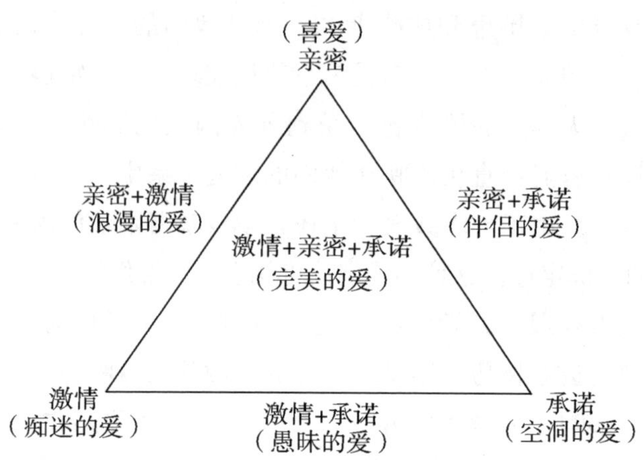

图 8-1　斯滕伯格的爱情三元论

亲密是爱情中的情感性联系，它涵盖了彼此之间的深厚情感、关心和支持，双方愿意彼此敞开心扉，分享自己的喜怒哀乐，寻求对方的理解和陪伴。

激情是爱情中的情绪化成分，它源于对异性的生理吸引，表现为强烈的欲望、冲动和渴望。激情为爱情注入了活力，它涉及性吸引和浪漫情感，为两个人的关系增添了火花和活力。然而，激情往往是短暂的，它可能会随着时间的推移而逐渐减弱，需要其他元素的支撑才能维持长期稳定的爱情关系，因此，如何在激情消退后维持爱情的稳定和长久，成为每对情侣都要面对的挑战。

承诺是爱情中的决策和期许成分，它涉及对未来的规划、对彼此的忠诚和坚守，代表了个人对维持关系的决心和责任意识。承诺不仅仅是一种口头上的誓言，更是一种内心深处的坚定和执着，它要求两个人在面对阻碍或诱惑时，具备抵抗风险的能力，共同面对生活的挑战和变化。

根据这三个元素的不同组合情况，斯滕伯格将爱情分为多种类型，如喜欢式爱情、痴迷式爱情、空洞式爱情、浪漫式爱情、伴侣式爱情、愚昧式爱情和完美式爱情等。这些分类有助于我们更深入地理解和分析爱情关系的多样性和复杂性。

思考与问答：

1. 你曾经经历过的或当下的爱情是哪一种类型？

2. 你理想中的爱情是哪一种类型？

然而，爱情并非一成不变，它随着时间和情境的变化而发生变化。在不同的阶段和情境下，爱情中的三个要素可能会表现出不同的比重和重要性。例如，在初恋阶段，激情往往占据主导地位，两个人被彼此的魅力和新鲜感所吸引；而随着关系的深入和发展，亲密和承诺成为维系关系的关键要素，激情则可能退居其次。

此外，不同的文化和社会背景也会对爱情产生不同的影响。在强调个人自由和独立的文化中，爱情可能更加注重个体的感受和需求；而在强调家庭和社会责任的文化中，爱情可能更加注重承诺和稳定。

（二）约翰·李的爱情彩虹图

约翰·李的爱情彩虹图以彩虹的七种颜色为基础，描绘了在爱情关系中可能出现的各种情感和经历。

在彩虹图中，红色象征着激情和热烈的渴望，这是爱情的最初火花，让人们沉醉于彼此的魅力中；橙色则代表温暖和亲密，它象征着彼此间的关怀和照顾，让爱情更加深厚；黄色象征着快乐和欢笑，这是爱情中不可或缺的元素，让人们在相爱的过程中感受到生活的美好；绿色则代表成长和发展，它让人们在爱情中共同成长，互相激励，实现自我价值；蓝色象征着信任和稳定，它是爱情的基石，让人们在彼此间建立起深厚的信任关系；靛色代表着智慧和理解，它让人们在爱情中学会包容和理解，从而更好地处理彼此之间的矛盾和冲突；紫色则象征着神秘和浪漫，它为爱情增添了一抹神秘的色彩，让人们在相爱的过程中感受到无尽的惊喜和浪漫。

在爱情中，人们会经历各种各样的情感和经历，而这些情感和经历会在彩虹图上留下痕迹，让爱情变得更加丰富多彩。爱情彩虹图是一个动态的过程，它不仅仅是一个工具，更是一种态度和方法。约翰·李的爱情彩虹图是一个富有深刻内涵和象征意义的模型，理解和应用这一模型，可以更好地理解和经营自己的爱情关系，以更加积极和开放的心态去面对爱情中的挑战。

（三）成人依恋类型理论

成人依恋类型理论基于早期婴儿与照顾者之间形成的情感联结模式，将其扩展到成人的爱情关系中如何寻求和维持与他人的情感联系。该理论将个体的依恋模式划分为三种类型：安全型、焦虑型和回避型。不同的依恋风格影响着人们在爱情中的认知、情感和行为。

安全型依恋的个体在爱情中通常表现出自信、信任和稳定。他们容易与他人建立深厚的情感联系，并在关系中感到舒适和满足。当面临挑战或冲突时，他们倾向于以积极、建设性的方式解决问题。

焦虑型依恋的个体在爱情中往往表现出过度依赖和不安全感。他们害怕被抛弃或不被接受，因此可能会过度关注伴侣的行为，并试图通过各种方式来确认对方的爱情。这种焦虑和不信任可能会给伴侣带来压力，并破坏关系的平衡。

回避型依恋的个体则倾向于在爱情中保持距离和独立。他们可能不太愿意表达自己的情感需求，也不太愿意寻求或接受伴侣的支持和关怀。这种回避行为可能会导致关系的疏远和隔阂，使伴侣感到难以接近。

了解这些依恋类型有助于我们更好地理解自己在爱情中的行为和需求，以及如何与他人建立更健康、更稳定的关系。例如，焦虑型依恋的个体可以学习如何建立自我安抚机制，减少对伴侣的过度依赖；回避型依恋的个体则可以尝试学习如何表达自己的情感需求，增强与伴侣之间的情感联系。

此外，还有一些心理学理论也为理解爱情提供了重要的工具和视角。例如，社会交换理论认为，爱情是一种基于互惠互利的社会交换，这种交换不仅仅是物质上的，更多的是情感、社会和心理层面的；分离个体化理论提醒我们在恋爱中保持自我独立和成长，界定彼此的边界，提升自我控制能力，同时也强调了沟通和理解在恋爱关系中的重要性。

第二节　大学生恋爱心理调适

大学生在恋爱中积极主动进行心理调适是非常重要的。通过提升自我认知、培养积极心态和增强解决问题的能力，可以更好地应对恋爱中的挑战，促进个人成长和发展。

一、学会鉴别爱

鉴别爱，意味着在纷繁复杂的情感世界中，能够清晰地分辨出什么是真正的爱情，什么是一时的冲动或是对表面现象的迷恋。在鉴别爱时，需要保持理性和冷静，学会深入思考和独立判断，培养自我反思和批判性思维，不被外表、金钱或地位等外在因素所迷惑。同时，也要把握自己的情感需求，尊重对方的感受和选择，建立健康、平等的恋爱关系。

（一）友谊与爱情

对于许多大学生来说，友谊和爱情是他们社交生活中不可或缺的一部分。然而，如何正确区分友谊与爱情，以及如何平衡两者之间的关系，却是许多大学生面临的挑战。

友谊和爱情在本质上是不同的。友谊是基于互相理解、信任和尊重的，它强调的是一种平等、互助和共同成长的关系。而爱情则是一种更深层次的情感联系，它涉及情感、欲望和承诺等多个方面。在现实生活中，友谊往往可以为爱情提供坚实的基础。通过互相了解、支持和陪伴，深厚的友谊有可能逐渐发展为爱情。

然而，友谊与爱情之间也可能存在冲突。有时候，大学生可能难以区分自己对某个朋友的感情到底是友谊还是爱情。这种情况下，他们可能会感到困惑和焦虑，不知道该如何处理这种复杂的情感。

为了平衡友谊与爱情之间的关系，大学生需要学会自我认知和情感管理。首先，应该清楚地认识自己的情感需求和期望，明确自己对友谊和爱情的界限。其次，需要学会表达自己的感受，与伴侣或朋友进行坦诚沟通。最后，应该尊重对方的感受和选择，保持一种开放和包容的态度。总之，通过正确区分两者之间的差异，大学生可以更好地处理自己的情感问题。

（二）单恋的困扰

单恋，即单方面对某人产生深厚的感情，而对方却没有同样的回应。这种情感状态可能给大学生带来许多困扰和痛苦。

首先，单恋可能引发强烈的情感波动。当大学生陷入单恋时，可能会经历焦虑、沮丧、失落等负面情绪，不断地思考自己的感情是否能够得到回应，或者担心自己的心意被对方察觉后会产生尴尬或不好的后果。这种情感波动不仅影响他们的心理状态，还可能影响他们的学习和生活。

其次，单恋可能导致大学生产生自卑感。当感情无法得到回应时，他们就可能会怀疑自己的价值和魅力，比如觉得自己不够好，或者认为对方不会喜欢自己这样的人。这种自卑感可能进一步影响他们的社交和人际关系，使他们在与他人交往时缺乏自信。

为了应对单恋的困扰，大学生可以采取一些积极的措施。首先，单恋是一种常见的情感现象，不必为此感到羞愧或自责。其次，可以尝试与朋友或心理咨询师交流，分享自己的感受，寻求支持和建议。此外，可以培养自己的兴趣爱好，提升自己的自我价值感，从而减轻对单恋对象的过度依赖。

最重要的是，大学生需要学会放下。因为感情是双向的，如果对方没有同样的回应，那么应该尊重对方的选择，并尝试寻找其他的机会和可能。通过积极的心态和行动，逐渐走出单恋的困扰。

（三）理性面对恋爱纠葛

在大学生活中，复杂的恋爱纠葛如三角恋、多角恋等并不罕见。面对这些复杂的情感关系，大学生们需要有一定的心理准备和应对策略。

首先，要清晰地认识自己的情感。当发现自己陷入复杂的恋爱纠葛时，不要慌张，先静下心来反思自己的真实感受，明确自己到底喜欢的是谁，想要的是什么样的恋爱关系。其次，与涉及的各方坦诚沟通，诚实地表达自己的感受，听取对方的意见和想法，避免因为误解或沉默而加重纠葛。再者，避免伤害他人。在复杂的恋爱纠葛中，很容易因为个人的选择而伤害到其他人，因此要尽量减少对他人的伤害，尊重对方的感受，以和平、友善的方式结束不合适的情感关系。最后，寻求外部支持和帮助。可以向朋友、家人或专业心理咨询师倾诉，听取他们的意见和建议，以更好地保护自己的情感健康。

(四) 怎样表白

表白，作为恋爱开始的第一步，对于许多人来说都充满了挑战和不确定性。那么，大学生应该如何优雅地表白呢?

首先，要确定自己的感情。表白不是儿戏，需要真心实意。在表白之前，要对自己的感情进行深思熟虑，确保自己是真心喜欢对方，而不是一时冲动。其次，要了解对方的心意。在表白之前，最好先了解对方是否对你有好感，避免因为过于冒进而让对方感到不适。可以通过与对方的日常交往、观察对方的言行举止等方式来了解对方的心意。接着，要选择合适的时机和环境。表白的时机和环境非常重要，最好选择一个相对私密、轻松的场合，让对方有足够的时间和空间来接受你的表白。同时，也要确保对方当前的心情和状态适合接受表白。然后，要准备好表白的话语。表白的话语要简洁明了，真诚动人。可以表达你对对方的欣赏和喜欢，也可以告诉对方你希望与对方建立的关系。但切记不要过于夸张或肉麻，以免让对方感到不适。最后，要做好被拒绝的准备。表白并不是一定会被接受，因此要做好被拒绝的心理准备。如果对方拒绝了你，不要气馁或纠缠不休，要尊重对方的选择，保持风度和礼貌。

总之，大学生在表白时要保持真诚、尊重和理解，这不仅有助于建立健康的恋爱关系，还体现了个人品格和情商。同时，也要记住，表白只是恋爱关系中的一个环节，真正重要的是双方在恋爱过程中的相互扶持和理解。因此，无论表白结果如何，都应该保持积极的心态和开放的心态。

(五) 如何拒绝对方的求爱

在大学生活中，我们可能会遇到他人的求爱，而当我们对对方的感情并不深入或出于其他原因而不想接受时，如何婉拒对方的求爱就显得尤为重要。

首先，要明确自己的心意。在拒绝对方之前，必须确保自己真的不想接受对方的求爱，而不是因为外界压力或自己的不确定而犹豫。只有明确了自己的心意，才能做出正确的决定。其次，要选择合适的时间和地点。拒绝对方时，尽量避免在公共场合或对方情绪不稳定的时候进行。可以选择一个相对私密、轻松的场合，让对方有足够的时间和空间来接受你的决定。然后，要婉转而真诚地表达。拒绝对方时，语言要婉转但真诚。可以表达感谢对方的好意，但也要明确告诉对方自己的真实感受，避免使用过于伤人或含糊不清的言辞，以免给对方带来不必要的误解或伤害。此外，要尊重对方的感受。拒绝求爱并不意味着可以伤害对方的感情，要理解对方可能会有的失落和伤心，可以给予对方一些鼓励和支持，帮助对方走出困境。最后，要保持友好的关系。虽然拒绝了对方的求爱，但并不意味着双方就不能继续做朋友，这样既能保护自己的感情，也能维护双方的友好关系。

二、学会发展爱

发展爱，不仅意味着情感的投入，更是学会如何在关系中成长，在爱与被爱中找到平衡。在这一阶段，大学生们开始探索自己的情感世界，尝试建立亲密关系，还要学会如何平衡学业、社交和个人情感，也要学会处理可能出现的冲突和困惑。这一过程需要勇气和智慧，也要学会倾听和理解对方，尊重彼此的感受和选择。

（一）培养爱的能力

培养爱的能力是一个综合性的过程，它需要我们不断探索、学习和实践。

第一，我们要深入了解自己。自我认知是爱的基石，需要探索自己的价值观、情感需求、梦想和欲望，以建立坚实的自我基础。通过反思和自我观察，可以更好地理解自己在爱情中的角色和期望，从而更有针对性地培养爱的能力。

第二，培养情感智慧和情绪管理能力至关重要。我们需要学会识别、理解和表达自己的情感，同时能够接纳和理解他人的情感。在爱情中，情绪的稳定和成熟能够帮助我们更好地应对挑战和冲突，增进彼此的理解和信任。

第三，倾听与沟通能力也是爱的能力的关键组成部分。我们需要学会倾听他人的想法、感受和需求，以真诚和尊重的态度去理解和接纳对方。同时，我们也要学会清晰地表达自己的情感和需求，以便与伴侣建立更加深入的连接。

第四，持续学习和成长是提升爱的能力的关键。爱情是一个复杂的领域，我们需要不断学习新的知识和技能，以更好地应对爱情中的挑战和机遇。通过阅读、参加讲座、与他人交流等方式，我们可以不断提升自己爱的能力，让爱情变得更加美好和充实。

（二）爱人需先爱己

“爱人需先爱己”这一原则，简单来说，就是在投入爱情之前，首先要懂得珍爱和照顾自己。这意味着在建立任何一段关系之前，需要先了解自己的需求、感受和价值观，确保自己的情感和心理健康。

首先，爱己意味着接纳自己。接纳自己的优点和缺点，理解自己的不完美，是建立健康恋爱关系的基础。只有真正接纳自己，才能在与他人相处时保持自信和自尊，避免过度依赖他人来获得自我价值感。

其次，爱己也意味着照顾自己。因为只有在照顾好自己的前提下，才能更好地去爱和关心他人。照顾自己意味着关注自己的身心健康、不断提升自己的内在素质、保持独立和自主，这是建立健康恋爱关系的基础。

最后，爱己需要设定界限。设定界限是一种自我保护和自我尊重的表现，有助于维护个人的独立性和自主性，确保在恋爱关系中不被过度侵犯或牺牲自己的利益。设定界限的方式包括保护个人的空间和隐私、维护个人的价值观和原则、平衡恋爱关系中的权力动态。需要注意的是，设定界限并不意味着冷漠或疏离，而是在尊重和理解对方的基础上，维护自己的权益和需求。设定界限也是一种自我成长和成熟的表现，通过设定界限并坚守自己的底线，可以逐渐培养自己的独立思考和决策能力，增强自己的自信和自尊。

（三）化解恋爱中的冲突

大学生在恋爱中，冲突是不可避免的，而化解恋爱中的冲突需要双方共同努力。通过沟通、换位思考、合理控制情绪、寻求外部帮助以及建立共同目标和价值观等方法，可以有效地化解冲突，维护健康的恋爱关系。

第一，沟通是化解冲突的基础。双方应该坦诚地表达自己的感受和想法，而不是选择逃避或冷战。通过沟通，可以更好地理解对方的立场和需求，为解决问题打下基础。

第二，学会换位思考。站在对方的角度思考问题，有助于理解对方的情绪和行为背后的原因。这样，不仅可以减少误解，还能增进双方之间的信任和理解。

第三，合理控制情绪是化解冲突的关键。在冲突发生时，保持冷静和理智非常重要，不要因一时冲动而做出伤害对方的行为或言辞。学会用平和的态度面对问题，有助于化解冲突。

第四，寻求外部帮助也是一个不错的选择。当自己无法解决问题时，可以向朋友、家人或专业心理咨询师寻求帮助，他们可能会提供新的视角和建议。

第五，建立共同目标和价值观是预防冲突的关键。双方应该一起讨论并明确彼此在恋爱关系中的期望和目标。共同遵守这些目标和价值观，可以减少冲突的发生。

（四）平等尊重对方

在大学生恋爱中，平等尊重对方是维系健康关系的核心要素。平等尊重不仅体现了对伴侣的认可，也是个人成熟和自尊的表现。通过平等决策、尊重个人空间和独立性、关心对方的感受以及尊重隐私和界限，可以建立一个平等、尊重的恋爱关系，促进双方共同成长和幸福。

首先，平等尊重意味着双方在恋爱关系中具有平等的决策权。无论是选择约会地点、时间，还是规划未来，双方都应该共同参与决策，并尊重对方的意见。

其次，尊重对方的个人空间和独立性。每个人都有自己的兴趣爱好、梦想和生活空间，尊重对方的选择和决定，不要试图过度干涉或控制对方。

再次，尊重对方的感受和情绪。当对方遇到挫折、困惑或痛苦时，要给予关心和支持。不要轻视或嘲笑对方的情绪，而是试着理解并帮助对方渡过难关。

最后，尊重对方的隐私和个人边界。每个人都有自己的隐私和个人界限，不要过度追问或窥探对方的私人信息。同时，也要明确自己的界限，并告诉对方哪些行为是不可接受的。

（五）宽容以待

宽容以待是维系健康关系的重要品质，尤其在大学生恋爱中，双方都在成长和探索中，更需要彼此的理解和包容。那么，如何在恋爱中做到宽容以待呢？

第一，接受并尊重对方的差异。每个人都有自己独特的性格、习惯和价值观，在恋爱中，双方应该学会接受并尊重这些差异，而不是试图改变对方。宽容意味着接纳对方的不完美，理解对方的局限，而不是苛求完美。

第二，学会原谅和遗忘。在恋爱中，难免会有摩擦和冲突。当对方犯错或做出伤害自己的行为时，不要过分纠结于过去的错误，而是试着向前看，给对方一个改正的机会，也给自己一个释放的空间。

第三，保持开放和包容的心态。在恋爱中，双方都会经历成长和变化，宽容则意味着接纳对方的变化，给予对方支持和鼓励。不要因为对方的变化而感到不安或失望，而是试着与对方共同成长。

第四，珍惜并感恩对方的付出。在恋爱中，双方都会为对方付出很多。宽容意味着认可对方的努力和贡献。当对方为自己做出让步或付出时，要及时表达感激之情，让对方感受到自己的真诚。

三、从失恋中成长

失恋后，大部分大学生会经历一段时间的负面情绪，如伤心、难过、失落等，这可能导致大学生在精神上恍惚，无心学习、无心做事，影响学业成绩，甚至可能对大学生的心理造成严重的伤害，导致他们产生心理障碍。此外，失恋还可能引发大学生的人身伤害，如服毒、跳楼等极端行为。

案例故事：

大学入学后，小王与同班同学小林相恋。后常因一些小事而吵架，感情在分分合合中游离。大一下学期开学初，小王发现小林与一位女同学过往甚密，关系暧昧，认定小林移情别恋，于是提出分手。两人分手不久，小林便与该女孩正式交往。小王无法接受这样的结果，她开始胡思乱想，认为自己对待感情认真专一，也因为谈恋爱而影响了学习，导致了成绩下滑，自己在饱受失恋的痛苦时，小林却能轻松地放下，并开展一段新恋情。她觉得很不甘心，但有时又怀疑是因为自身不够好所以才被小林抛弃，自卑感顿生。就这样，小王基本无法集中注意力学习和做事，失眠、厌食，常常一个人发呆，整个人显得萎靡不振，没有任何生气和活力。她也曾多次向好友、同学、室友倾诉，但每当看到小林时就倍感压抑，情绪低落，对身边的人和事兴味索然，难以走出失恋的阴影。

面对失恋，大学生需要学会调整自己的心态，积极面对现实，反思自己在恋爱中的问题和不足，以便更好地成长和进步。

（一）如何终止恋爱关系

终止恋爱关系需要谨慎，因为这不仅仅是一个情感上的决定，也是一个心理成长的过程。

首先，终止恋爱关系需要坦诚和尊重。无论原因是什么，都应该以诚实和直接的方式告诉对方，避免使用模棱两可的语言或拖延时间，这样只会增加双方的痛苦和困惑。同时，尊重对方的感受也非常重要，不要试图把自己的意愿强加给对方。

其次，选择合适的时间和地点进行沟通，尽量避免在公共场合或情绪激动的状态下进行这样的对话。选择一个安静、私密的环境，以便双方都能够冷静地表达自己的想法和感受。

再次，倾听对方的意见和反馈也非常重要。给予对方表达意见的机会有助于建立一种更加开放和理解的沟通氛围，减少冲突和误解的可能性。

最后，终止恋爱关系后，我们需要给自己和对方一些时间和空间来适应这一变化。这并不意味着要完全断绝联系，而是要给予彼此一些距离，以便能够更好地处理自己的情绪和反思这段关系。

（二）适度宣泄情绪

对于许多大学生来说，失恋后的情绪宣泄是必不可少的过程，但如何适度宣泄情绪，避免过度沉溺于负面情绪，就显得尤为重要。

首先，允许自己感受并接受这些情绪。失恋后的痛苦是正常的情感反应，不要抑制或否认它们，给自己时间和空间，允许自己真实地感受这些情绪，并接受失恋的事实。

其次，选择适当的宣泄方式。每个人的情绪宣泄方式都不同，有些人可能喜欢独自哭泣，有些人可能更愿意与朋友倾诉，重要的是找到一种适合自己的方式，让情绪得到释放。

然而，宣泄情绪并不意味着无限制地沉溺于痛苦中，适度是关键！过度宣泄可能导致情绪失控，影响日常生活和学业。因此，在宣泄情绪的同时，也要学会控制自己的情绪，避免沉溺于负面情绪中。

（三）寻求自我成长

失恋后寻求自我成长是一种积极的应对方式。通过投入学习、社交活动、新的兴趣爱好以及寻求专业的心理支持，可以让人转移注意力，重新找回生活的快乐和自信。

例如，可以尝试把精力投入学习中。学习不仅可以填补空闲时间，减少回忆过去的机会，还可以提升自我，增加自信心。通过不断学习，不仅能够提升自我价值，还可以逐渐淡忘失恋带来的伤痛。

参加一些自己感兴趣的社团，或者投身志愿者活动。在这些活动中，可以结识新的朋友，拓宽社交圈子。与新朋友交流，分享彼此的故事和经历，可以让人感受到温暖和支持，减轻失恋带来的痛苦。

还可以尝试一些新的兴趣爱好，比如画画儿、写作、摄影、旅行等。这些兴趣爱好不仅可以让人体验到不同的乐趣，还可以让人在创作和探索中暂时忘记失恋的痛苦，找到新的自我。

专业的心理支持同样可以帮助人成长。如果失恋后的情绪困扰持续时间较长，或者影响到日常生活和学习，可以寻求心理咨询师的帮助，他们可以提供专业的建议和指导，帮助人更好地应对失恋带来的困扰，走出心理阴影。

（四）失恋不失理智

失恋不失理智是一种成熟的态度，如何在失恋中保持理智是衡量一个人情感成熟度和心理韧性的重要标志。我们要学会接受现实、调整情绪和心态、保持积极的生活态度和信心，让自己在失恋中不断成长和进步。

首先，要认识到失恋是一种正常的情感经历。在恋爱关系中，双方都有选择和改变的权利。因此，即使失恋了，也不意味着自己有什么错或者不值得拥有美好的爱情。这种认知能够帮助我们更好地接受现实，减少自我否定和消极情绪的产生。

其次，要学会调整自己的情绪和心态。失恋后，很多人会感到痛苦、沮丧、失落等负面情绪，这是正常的反应，但我们不能沉浸在这些情绪中无法自拔，而要学会调整自己的情绪和心态，尽快恢复到正常的生活中。

最后，要保持积极的生活态度和信心。失恋并不是生活的终点，而是一个新的起点，我们要相信，未来还有新的机会出现。同时，也要保持积极的生活态度，努力学习、提升自己，为自己的未来打下坚实的基础。

第三节　大学生性心理

在大学期间，个体面临着身体发育成熟、性意识觉醒以及社交圈子的扩大等现状，大学生非常关注自己的身体和外表，对异性产生了兴趣和好感，继而对亲密关系产生好奇和探索。同时，他们也可能面临对自我吸引力和社交能力的焦虑，更需要给予充分的关注、理解和支持。

一、性心理概述

（一）“性”是什么

性是一个复杂且多维度的概念，是指人类和其他动物一样，在繁殖过程中表现出的特征和属性，它涉及多个属性，包括生物属性、社会文化属性和心理属性等。

从性的生物属性来看，性主要受到遗传和生理机制的影响。个体在青春期时身体会发生一系列变化，包括生理结构、激素水平、生殖功能等方面的明显差异，这些差异对性的表达和体验、性发育和性征、生殖目标等产生影响。

从社会学角度来看，性是人类进化过程中的一种适应性行为，它有助于物种的繁衍和生存。性的社会文化属性是指性受到社会习俗、文化传统、宗教信仰等因素的影响，包括社会角色和期望、性教育、性规范和禁忌等方面，这影响了人们对性的认知和理解，也对人们的性行为产生约束和影响。

性的心理属性是指与性的心理过程和情感体验相关的属性，这些属性涉及个人的认知、情感、动机等方面，例如性欲和性冲动、性偏好和取向、性满足和愉悦等。性的心理属性受到个人经历、性格和环境等因素的影响，这些因素共同影响着个体的性别认同和性别表达。从心理角度来看，个体可能会对他人产生好感和情绪反应，如兴奋、紧张、焦虑或不安等。从情感角度来看，“性”还指个体与异性之间的关系和互动，它可能表现为亲密关系、互相吸引或互相排斥等情感状态。

（二）性心理的内容

性心理是一个复杂而多元的领域，它涵盖了人们对性的各种认知、情感、欲望和行为反应。性心理的内容丰富多样，包括性欲的产生、性偏好的形成、性满足的追求等。同时，性心理也与个体的情感、自尊和人际关系等方面密切相关。了解和探索性心理，有助于我们更好地理解自己和他人的性行为和性体验。

1. 性无意识

性无意识是指那些在清醒状态下不易察觉，但在梦境、幻觉或特定情境下显现出来的与性相关的心理活动和体验。性梦是性无意识的一种表现形式，它通常发生在睡眠的快速眼动阶段，内容多与性有关，可能是对现实生活中性欲望的反映，也可能是潜意识的自由联想。性梦的出现并不意味着个体有性方面的问题或道德上的堕落，而是人类正常生理和心理活动的一部分，它可以揭示个体深层次的性需求和情感，有助于自我了解和情感释放。但如果性梦频繁出现并对日常生活产生负面影响，可能需要寻求专业心理帮助，以探索其背后的原因并寻找解决办法。

2. 性意识

性意识是指个体对性有关的问题、知识、经验等的认识，以及对于性的态度、情感、价值观等，包括性想象、性幻想、性观念、性美感、性道德、性意志、性升华等方面。性意识是人类意识的重要组成部分，涉及个体的生理需求、性别认同、亲密关系等方面，同时也与个体的心理健康和社会适应密切相关。

3. 性人格

性人格是个体在性方面的独特心理特征和行为模式的总和，涵盖了性自我意识、性需要、性动机、性能力、性观念和性兴趣等多个方面。性自我意识是指个体对自己的性特征和性角色的认知和评价，它影响着个体对性的态度和行为。性需要是个体在性方面的基本需求，包括生理和心理的需求，它们驱动着个体的性行为和性体验。性动机则是个体进行性行为的动力，它可以是内在的或外在的，如追求快乐、满足情感需求或社会期望等。性能力是指个体在性行为中表现出的技能和效果，包括生理和心理方面的能力。性观念是个体对性的看法和价值观，它影响着个体的性决策和性行为选择。性兴趣则是个体对特定性活动或对象的偏好和倾向，它反映了个体的个性特点和心理需求。

（三）性心理的发展

性心理的发展是一个连续且复杂的过程，从婴儿期开始，贯穿整个生命周期，受到遗传、环境、社会文化和个人经验等多重因素的影响。在胎儿期，性激素的分泌就已经在塑造性别的基本特征。而在婴儿期和幼儿期，婴幼儿通过触摸和观察来探索自己的身体和周围世界，逐渐建立起对性和性别的基本认知。进入童年期，儿童可以更深入地理解和接受自己的性别角色，并可能形成对异性的初步兴趣和好奇。在这一阶段也可能开始接触并吸收来自家庭、学校和社会对性的看法和态度。到了青春期，性心理的发展进入一个高潮阶段。身体和生理上的巨大变化，如性征的出现、性冲动的增强等，使得青少年对性有了更深入的认识和体验。同时，他们也面临着情感上的挑战，如处理与同龄人的关系、建立亲密关系等。进入成年期后，个体的性心理逐渐趋于稳定，但仍会受到生活环境、职业、家庭关系等多种因素的影响。此时，他们更关注于如何维护健康的性生活，如何与伴侣建立更深层次的情感联系，以及如何处理与性相关的各种社会问题。

二、健康性爱

健康性爱是指在法律、道德和安全的框架内进行的性行为，旨在促进双方的身心健康和幸福。健康的性爱包括尊重对方的意愿、了解性常识、正确采取安全措施、情感连接、沟通和理解、定期检查和保健。

（一）合理疏导性幻想

性幻想是一种自然的心理现象，而不是一种罪恶或病态。性幻想可能是对美好事物的憧憬，对爱情的渴望，或是对未知世界的好奇。适度的性幻想对大学生的心理健康和性发展具有一定的积极作用，可以帮助大学生了解自己的性需求和偏好，增强对性的认知和理解。然而，过于频繁的性幻想可能对大学生的日常生活和人际关系产生负面影响。例如，可能导致注意力不集中，影响学业；或导致对现实生活中的异性产生不切实际的期望，影响恋爱关系的建立。所以，大学生可以合理疏导自己的性幻想，避免其造成负面影响。

（二）预防性传播疾病

性传播疾病是一组通过性行为传播的感染病，包括淋病、梅毒、衣原体感染、尖锐湿疣、生殖器疱疹、艾滋病等。大学生应了解这些疾病的传播途径、症状、预防方法等知识，树立正确的性观念，洁身自好，注意个人卫生，在性行为中采取安全措施，避免盲目追求刺激和冒险，接受定期检测。通过理解疾病、培养责任感、提高知识水平以及采取实际行动，更好地保护自己和他人。同时，大学生也应该积极倡导健康性行为，促进社会的性健康意识。

（三）了解避孕常识

避孕是保障自身健康、预防意外怀孕的关键所在。避孕不仅仅是为了避免怀孕，更是为了预防性传播疾病、保护个人健康、维护心理健康和社会稳定。大学生正处于人生中最美好的时期，拥有无限的可能性和梦想。然而，意外怀孕和性传播疾病都可能成为他们追求梦想的绊脚石。因此，大学生有必要深入了解避孕常识，掌握正确的避孕方法。

常见的避孕方法有避孕套、避孕药、避孕环、避孕膜和避孕凝胶等，其中，避孕套作为最常见的避孕方法，不仅可以有效避孕，还能预防性传播疾病。避孕套在使用时应注意选择合适的尺寸，确保在性行为过程中始终佩戴。在选择避孕方法时，大学生应根据自己的身体状况、性生活频率、个人喜好等因素进行综合考虑。

大学生可以通过多种途径获取避孕知识，如阅读相关书籍、参加学校或社区的性教育讲座、咨询医生或专业人士等。此外，还可以利用互联网资源，但需注意选择正规、可靠的网站获取信息。

阅读推荐：

1. 刘达临，胡宏霞：《性学十三讲》，珠海出版社 2008 年版。
2. 孔维民：《中国人的情爱心理》，山西人民出版社 2006 年版。
3. 李银河：《李银河说爱情》，北京十月文艺出版社 2019 年版。

电影推荐：

1.《山楂树之恋》(2010)，导演：张艺谋。
3.《不能说的秘密》(2007)，导演：周杰伦。
4.《云水谣》(2006)，导演：尹力。

第九章　行到水穷处，坐看云起时

——大学生生命教育

人生如逆旅，我亦是行人。

——苏轼《临江仙·送钱穆父》

人生本来就是一种较广义的艺术，每个人的生命史就是他自己的作品。

——朱光潜《谈美》

学习目标：

1. 了解生命的基本特征及属性。
2. 明白生命的意义，珍惜生命，能运用所学化解心理危机。
3. 引导学生赋予生命意义，树立正确人生价值观。

第一节　认识生命

一、生命的概念

生命是一个复杂而神秘的现象，它涉及生物学、哲学、心理学等多个领域。由于生命的复杂性，使得生命没有一个准确的定义。恩格斯从生物学的角度做出了科学阐释：生命是蛋白体的存在方式，这个存在方式的基本因素在于和它周围的外部自然界的不断的新陈代谢，而且这种新陈代谢一停止，生命就随之停止，结果便是蛋白质的分解。生命的哲学定义强调了生命的存在性、自我维持和自我复制能力、意识与感知能力、目的与价值以及创造性等特征。荀子说：“性者，天之就也；情者，性之质也；欲者，情之应也。以所欲为可得而求之，情之所必不免也。”正是因为生命体具有意识、感知和思考的能力，能够深刻体验生活中的喜怒哀乐，使得生命成为一种独特的存在，值得我们尊重和珍视。

二、生命的基本特征

人类生命具有四个基本特征——有限性、独特性、社会性和超越性，这四个特征相互交织、相互影响。理解生命的基本特征，有助于我们更好地认识自己、理解他人，并在有限的生命里实现更高的价值和意义。

（一）有限性

生命的有限性是指人的生命有明确的起始和终结。从出生那一刻起，我们就开始了生命的旅程，而死亡则是这个旅程的终点。这种特性告诉我们，生命是短暂的，因为死亡的必然性，才显出生命的可贵，才有对生命的思考，我们需要在有限的时间里活得有意义、有价值。

（二）独特性

人类生命的独特性体现在每个人的先天和后天的差异性上。先天差异包括遗传基因、生理结构等方面的不同，而后天差异则来自成长环境、教育经历、生活经验等因素。这些差异使得每个人都拥有独特的个性、才能和视角，使我们的世界变得丰富多彩。

（三）社会性

人类具有社会属性，我们的生命活动总是离不开社会。社会性体现在我们与他人建立关系、交流互动、合作共享等方面。人类通过社会性行为来寻求认同、归属和意义，同时也通过社会来传承文化和知识。社会行为也是我们作为个体实现自我价值的重要途径。

（四）超越性

人类生命的超越性是指我们有能力超越自身的局限，实现自我提升和进步。这种超越性体现在对知识的追求、对道德的坚守、对艺术的创造以及对精神世界的探索等方面。只有不断超越自我，我们才能实现个人成长和进步，从而推动社会文明的发展。

参与式活动：

死亡拯救了我们

（1）课堂写作：假如我还有半年生命。

（2）分享写作内容。

（3）谈一谈谁的分享触动了你，为什么？

三、生命的属性

人的生命，是人的生理、心理、社会属性的复杂统一体。生理生命是我们的生物存在。心理生命体现的是人的精神世界，它超越了人的生理生命，使人区别于动物。社会生命展现了人与人、人与社会间的联系与互动，共同绘就了丰富多彩的社会图景。

（一）生理生命和心理生命

1. 生理生命

生理生命是我们的生物存在，从细胞到组织，从器官到系统，每一个部分都在协同工作，维持着我们的生命活动。我们的生理健康直接影响到我们的生活质量，因此，我们需要通过合理的饮食、充足的睡眠、适当的运动等方式来照顾和维护我们的身体组织。

2. 心理生命

心理生命包括我们的情感、思维、记忆、意识以及个性等方面。这些内容相互作用，共同构成了我们的心理体验。心理健康影响着我们的情绪状态、认知功能以及社会行为，因此，我们需要通过积极的心态、健康的情绪管理、良好的人际关系等方式来照顾和维护我们的心理生命。

3. 生理生命与心理生命交互作用

心理生命和生理生命并不是孤立存在的，它们之间存在着紧密的联系和交互。我们的生理状态可以影响心理状态，反之亦然。例如，当生病或者疲劳时，我们可能会感到情绪低落；而当处于愉悦和放松的状态时，我们的身体会感到舒适和轻松。

（1）生理对心理的影响

许多生理因素都可以影响我们的心理状态，如激素水平、健康状况、药物作用等。如果你觉得“什么都不想干”，那么你可能正处于疲劳或者生病状态，缺乏做事的动力和兴趣。身体不适会影响大脑的功能，从而影响我们的情绪体验。

（2）心理对生理的影响

我们的心理状态也可以影响我们的生理状态。例如，当我们处于紧张或者焦虑状态时，我们的身体可能会出现一系列应激反应，如心跳加快、血压升高、呼吸急促等。这些生理反应是身体为了应对潜在威胁而做出的准备，但长期处于这种状态会对身体造成损害。

（二）社会生命的交织展现

1. 生命掌握在自己手中

生命的模样是由我们自身来塑造的，每个人都在为自己的生命描绘着独特的色彩。你希望拥有怎样的人生，就要主动选择那条通往梦想的道路。在人生的交叉路口，我们每个人都是自己命运之舟的舵手。

2. 生命源自父母的馈赠

生命是父母赋予我们的宝贵礼物，他们不仅给予我们生命，更在成长过程中给予我们无微不至的关爱与照料。从我们呱呱坠地开始，所有的生活琐事都由他们精心安排，我们的生命是他们倾注一生心血呵护的结晶。

3. 生命融入社会大家庭

生命与社会紧密相连，因为我们是在社会的滋养下成长起来的。身边的朋友、老师、长辈、亲人以及那些素不相识的陌生人，都可能在我们的生命成长过程中提供过宝贵的帮助和支持。我们的成长离不开整个社会的支持，生命也将在社会中绽放光彩。

阅读与思考：

美国著名儿科医生温尼科特有一个著名的理论：一个婴儿是不存在的。这句话揭示了婴儿与其主要照顾者（通常是母亲）之间的不可分割的关系，强调了婴儿不是孤立存在的个体，而是与周围环境，特别是与母亲之间存在着紧密的互动和依赖。

从生物学的角度来看，婴儿在出生后的很长一段时间内都无法独立生存，他们需要成人的照顾和保护，包括提供食物、保持温暖、处理卫生问题等。没有成人的精心照料，婴儿几乎无法生存。

从心理学和社会学的角度来看，婴儿与母亲之间的互动对于婴儿的成长和发展至关重要。母亲的关爱、抚摸、交流等行为对于婴儿建立安全感、信任感以及形成健康的情感和社会技能具有决定性的影响。一个没有得到足够关爱和照顾的婴儿，可能会出现情感发展障碍等一系列问题。

思考与问答：

1. 你对于自己的生命，有着怎样的理解与认知？

2. 你和谁的情感连接最为紧密？

第二节　探求生命意义

一、生命意义的概述

亚里士多德曾说：“人生最终的价值在于觉醒和思考的能力，而不只在于生存。”

其潜在意义在于强调，人生的真正价值并非仅仅取决于我们是否存活于世，而是取决于我们是否具备深刻洞察世界与自我、进行独立思考与探索的能力。对于生命的理解，同学们持有不同的观点。有些同学认为，生命需要明确的意义作为指引，它如同指南针，帮助我们明确方向，避免迷失。而有些同学则认为，应活在当下，享受每一刻的欢愉与宁静，不必过分追求未来的意义。然而，不论我们是否认同，我们的行为和思想无时无刻不在反映着我们对自己、对世界的认知与见解，这在无形中赋予了我们自己以及生命的独特意义。

阅读与思考：

欧文·亚隆在《妈妈及生命的意义》中说道：虽然我佯装接受每一个人对生命的意义的解答，不做判断，但其实却偷偷地把它们分为铜、银和金三层。有些人一生都执着于报复式的胜利；有些人则在绝望的束缚下，只能梦想和平、超越和免于苦痛的自由；有些人为了成功、富足、力量和真理而奉献生命；也有些人追求自我超越，为某种信念或其他生命，比如所爱或神祇倾其所有；另外也有人在奉献、自我实践或创意表达中，找到生命的意义。

（一）生命意义的理论概述

1. 中华优秀传统文化生命哲学理论

我国优秀传统文化对生命及生命教育的思考源于其深厚的哲学基础和人文关怀，强调生命的自然、长久与自我超越。古代哲学家视生命为万物之源，儒家、道家和佛家作为思想代表，分别从生命本质、生死观和生命教育等角度展开论述，三者互相补充，相辅相成，体现了对生命的尊重与珍视。这些思想不仅积淀了我们的文化底蕴，也为现代人提供了宝贵的人生指导与哲学思考。

（1）儒家的生命思想

我国传统文化中儒家思想占据着重要地位，其通过对生命理想境界的探讨，体现了对生命本源的深刻理解。儒家思想对“仁”的阐述，展现了其对生命本质的独特认识。孔子认为，人生意义在于通过修身修德，实现自我价值，这是生命存在的最大价值。

儒家对人生与死的观点可概括为：以死为息，顺其自然；生有所立，死而不朽；生固可贵，义重于生。孔子强调一种积极的生活态度，要尊重生命、崇尚仁义，死亡是自然而然的现象。

儒家十分重视教育，提出“有教无类”思想。孔子认为，每个人都有不同的天赋和才能，应该充分发挥自己的优势；并且重视实践的作用，强调人在世要“立德、立功、立言”。因此我们可以看出，要想获得生命的自我实现不应该仅仅停留在认识层面，而应当是在深刻自我认识之后，将这种认识付诸实际行动之中，从生命活动中获得精神上的满足。

（2）道家的生命思想

在道家思想中，“道”被视为宇宙万物的起源与归宿。道家认为，生命源于“道”，即自然本身，人的生命本质与其自然本性息息相关。因此，理解生命需要从生命的起源出发，深入探究宇宙自然的奥秘。道家尊崇生命，认为它是最宝贵的存在，一切价值判断都应以人的生命为核心。

在生死观上，道家主张顺应自然，认为生与死不过是“气”的聚散，死亡并不代表生命的消失，而是肉体形式的终结，人的灵魂与精神则是不朽的。道家赋予生命以永恒的意义，通过精神留存实现人的不朽。

道家生命教育思想强调与自然和谐共生，追求“道”之境界。道家思想的另一重要核心是“柔中带刚，退中含进”。这告诫我们要懂得柔化刚、退中进。在道家看来，这是一种保全自我、避免冲突的有效策略，体现了道家独特的生命与处世智慧。

（3）佛家的生命思想

佛教源自西域，汉朝传入中国，隋唐盛极一时。它吸纳儒、道精髓，形成了独特的生命哲学，强调超越现实，追求心灵自由。与儒家进取、道家求真不同，佛教主张释放心灵，超脱生死。它认为生死乃自然，死亡非终点，追求精神的永恒。

佛教生命教育关注日常，倡导平常心，摆脱束缚，提升精神境界。佛教强调内在修行，这意味着我们可以通过正念和冥想来培养内心的平静和智慧。正念指专注于当下，以全神贯注的方式体验生活。通过正念，我们可以让自己不被外界环境所干扰，不受情绪支配，从而达到内心的平静和安宁。其背后蕴含的达观豁达，是对生命深刻的理解与追求。

在中国传统文化中，儒、道、佛虽然生命哲学观点各异，但对精神追求与永恒价值的强调一致，共同塑造了中华民族独特的精神品格。以古代生命哲学为基础，引导当代大学生探索生命意义，是传承优秀传统文化、塑造积极生命观的重要途径。

2. 西方心理学生命价值理论

（1）艾里克森人格发展八阶段理论

艾里克森认为，人必须在完成自我价值和自我认同感的任务之后，才能发展令人满意的生命意义感。

“未来的我在社会上处于什么位置?”“成为一个什么样的人?”这是很多同学经常

思考的一些问题。当我们对自己有足够多的了解时，也许我们心里就会出现一个比较稳定的答案。艾里克森提出的心理社会性发展理论将个体自我意识发展的生命周期分为八个阶段，每个阶段都有特定的危机解决任务，危机的积极解决能够增强自我力量、形成积极品质，有利于个体对环境的适应。

大学生处于青春期和成年早期的过渡阶段。青春期是自我探索、身份建构和情感波动的关键时期，一方面，大学生展现出了年轻人特有的活力、勇气和坚定，对未来抱有无限的憧憬和期待；另一方面，他们往往对现实中的诸多事物感到困惑不解，难以接受，又无力做出突破，内心充满了迷茫、压抑和孤独。而成年早期则意味着个体需要开始承担更多的社会责任。这一阶段的成功过渡将有助于个体形成牢固的自我同一性，形成稳定的自我认同和人生目标。

（2）马斯洛需要层次理论

“有时候，我真的不知道自己到底想成为什么样的人，感觉每天都像在随波逐流。”“每天忙忙碌碌的，上课、考试、实习，却总感觉缺少了点什么。我们这么努力，到底是为了什么?”“别人考研我不考是不是就被边缘化了?”这是许多大学生面临的挑战与困惑。根据马斯洛需求层次理论，追求生命意义正是成长性需求的一种体现。人们在获得安全感、归属感和尊重的基础上，更渴望在探索中找到属于自己的生命意义，实现个人价值。在当今社会中，大学生的基本生理需求和安全需求大多已得到充分满足，他们更加关注尊重需求与自我实现需求的满足。这种对内在价值的追求、自我潜能的挖掘以及理想目标的实现，离不开个体对生命意义的深入探寻与反思。但是，随着价值观的多元化，大学生对自己成功的定义也变得愈发模糊和迷茫，因此，寻找并坚守个人认同的理想信念变得尤为重要。

（3）自我实现理论

自我实现理论是由心理学家卡尔·罗杰斯提出的，他认为人类天生具有追求自我实现和成长的倾向。人们通过不断挑战自我、超越自我，实现自己的潜能和价值，从而获得生命的意义。当个体处于一个充满支持、理解和关爱的环境中时，他们更有可能实现自己的潜能和价值。自我实现一般会经历如下过程：

自我认知：个体首先需要清晰地认识自己，包括自己的优点、缺点、需求和价值观。这种自我认知是基于对自己的深入了解和反思的。

自我接纳：在认识自己的基础上，个体需要接纳自己的所有方面，包括自己的不完美和缺点。这种自我接纳有助于建立自尊和自信，为自我实现奠定基础。

自我挑战：个体需要不断挑战自己，超越自己的舒适区，以实现更高的目标和成就。这种挑战可以激发个人的潜能，增强自我价值感。

自我实现：通过不断努力和挑战，个体最终实现自己的潜能和价值，获得一种内心的满足感和成就感。这种满足感来自对自己所取得的成就的认可，也来自对自己生命意义的认同。

思考与问答：

1. 你是否形成了牢固的自我同一性？
2. 你认为自己生命的意义是什么？

（二）追寻生命意义的作用

1. 促进心理健康

当我们认为自己的生命充满意义时，我们更有动力去探索未知、挑战自我，从而不断提升自我价值和实现个人潜能。这种积极的心态有助于提升心理及社会适应能力。

对于社会来说，当每个人都认为自己的生命充满意义时，社会整体也会因此受益。这种积极的心态和价值观会相互传递，形成正向的社会氛围，促进社会的和谐与稳定。同时，有意义的生活也会激发人们的创造力和奉献精神，推动社会的进步和发展。

2. 增强心理弹性

心理弹性，又称复原力，是指个体在面对逆境、压力、挫折、创伤、威胁或其他重大压力时，能够保持乐观、自信、积极、适应性强的心理状态，并具备应对困难的能力。这一概念最早由美国心理学家安东尼于 20 世纪 70 年代提出，它借用物理学中的弹性概念，解释人们在受到外部压力后，有些人能够恢复到原先的状态，而有些人则无法在短期内恢复到正常状态的现象。

弗兰克尔在《活出生命的意义》中揭示，那些能在困境中坚守并追求有意义事物的人，更可能超越苦难存活下来。明确生命意义不仅能够缓冲压力对于健康和幸福感的消极影响，还能促进个体采取积极的应对方式，提升心理弹性。对于陷入痛苦和迷茫的大学生来说，明确生命的意义，有助于个体理解和应对生活中的未知和挑战，减少虚无与怀疑，增强对生活的掌控感，从而在挫折和创伤中坚守希望。

生命意义的追寻对于心理健康至关重要。个体若没有生活目标，便无法感知自身存在的价值和意义，这种生命意义的缺失往往成为心理障碍的根源，导致焦虑、抑郁甚至自杀等严重后果。

案例故事：

小 A，女，大一，从小就是家长眼中认真、懂事的孩子。在老师的评价中，小 A

总是被形容为“专心”且“听话”的学生。

进入大学后，小 A 的世界似乎变得丰富起来。同学们各有各的特长，有的学习好，有的活动能力强，而她似乎平平无奇，她开始怀疑自己的能力，不确定自己真正擅长什么，也不知道自己的生活目标应该是什么。

小 A 开始感到孤独，她试图融入各种圈子，但在集体中一对比，自己好像更加黯淡、透明。她开始变得沉默寡言，不愿意与人交流，甚至连上课都变得心不在焉。

随着时间的推移，小 A 的情绪逐渐低落。她开始失眠，食欲也大幅下降，心情变得越来越糟糕，甚至开始出现了抑郁的症状。

小 A 来到了心理咨询室，她想找回之前“优秀的”状态。咨询师耐心地询问了她的情况，并引导她逐步梳理自己的思绪。通过深入的交流，小 A 逐渐认识到自己的问题的根源——不了解自己，不清楚自己的生命意义是什么。她意识到，自己一直在追求他人的认可和赞誉，却没有真正找到让自己感到充实和满足的事情。

二、获得生命意义的途径

获得生命意义并非仅仅通过空想便能实现，而是需要付诸实际行动去探索和体验。仅仅依靠想象和思考，往往难以真正领悟人生的意义，反而可能陷入无尽的困惑和迷茫之中。这种无法找到答案的状态又会进一步加剧焦虑感和挫败感，形成一个恶性循环。因此，我们应该通过积极的行动去探寻生命的价值，去体验生活的美好，去实践自己的理念和追求，从而逐渐领悟人生的意义。在探寻生命意义的旅程中，我们可以从多个方面着手。生命的意义往往与我们所获得的经验、所从事的创造与工作，以及我们所经历的生活紧密相连。

（一）经验的磨砺

无论是从书本上汲取的知识还是通过亲身经历获得的经验，都是我们生命中的宝贵财富。每一次的尝试、失败和成功，都为我们积累了无比珍贵的经验。这些经验不仅深刻地塑造了我们的性格，还让我们对生活的多样性和复杂性有了更加透彻的理解。正是通过经验的磨砺，我们学会了如何与人和谐相处，如何巧妙处理各类问题，如何明智地做出决策。这些经验使我们的内心更加成熟、自信，也让我们更加清晰地认识到自己的价值和意义所在。

（二）创造与工作

习近平总书记强调：“劳动谱时代华章，奋斗创造美好未来。”创造和工作是我们实现自我价值的重要途径。通过创造，我们可以将自己的想法和理念转化为现实，为世界增添新的色彩和价值。工作不仅是我们实现社会价值和经济独立的重要手段，更是我们感受责任感和使命感的方式。在创造和工作的过程中，我们付出了努力和汗水，也因此感受到了成就感和满足感。当我们看到自己的成果被他人欣赏和认可时，那种喜悦和自豪是无法言喻的。

（三）体验式生活

生活本身就是一场奇妙的旅行，每一天、每一刻都是独一无二的。我们经历的欢笑、泪水、挫折和成功都是生活赋予我们的宝贵礼物。通过经历生活，我们学会了感恩和珍惜，懂得了生命的脆弱和宝贵。同时，生活也让我们更加明白自己的喜好和追求，使我们更加坚定地走向自己的人生目标。在这个过程中，我们不断地认识自己、理解世界，从而找到属于自己的生命意义。

三、正确人生价值观的确立

阿德勒认为，生命的意义并非局限于个人价值的获取，更在于追求社会价值，致力于创造更美好的社会生活。他强调，生命真谛的探寻应着眼于人类整体，而非仅限于个体。

幸运者童年温暖如阳，一生被其温暖；不幸者童年阴霾不散，终其一生寻求疗愈。个体心理学也指出，个体对生命和生活的理解往往源于其早年经历，这些经历塑造了他们的价值观和生活目标。我们可能经常听到一些来自父母的期待："考上一所名校，找到一个好工作，捧上一个'好饭碗'。"你们身边还有些"有经验"的学长学姐作为智囊团，向大家传授经验："这门课有利于学分，老师也不经常点名，可以修。"或者"这门课老师严，分数给得也不高，不建议你们选。"在社会生活中，高智商、世俗、老到，把个人利益当作人生唯一驱动力，原则、信念都可以为了利益让路的人生价值观，我们称为精致利己主义。事实上，不利他，无以利己。一个人真正的社会化，不是在社会中获得个人利益最大，社会关系是建立在交往协作的基础上的，这是社会能够维护所有个体的前提所在。因此，只有树立正确价值观才能够确保我们在纷繁复杂的世界中不迷失方向，为我们的人生明确方向，提供动力。

（一）人生应脚踏实地而不急于求成

心理学家卡尔·罗杰斯说："生命的过程就是做自己，成为自己的过程。"务实意味着大学生需要真实面对自己的能力和兴趣，努力提升自己的专业技能和实践经验，而不是盲目追求热门职业或高薪工作。只有真正了解自己，才能找到适合自己的职业方向，实现自我价值。急于追求高学历、高收入往往导致人们忽视长远的发展和内心的需要。

（二）个人价值与社会责任紧密相连

“世界因我而不同”，一个人生命的意义与价值，在于个人对他人、对社会做出的贡献。个人价值的实现并非孤立存在，而是与社会价值的创造紧密相连。这种价值的实现不仅仅是物质层面的，更重要的是精神层面的满足和成就感的获得。通过为社会创造价值，个体能够感受到自己的存在和贡献被社会所认可，从而实现个人价值的最大化。因此，个人价值的充分实现离不开为社会创造价值的过程，这是个体与社会相互作用、相互促进的重要体现。

阅读与思考：

在山东省临沂市莒南县大店镇，有一家坐落在大山中的孤儿院。这是一对夫妻、七八位义工和几十个重度残疾儿童生活的地方。天恩是这对夫妻收养的第一个孩子。天恩在甘肃一个小学校的门口被人捡到，那时他刚刚出生，在地上躺了三天四晚，居然还活着。天恩患有脊膜膨出症，先天脊柱断裂，神经外漏，腰以下完全没有知觉。当这对夫妻看到天恩时，就决定竭尽全力救助他。这个被父母遗弃、在世人看来几乎不可能存活的弃儿，在这个新家享受了丰厚的爱。

在这里，每个人都可以享受别人给的关爱，但同时也要尽自己所能去帮助别人，大的照顾小的，病情轻的照顾病情重的。问到对孩子们的期望，这对夫妻是这样描述的：首先要做诚实的人，真实地关爱他人。其次，要做负责任的人，有信仰，尽本分。他们希望这些本来可能活不下去的孩子能自食其力，甚至照顾其他有需要的人。而对于那些终生都不能自理的孩子，这里将一直照顾他们。

（三）自觉抵制拜金主义、个人主义和享乐主义

在大学校园里，大学生们时常会面临各种价值观的冲击和诱惑，其中拜金主义、个人主义和享乐主义等不良价值观较为常见。例如，有些学生过分追求物质享受，沉迷于“短视频”“小红书”，循环于各种“种草、拔草”难以自制，档次、格调越来越高，忽视了学业和人生规划的重要性；有些学生则过于自私自利，只考虑自己的利益和需求，缺乏团队合作和集体荣誉感；还有些学生过于追求眼前的快乐和享受，沉迷于各种娱乐活动，如打游戏、看电影等，认为人生就应该及时行乐，享受当下的快乐，忽视了长远的发展和人生的意义。

第三节　珍视生命，化解危机

一、心理危机概述

（一）心理危机的含义

美国心理学家卡普林在 1974 年提出心理危机是当个体面临突然或重大生活遭遇（如亲人死亡、婚姻破裂或天灾人祸等）时所出现的心理失衡状态。危机的深层含义在于它标志着某个阶段或情境的重大变化。这种变化往往带有不幸和痛苦，对个人的生理和心理健康造成损害，并且不是短期内可以轻易解决的。

心理危机具有多重特征，它不仅是外部事件的反映，更是个体内部的认知和体验。首先，它是一个转折点，可能意味着事情的突然恶化。其次，危机常常导致个体感到无法应对，超出其当前的资源和应对机制，若不及时处理，可能导致情感、行为和认知功能的严重障碍。

阅读与思考：

范进不看便罢，看了一遍，又念一遍，自己把两手拍了一下，笑了一声，道："噫！好了！我中了！"说着，往后一跤跌倒，牙关咬紧，不省人事。老太太慌了，慌将几口开水灌了过来。他爬将起来，又拍着手大笑道："噫！好！我中了！"笑着，不由分说，就往门外飞跑，把报录人和邻居都吓了一跳。走出大门不多路，一脚踹在塘里，挣起来，头发都跌散了，两手黄泥，淋淋漓漓一身的水。众人拉他不住，拍着笑着，一直走到集上去了。众人大眼望小眼，一齐道："原来新贵人欢喜疯了。"老太太哭道："怎生这样苦命的事！中了一个甚么举人，就得了这个拙病！这一疯了，几时才得好？"娘子胡氏道："早上好好出去，怎的就得了这样的病！却是如何是好？"众邻居劝道："老太太不要心慌。我们而今且派两个人跟定了范老爷。这里众人家里拿些鸡蛋酒米，且管待了报子上的老爹们，再为商酌。"

——吴敬梓《儒林外史》

（二）大学生心理危机的种类

心理学家布拉默认为心理危机主要包括以下三个方面。

1. 发展性危机

发展性危机指在正常成长和发展过程中，由于急剧的变化或转变所导致的异常反应。例如，孩子出生、大学毕业、中年生活改变或退休等都可能引发发展性危机。对于大学生来说，新生入学不适应、考试不及格、不能正常毕业、不喜欢所学专业等都可能导致发展性危机。这些危机通常被认为是正常的，因为它们是个人在不同阶段履行不同成长任务时可能遇到的困难和阻滞。

2. 境遇性危机

境遇性危机指当个体遇到罕见或超常事件，且这些事件是无法预测和控制的时候出现的危机。例如，交通意外、失业、突然的疾病和亲友去世等都可能导致境遇性危机。对于大学生来说，失恋、突然患重病或其他的天灾人祸也可能导致境遇性危机。这些危机通常是突发的、具有冲击性的，并可能带来灾难性的后果。

3. 存在性危机

存在性危机指伴随重要的人生目的、人生责任和未来发展等内部压力的冲突和焦虑的危机，如关系破裂、丧失所爱、家庭分崩离析、失去工作等。

案例故事：

小B，一个来自小县城的男孩，从小努力学习，希望能通过知识改变自己的命运。他凭借自己的努力，终于考上了大学。他不仅在学业上努力上进，还利用课余时间做兼职，只为能减轻家里的经济负担。

在图书馆里，小B遇到了一个女孩，名叫小C。小C活泼开朗，笑容灿烂，吸引了小B的目光。一开始，小B还有些紧张和害羞，但小C却非常友善，她主动与小B聊天，分享自己的生活和经历。渐渐地，小B放下了心中的顾虑，开始与小C建立起深厚的友谊。他们一起上课、一起吃饭，小B发现自己越来越喜欢小C，他开始尝试向小C表达自己的心意。令人惊喜的是，小C也对他有好感，两人迅速坠入爱河，开始了甜蜜的校园恋情。

然而，随着时间的推移，小B渐渐发现小C的生活习惯和消费观念与自己截然不同。小C热衷于追求时尚和潮流，经常购买各种化妆品和衣物，并开始尝试直播带货，希望通过这种方式赚取更多的钱。小B虽然理解每个人都有自己的生活方式，但他担心小C会因此陷入虚荣和物质的漩涡中。他试图劝说小C理智消费，但小C却不以为然，反而认为小B不懂生活，也很少送自己礼物，两人因此产生矛盾，感情也逐渐出现了裂痕。

最终，在一次激烈的争吵后，小C提出了分手。这对小B来说是一个巨大的打击，他认为是自己没有能力所以无法留住女友。失恋的痛苦和自尊心的受挫让他陷入了深深的绝望之中，甚至想到了轻生。

思考与问答：

1. 关于“小B失恋这件事”你怎么看？

2. 如果你身边出现类似同样经历的同学，你会怎么做？

（三）心理危机的发展阶段

心理危机大致会经历四个阶段。

1. 冲击期

这一阶段发生在危机事件发生后不久或当时。对于突如其来的困难或危机，当事人可能感到震惊、恐慌、不知所措，一时无法有效应对，只能尝试用以往的策略解决目前困境。

2. 防御期

想恢复心理上的平衡，控制焦虑和情绪紊乱，化解危机所带来的内心冲突。个体开始尝试新的解决办法，但不知该如何做，可能产生求助动机。

3. 解决期

积极采取各种方法接受现实，寻求各种新的资源努力设法解决问题，求助动机最强。例如寻求亲友的帮助、尝试参与社交活动等。

4. 成长期/绝望期

经历了危机变得更成熟，获得应对危机的技巧。但若问题长期得不到解决，个体可能产生习惯性无助感，对生活失去信心和希望，甚至产生自杀念头。

二、大学生常见心理危机

（一）心理危机的产生机制

心理危机的产生主要由个体因素和应激源强度两个方面共同作用。个体因素主要包括个性特征、自我认知、应对方式和社会支持系统，应激源可以是来自学习压力大、家庭变故、人际关系紧张等各个方面的压力和挑战。当这些压力和挑战超过了个体的应对能力时，他们就可能陷入心理危机状态。

1. 个性特征

个人的气质、性格等心理特质会影响其对压力和挑战的应对能力。有些人可能天生较为敏感、脆弱，更容易受到外界刺激的影响，从而增加心理危机的风险。

2. 自我认知

大学生如果对自己的能力、价值等认知存在偏差，可能会导致自我怀疑、自卑等负面情绪，进而引发心理危机。

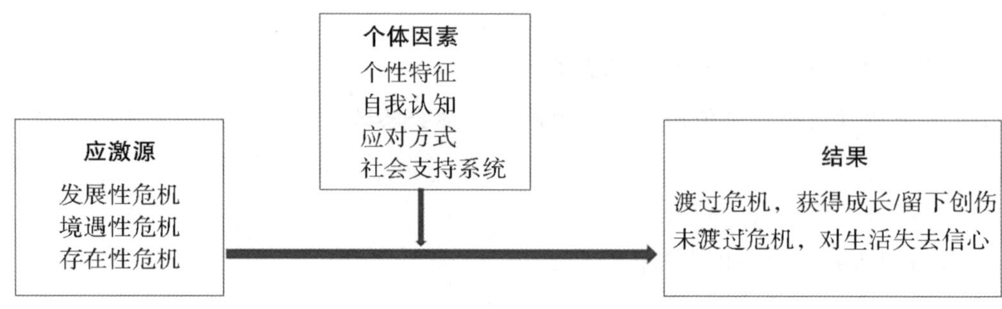

图 9-1 心理危机产生机制

3. 应对方式

个体在面对困难和挑战时的应对方式也会影响心理危机的发生。缺乏有效的应对策略或过度依赖消极的应对方式，都可能增加心理危机的风险。

4. 社会支持系统

社会支持系统主要指个体在面对困难或挑战时，能够从家庭、朋友、同学、老师和学校等获得各种形式的支持和帮助。对于大学生而言，一个健全的社会支持系统是他们应对心理危机的重要资源。

（二）大学生常见心理危机

1. 成长危机

青年大学生正处在人生观和世界观的形成时期，他们这种不稳定的心理状态，在受到外界的干扰和影响时，很容易产生心理危机。另外，性生理的成熟和性心理的不完善产生的危机尤为普遍。

2. 家庭危机

父母不和、离异以及存在肢体或精神暴力家庭，容易导致学生性格的畸形发展和心理创伤。

3. 情感危机

许多大学生对待恋爱的态度及观念存在极大的偏差，对于恋爱期间出现的矛盾不能正确对待，更不能承受失恋的打击，从而出现心理危机甚至自杀。

4. 学业、就业压力

主要表现为学习动机较弱，缺乏明确的学习目标。当代大学生的学业压力普遍比较大，他们既要学好专业知识，又要参加各种证书考试，还要做好工作或者继续深造的决策。各类任务使大学生处于身心疲惫的状态。

5. 人际关系危机

性格孤僻内向、不愿与他人交流的学生很容易产生孤独感，久而久之，可能偶因一点的不愉快，就会产生严重的心理危机。

三、面对危机的自助、他助与助他

（一）危机中的自助方式

人们处于心理危机状态时，身心面临巨大压力，会出现心跳加速、肌肉疲劳、血液成分改变、排毒能力下降等一系列身体变化，从而导致消化不良、睡眠不佳等问题。此时，处于心理危机状态的人们更需要关爱自己，而不是选择抽烟、喝酒、暴饮暴食等方式来应对。以下是几种应对危机的自助方式。

1. 合理饮食

健康的生活习惯不仅有助于维持我们的生理健康，还可以提升我们的心理状态。多数人陷入危机时，会茶饭不思或暴饮暴食。处于危机境遇时，我们应该努力做到：规律饮食，选择营养丰富的食物，多吃果蔬；在新鲜空气中规律锻炼；减少烟酒咖啡的摄入；增加白开水饮用量。通过这些简单的调整，我们可以拥有更好的身体，以应对生活中的紧张与压力。

2. 应对失眠

当我们正处于心理危机状态时，出现失眠症状是正常的。此时，身心系统处于高度警醒状态，神经能量活跃，导致睡眠减少或质量下降。面对这种情况，我们可尝试以下方式进行调整：

增加有效睡眠。不要强迫自己入睡，睡眠的时长满足次日生活学习的需求即可。通过限制在床上的时间，我们可以更有效地整合并加深睡眠。在床上过度消磨时光，会导致片段睡眠和浅睡眠，降低睡眠质量。

规律进餐。避免暴饮暴食，同时也不要空腹上床。饥饿可能会影响睡眠，睡前摄取少量零食（尤其是碳水化合物类）能帮助入睡，但避免摄入过于油腻或难消化的食物。

夜间避免过度饮水或饮料。为了避免频繁起夜，就寝前不要喝太多水或饮料，起夜后不要看手机。

减少所有咖啡类产品的摄入。咖啡因类饮料和食物（咖啡、茶、可乐、巧克力）会导致入睡困难、夜间觉醒及浅睡眠。

在不得已情况下，短期内可遵医嘱使用安眠药防止精力过度消耗，打破恶性循环。总之，我们要保持冷静，采取适当的方法进行调整和改善，逐渐恢复正常的睡眠模式，缓解身心压力。

3. 自我对话

自我对话法是一种有效的心理应对策略，特别是在面对强烈的情感困扰时，通过与自己内心对话，个体能够调节情绪、缓解压力，并找到解决问题的途径。

处于危机中的人会无意识地与自己进行对话，这些对话可能是消极的、负面的，也可能是积极的、建设性的。通过关注并调整这些对话的内容，个体可以逐渐改变自己对问题的看法，从而缓解负面情绪。当感到焦虑时，可以通过对自己说一些安慰或平静心态的话来调节情绪；当感到沮丧时，可以提醒自己注意事物的积极面。这种自我对话就像是一个关切而又理智的成人在劝慰一个“悲戚的小孩”，它给予人内心的支持和力量。

参与式活动：

除了良性的自我对话外，个体还可以采用一些具体的策略来增强自我调控能力。例如，想象一个令自己钦佩和尊敬的人面临同样的危机，思考他可能会有的感受和应对方式。这种策略可以为解决问题提供新的思路和途径。别人能达成的目标，自己同样有潜力去实现，减少非必要的自责和内耗。在面对心理危机时，不妨尝试运用这种方法来帮助自己找到办法，走出困境。

4. 善于倾诉

倾诉是指把内心的秘密告诉别人以取得帮助和维持心理平衡的行为。我们每个人的内心都有自己的一块心田，当这块心田被烦心事填满时，就很难再容纳下其他美好的事物。人们常说“把烦心事丢掉，为心灵腾出地方装鲜花”就是这个道理。当我们与他人分享自己的烦心事时，不仅可以从倾诉的过程中得到情感上的支持和安慰，还可以借助他人的视角和建议，重新审视和处理这些问题。这样，原本困扰我们的烦心事，就可能变得不再那么沉重和难以承受。

心理学家普遍认为，持续的自我封闭对心理健康是有害的，倾诉是心理咨询与治疗的基石。对于大学生群体而言，长时间将秘密压抑在心底，不愿与人分享，往往会对身心健康造成严重的伤害。

5. 放松练习

当个体正处于心理危机状态时，往往会引起身体肌肉的紧张，如果不及时释放这种紧张，就可能因为过于紧张而引起许多问题，如失眠、疲劳、头疼、腰疼、协调性差等。因此，放松肌肉有助于缓解紧张情绪，恢复内心平静。我们可以通过跑步、游泳等运动方式缓解紧张的肌肉，也可以通过热水浴、按摩的方式使全身松弛下来。此外，还可以学习一些放松技能。放松练习的前提是必须学会区分肌肉的紧张状态与放松状态。首先让自己的特定肌肉群紧张，消除紧张时你可以体会到放松的感觉。深度放松就是持续这一过程。由于肌肉紧张是无意的、习惯性的，我们要有意识地对自己的身体状态进行干预。在练习放松技巧时，我们可以让他人用镇静、平和的声音朗读放松指令，也可以根据自己的节奏录音然后播放。

参与式活动：

1. 以舒服的姿势坐下来。闭上眼睛，让自己尽量放松。仔细听你所能听到的所有声音，在心里把这些声音列出一个单子。你会感到惊讶，原来，你周围有这么多种不同的声音。（停顿）确保所有的声音都列入了你的清单。现在，握紧右手，其他部位仍旧放松。把右手握得越来越紧，注意体会右手的紧张。握紧右手，体验右手和前臂的紧张……现在放松，把右手手指松开，注意体验放松的感觉。全身放松。深深地吸气，深深地呼气。

2. 左拳重复上述过程。左拳握紧，身体其他部位放松。把左拳握得越来越紧，体验左拳的紧张和不适……放松。体会手和臂放松时紧张逐渐消失的感觉。随着紧张的消除，你会觉得手臂变得越来越沉重、越来越舒服。放松全身。深深地吸气，深深地呼气。

3. 现在，握紧双拳，曲肘，绷紧二头肌……继续，让你的双臂绷紧，越来越紧张……双拳紧张，前臂也紧张，体会这种感觉……现在，放松。你的手变得松弛和沉重，你的胳膊沉重、放松。体会紧张的消失，注意体会。现在让这种放松、沉重的感觉弥漫全身，你越来越放松。深深地吸气，深深地呼气。

4. 现在，皱紧前额，皱紧……现在放松。别再皱额头，让它放松。放松前额，头皮越来越平和。接下来，紧紧地皱眉，让额头也皱起来，体会紧张的感觉……放松。消除紧张，让前额更加松弛。随着紧张的消逝，前额越来越放松，越来越平和。现在收紧下颌，咬紧牙关，让下颌和喉部紧张……现在放松，让下颌松弛、放松，体会紧张从面部消逝；你的前额很松弛，头皮很放松，你的下颌和喉部也放松。让放松的感觉扩展开来。

5. 现在拉紧腹肌，使腹肌紧张。保持紧张，注意体会……现在放松。让你的腹部完全松弛，紧张逐渐离开你的躯体，松弛的感觉扩展到胸部……肩部……前臂。现在，你的全身非常放松，紧张逐渐消失，继续放松，体会更深的放松。现在绷紧臀部和大腿。用力压紧你的脚跟，绷紧大腿。注意体会大腿和臀部的紧张和不适。现在放松，继续放松，温暖、沉重、舒适的感觉进入你的身体，这种放松的状态逐渐扩散，逐渐加重。注意体会放松的感觉，体验紧张和放松之间的区别。

6. 自然、平静地呼吸，继续放松身体的各部分，手臂……肩部……胸部……腹部……大腿……小腿。让全身的肌肉都放松。继续放松，放松，越来越放松。深深地吸气……慢慢地把气呼出来……放松。眼睛仍然闭着，身体的所有肌肉变得放松和沉重。在这种深度放松的状态中，你觉得一点儿都不想动，不想移动你身体的任何一块肌肉。现在，设想自己要举起右臂，当你这么想的时候，看你是否感觉到肩部和手臂隐隐地有些紧张。现在，你决定不抬手臂了，你要继续放松，体验全身松弛的感觉……肩臂的紧张逐渐消失……很好……你可以让自己完全放松，这是很容易的，你觉得很舒服，浑身越来越沉重……越来越放松。安静地躺在那儿，自然地呼吸，惬意、温暖、舒适的感觉从你全身散发出来，你觉得很快乐。保持这种状态，继续放松……(停顿)

你想起来的时候，你可以起来。从4倒数到1，你会感到清醒、镇静、松弛。

（二）危机中的他助方式

1. 社会支持系统

心理学中的社会支持系统，也称为“社会关系网”，指个体在社会关系网络中所能获得的来自他人的物质和精神上的帮助和支援。通过这种网络，个体能够获取情绪情感上的支持，缓解心理压力，提高自身对环境的适应能力和对变化的应对能力。当一个人的社交圈中存在不同种类、不同类型的伙伴时，便有可能从中获得多样化的支持与援助。

一个完备的社会支持系统通常包括亲人、朋友、同学、同事、邻里、老师、合作伙伴等。除此之外，还包括由陌生人组成的各种社会服务机构，如互助团体、专业的心理咨询机构等。这些关系网为个体提供了多方面的支持。如果缺乏良好的社会支持系统，处于心理危机中的个体可能会被孤独、焦虑、抑郁等情绪裹挟，心理健康受到威胁。

在社会支持系统范围一定的前提下，系统内部成员间的互动强度也同样影响着社会支持系统作用的发挥。成员间互动的紧密程度，直接关系到求助时获得帮助和支持的速度和效率。当支持系统内部成员间关系紧密时，即便只有一个成员得知情况，也能迅速与其他成员取得联系，商讨对策，分工协作。而在成员之间关系相对松散的系统中，由于彼此缺乏深入了解，因此当危机发生时，受害者往往需要花费更多精力去解释当下状况，这无疑限制了社会支持系统发挥作用的效率。

然而，系统过于紧密也会存在一些问题。当个体所处的环境过于狭小，且成员间彼此了解过于深入时，可能难以顺利塑造新的角色或身份。在狭小且紧密的系统中，个体往往容易被既定的身份所束缚，即便有改变自我的愿望，也难以在短时间内摆脱过去的标签。相比之下，在较为松散的社会支持系统中，个体则拥有更多自由和空间去探索新的身份，可以更加自如地展现自我，不受既定角色的束缚。

理想的支持系统是一个兼具广泛资源和紧密联系的群体。在这样的系统中，个体既能从整个系统中获取丰富的资源，又能与部分成员保持紧密的互动关系。你究竟身处于何种类型的支持系统中？在面临困境时，你的支持又来自何方？若想探寻这些问题的答案，不妨尝试了解自己的社会支持系统。

参与式活动：

了解自己的社会支持系统

1. 在所有教过你的老师里，你最喜欢哪位？
2. 假如有个特别重要的任务，你会找谁来帮你完成？
3. 当你有个全新的想法，想要与人分享和讨论，你会找谁呢？
4. 周末想出去放松一下，你会叫上谁一起去？
5. 遇到大麻烦的时候，你会向谁求助？
6. 钱包告急的时候，你会向谁借钱？
7. 想象一下，如果你被困在一个孤岛上，你希望谁陪在你身边？
8. 假如你要出国一段时间，你会请谁来帮你照顾家里的事情？
9. 生病躺在床上的时候，你希望谁来照顾你？
10. 和另一半分手或者感情出现问题，你会找谁来倾诉？
11. 如果和家人吵架了，你会向谁诉说？
12. 当你得到别人的夸奖或者表扬时，你会和谁分享这份喜悦？
13. 考试没考好，你会向谁说？
14. 学习上遇到问题，你会向谁请教？
15. 当你在未来的职业规划上犹豫不决时，你会向谁征求意见？

上面这 15 个问题中，你提到了多少个人？除了家人和恋人之外，还有多少人？这些人就是你的支持系统，他们在你的生活中扮演着重要的角色。他们可能是你的好朋友、同学、学长学姐或者其他亲近的人。在你需要帮助、支持或者倾诉时，都能给你提供力量和勇气。记得珍惜他们，与他们保持良好的关系，因为他们是你人生旅程中宝贵的财富。

少于 3 人，你的支持系统很不完善。

3—5 人，你的支持系统不太完善。

5—8 人，你的支持系统比较完善。

8 人以上，你的支持系统非常完善。

在数字时代，互联网与新兴社交平台的迅速崛起，不仅吸引了无数年轻用户，更塑造了一种全新的信息传播和文化交流模式。这些平台不仅丰富了人们的生活，也为社会和文化发展带来了新的契机。然而，不可忽视的是，当前一种被称为“摆烂”的现象逐渐显现，并趋于庸俗化。一些“不求上进”的电视节目、歌曲和视频内容，以及一些虚拟的互动真人影像游戏，正对年轻人的价值观产生不容忽视的负面影响；还有部分平台公然漠视生命的尊严与价值，毫无顾忌地传播消极甚至具有破坏性的思想观念，无疑对公众，特别是年轻群体的心理健康构成了严重威胁。

当我们在虚拟世界中寻求友情、建立社会支持网络时，必须保持高度的警觉，审慎地筛选，选择那些真正有价值、有正能量的平台和人际关系，以确保自己的心理健康和价值观免受不良信息的侵蚀。

2. 寻求专业心理咨询援助

当面临困难情境或重大压力时，一些同学的心理状态可能严重失衡，出现焦虑、抑郁、恐慌、绝望等负面情绪。在这种情况下，我们往往难以通过自我调节来恢复心理健康，专业心理咨询师的帮助十分必要。

首先，当一个人面对重大生活事件或创伤经历时，如亲人离世、自然灾害、学业受挫等，个体可能产生强烈的应激反应，导致心理失衡。此时，专业心理咨询师的介入能够帮助个体有效应对这些压力，避免心理危机的发生或减轻其影响。

其次，当情绪持续低落，且影响到日常生活和学习时，比如长期感到沮丧、无助，对任何事物都失去兴趣，甚至出现睡眠障碍和食欲改变等生理反应，一定要寻求专业心理咨询师的帮助。

抑郁和焦虑是大学生面对心理危机时两种常见的心理状态，常见表现：

（1）情绪低落。大学生可能长时间感到沮丧、无助和绝望，对平时感兴趣的事物失去兴趣。

（2）睡眠问题。可能表现为失眠或嗜睡，睡眠质量差，或者频繁做噩梦，难以入睡或早醒。

（3）食欲改变。有的大学生可能食欲减退，体重下降；有的则可能食欲增加，体重上升。

（4）疲劳感。即使没有进行大量体力活动，也会感到持续的疲劳和无力。

（5）自我评价下降。大学生可能对自己持有消极的看法，认为自己无能、无价值或有负罪感。

（6）注意力难以集中。在学习或进行其他活动时，注意力难以集中，记忆力减退。

（7）自我隔离。避免与他人交往，喜欢独处，甚至可能产生自杀意念。

（8）紧张不安。常常感到紧张、烦躁和不安，对未来或某些事情持有过度担忧的态度。

（9）身体症状。出现如头痛、胃痛、胸闷、心悸等身体不适症状，但并未发现明显的器质性病变。

（10）易激惹。容易被小事激怒，情绪不稳定，容易发脾气。

（11）回避行为。回避可能引起焦虑的情境或活动，如不想参加考试或进行社交。

（12）强迫性行为。为了缓解焦虑，可能反复进行某些行为，如反复洗手、反复检查是否已锁门等。

每个人的感受可能有所不同，如果出现上述症状中的几条，并且持续存在或影响日常生活，建议及时寻求专业人士的帮助，进行更全面的评估。

最后，当个体出现自我伤害的行为或意念时，如自杀意念、自残行为等，应立即寻求专业心理咨询师的帮助。这种情况下的心理危机往往更为严重，需要专业的干预和治疗。

3. 参与团体辅导或咨询

心理危机出现时，个体需要充分的被支持、被理解，心理咨询师、家人和朋友或许不能及时充分倾听并理解其需求，因此，参与主题团体辅导或咨询，与面对同样困境的成员在一起，构建彼此互助新的社会支持系统，可以帮助个体相互学习，应对和解决问题。例如，个体可以参与多种心理咨询团体，包括校园霸凌受害者、失恋者、人际关系困扰等群体。团体成员间不仅能够相互提供多样化的帮助，还能激励彼此采取更积极的生活态度。

阅读推荐：

1. 史铁生：《病隙碎笔》，湖南文艺出版社 2020 年版。

2. ［奥］斯蒂芬·茨威格：《人类群星闪耀时》，邵灵侠译，北京燕山出版社 2021 年版。

3. ［美］欧文·D. 亚隆、［美］玛丽莲·亚隆：《生命的礼物》，童慧琦、丁安睿、秦华译，机械工业出版社 2023 年版。

4. ［美］欧文·亚隆：《妈妈及生命的意义》，庄安祺译，机械工业出版社 2022 年版。

电影推荐：

1.《死期将至》(2023)，导演：河炳勋。

2.《海蒂和爷爷》(2015)，导演：阿兰·葛斯彭纳。

3.《寻梦环游记》(2017)，导演：李·昂克里奇/阿德里安·莫利纳。

第十章 路漫漫其修远兮，吾将上下而求索
——大学生职业生涯规划

凡事豫则立，不豫则废。

——《礼记·中庸》

知之愈明，则行之愈笃；行之愈笃，则知之益明。

——［宋］朱熹

学习目标：

1. 了解职业生涯的现状和意义。
2. 明确自己的职业兴趣和职业偏好。
3. 掌握求职面试的基本技巧。

第一节 职业生涯规划概述

职业的选择和发展既是个人实现经济独立、生活保障的基础，又是展现个人能力和实现自身价值的重要途径，人们可以在工作中不断学习新知识、新技能，提升专业素养和综合能力，挑战自我，实现个人潜能的发挥。此外，职业也是构建人际关系和社交网络的重要渠道。在工作中，人们会结识来自不同领域和背景的人，建立广泛的人脉资源，为个人的职业发展和生活提供有力支持。更重要的是，职业的发展与社会进步密切相关，各行各业的从业者通过不断努力和创新，推动着社会科技、经济、文化等方面的进步，为社会的发展贡献着自己的力量。因此，职业对于个人和社会都具有重要意义。

一、什么是职业生涯规划

（一）职业生涯规划的含义

职业生涯规划是指个人根据自身兴趣、能力、价值观及市场需求，制订并实施的长远职业发展计划，它涉及选择职业方向、设定职业目标、规划发展路径、提升职业技能和应对职业挑战等方面。它不仅仅是对未来职业的简单设想和规划，更是对个人能力、兴趣、价值观以及市场需求进行深度分析和匹配的过程。有效的职业生涯规划有助于个人明确职业定位，充分发挥个人潜力，实现事业成功和人生价值的最大化。通过不断评估和调整职业生涯规划，个人可以更好地应对职业生涯中的变化和挑战，实现持续的职业成长和发展。

（二）职业生涯规划的流程

职业生涯规划的流程包括：

1. 自我评估

对自己的兴趣、能力、价值观等进行全面评估，了解自己的优势和劣势。

2. 职业市场分析

研究目标职业的市场需求、发展趋势和竞争格局，了解行业内的机会和挑战。

3. 目标设定

根据自我评估和市场分析的结果，设定明确、可衡量的职业目标。

4. 路径规划

制订实现目标的具体计划，包括学习计划、培训计划、实践计划等。

5. 实施与调整

将规划付诸实践，并根据实际情况进行适时的调整和优化。

（三）影响职业生涯规划的因素

1. 个人特质

包括个人的兴趣、性格、能力、价值观等，这些特质直接影响个人的职业选择和职业发展。

2. 教育背景

教育背景是个人职业发展的重要基础，包括学历、专业、技能等。

3. 工作经验

工作经验是个人职业发展的重要资本，能够提升个人的职业竞争力。

4. 人际关系

良好的人际关系能够为个人提供更多的职业机会和资源支持。

5. 社会环境

社会环境和经济形势的变化也会对个人的职业生涯规划产生影响。

二、职业生涯规划的意义

职业生涯规划对于个人来说具有深远的意义，它不仅仅是对未来职业的简单设想和规划，更是对整个人生道路的明确指引。

（一）增进自我了解

职业生涯规划的首要意义在于帮助个人进行深入的自我认知。通过评估自己的兴趣、能力、价值观等，个人能够更清晰地认识自己的优势和劣势，从而找到适合自己的职业方向。自我了解的过程，实际上是一个自我探索和自我成长的旅程，在这个过程中，个体需要反思自己的过往经历，包括学习、工作、社交等各个方面，这种反思不仅能够让个体更加清晰地认识自己，还能够激发其内在的成长动力，促使个体能够更准确地定位自己在职业中的位置，从而做出更为明智和符合自身特点的职业选择。

同时，通过深入的自我剖析，个体能够更深入地了解自己的职业兴趣和价值观，从而有针对性地选择适合自己的职业方向，避免在职业生涯中迷失方向。职业兴趣是个体在工作中感到满足和快乐的源泉，而价值观则是个体在工作中所追求的核心意义。

（二）促进潜能开发

潜能，作为个体内在未被充分发掘和利用的能力与资源，只有在明确的职业规划和目标的引导下，才能得到最有效的发挥和提升。每个人都有自己独特的天赋和潜力，而职业生涯规划正是一个发掘这些潜力和能力的过程。通过深入了解自己的优势和不足，个体能够更有针对性地制定职业发展规划，不断提升自己的职业技能和竞争力，实现自我价值的最大化。在职业规划的过程中，个体需要不断地反思自己的经历和能力，从而更加清晰地认识自己。在这个过程中，他们可能会发现自己的某些潜在能力，这些能力可能在之前的生活和工作中并没有得到充分的发挥和利用。通过职业生涯规划，个体可以有针对性地进行训练和开发，让这些潜在能力得到更好的发挥。

（三）适应社会需要

随着社会的快速发展和变革，职业市场和行业趋势也在不断变化，职业生涯规划帮助个人及时了解这些变化，从而调整自己的职业方向和发展路径，以适应社会的需求。

首先，职业生涯规划使个人能够敏锐地捕捉职业市场的动态。通过关注行业趋势、市场需求以及未来发展方向，个体可以更加清晰地了解自己所处领域的发展前景和就业机会。这样，他们就能够根据市场需求及时调整自己的职业规划，避免盲目跟风和职业迷失。

其次，职业生涯规划有助于个体提升自身竞争力。在竞争激烈的职业市场中，拥有明确的职业规划和目标能够使个体更加有针对性地提升自己的职业技能和素养。这样，他们就能够更好地满足社会的需求，提高自己在职业市场中的竞争力。

再次，职业生涯规划还有助于个体建立广泛的社交网络。在职业规划的过程中，个体需要不断与同行、前辈以及业内人士进行交流和合作。这样，他们就能够建立起广泛的社交网络，从而获取更多的职业机会和信息。这些社交网络不仅能够帮助个体更好地适应社会需求，还能够为他们的职业发展提供有力的支持。

最后，职业生涯规划使个体能够灵活应对职业市场的变化。在快速变化的社会环境中，职业市场可能会出现新的需求和机遇，通过职业生涯规划，个体可以更加灵活地调整自己的职业方向和发展路径，从而及时抓住这些机遇。这样，他们就能够在职业生涯中不断发展和成长，实现自己的职业理想。

（四）实现个体价值

职业生涯规划对于实现个体价值具有深远的意义。每个人都渴望在生活和工作中找到属于自己的价值，而职业生涯规划正是帮助个体实现这一目标的桥梁。职业生涯规划能够激发个体的积极性和创造力。当个体有了明确的职业目标后，他们会更加有动力投入工作和学习，努力实现自己的职业理想。同时，为了实现职业目标，个体还需要不断学习和提升自己的能力，从而激发他们的创造力和创新精神。此外，职业生涯规划不仅关注个人的职业发展，还涉及个人的整体人生规划。通过合理规划自己的职业道路和生活方式，个人能够更好地平衡工作与生活的关系，实现事业与家庭的和谐发展。这种全面的人生规划有助于提升个人的幸福感和满足感，使个人在职业生涯中获得更多的成就和快乐。

三、职业生涯规划的心理理论

（一）舒伯的生涯发展理论

舒伯的生涯发展理论是一个全面而深入的职业发展理论体系，对于个人职业生涯规划具有重要的指导意义。该理论的核心观点包括自我概念和生涯发展阶段的认知。

舒伯强调自我概念，即个人对自己的兴趣、能力、价值观及人格特征等方面的认识，是职业生涯规划的基础。他认为，一个人的自我概念在青春期以前就已经形成，并在成人期转化为职业生涯概念。

舒伯将人的职业生涯分为五个阶段：探索阶段、建立阶段、稳定阶段、下降阶段和退休阶段。这些阶段并不是线性的，个体可以在不同阶段之间反复变换。在探索阶段，个体开始对自己的兴趣、才能和价值观进行探索；建立阶段是将探索结果转化为实际的职业目标和计划；稳定阶段是实现职业目标并寻求更高的发展；下降阶段和退休阶段则是个体逐渐退出职业生涯，制订退休计划，并利用自己的经验和知识为社会做出贡献。

这一理论对于个人而言具有重要意义，它鼓励个体在职业生涯中不断探索和发展自己的潜力和能力，并根据自己的兴趣、才能和价值观来选择职业，以实现自我价值的最大化。同时，它也提醒个体要适应职业环境的变化，不断调整自己的职业计划，保持职业生涯的灵活性和适应性。

（二）霍兰德职业兴趣类型

霍兰德职业兴趣类型理论是由美国心理学家约翰·霍兰德提出的，旨在帮助个体了解和选择合适的职业。他认为人的职业兴趣可以归纳为六大类型，每种类型的人对不同的工作环境和任务有着不同的偏好和适应性。

1. 实际型（Realistic）

喜欢动手操作、具体实践，对机械、工具、动植物等实际物体感兴趣，适合从事技工、机械师、农民等职业。

2. 研究型（Investigative）

喜欢观察、分析和解决抽象问题，对科学研究和理论探讨有浓厚的兴趣，适合从事科研、教师、工程师等职业。

3. 艺术型（Artistic）

喜欢创新和表达，对色彩、形状、设计等艺术元素敏感，适合从事设计师、画家、音乐家等职业。

4. 社会型（Social）

喜欢与人交往、沟通，乐于助人，善于处理人际关系，适合从事医生、护士、教师等职业。

5. 企业型（Enterprising）

喜欢领导、决策，善于说服和组织他人，对权力和地位有较高追求，适合从事企业家、销售经理、政治家等职业。

6. 常规型（Conventional）

喜欢按照规则和流程办事，注重细节和准确性，喜欢稳定和传统的工作环境，适合从事会计、秘书、图书管理员等职业。

了解霍兰德职业兴趣类型可以帮助个人更好地认识自己的职业倾向，从而选择适合自己的职业方向。同时，企业也可以根据这一理论来合理配置员工，提高工作效率和员工的职业满意度。

（三）帕森斯特质因素论

帕森斯的特质因素论，也被称为人职匹配理论，是最早的职业辅导理论之一。该理论由美国波士顿大学教授弗兰克·帕森斯在1909年提出，强调个人特质与职业所需因素之间的匹配关系。

帕森斯认为，每个人都有独特的人格模式，而每种人格模式的个人都有其相适应的职业类型。特质指的是个体的人格特征，包括能力倾向、兴趣、价值观和人格等，这些因素可以通过心理测量工具来评估。同时，因素则是指在工作上要取得成功必须具备的条件或资格，这些因素可以通过对工作的分析而了解。

在帕森斯的理论中，人职匹配可分为两种类型：因素匹配和特性匹配。因素匹配，可以理解为工作找人，即某些需要特定技能和知识的岗位寻找与之符合的求职者；而特性匹配，则可以理解为人找工作，即具有某种人格特性的求职者适合从事某种类型的职业。

该理论的意义在于强调个人的特性与职业所需的素质与技能之间的协调和匹配。通过心理测量工具的使用和解释，可以推动人才测评在职业选拔与指导中的运用和发展。然而，人的特征和外在因素是不断发展变化的，单独使用特质因素理论可能造成人职匹配的科学性、合理性不足。

（四）施恩的职业锚理论

职业锚理论是由美国职业指导专家埃德加·H. 施恩教授提出的，是一种关于个人职业选择的重要理论。职业锚，是指当一个人不得不做出选择的时候，他无论如何都不会放弃的职业中至关重要的东西或价值观。这种东西实际上是人们选择和发展自己的职业时所围绕的中心，也是自我意向的一个习得部分。

施恩将职业锚划分为八种类型：自主型职业锚、创业型职业锚、管理能力型职业锚、技术职能型职业锚、安全型职业锚、安全稳定型职业锚、生活型职业锚和服务型职业锚。这八种职业锚类型反映了人们在职业选择和发展中的不同追求和价值观。

职业锚以员工习得的工作经验为基础，强调个人能力、动机和价值观三方面的相互作用与整合，它产生于早期职业生涯，是个人与工作环境互动的产物。随着工作经验的丰富和发展，职业锚也会得到进一步的深化和调整。职业锚理论对于个人职业规划和企业人力资源管理都具有重要意义。它帮助个人更深入地了解自己的职业价值观和发展方向，从而做出更明智的职业选择。同时，企业也可以通过了解员工的职业锚类型，更好地进行人才管理和职业规划，提高员工的工作满意度和忠诚度。

（五）MBTI 职业人格类型

MBTI（Myers-Briggs Type Indicator）是指迈尔斯-布里格斯类型指标，是一种基于人格特质的职业分类理论，它根据人们在思考、决策、交往等方面的偏好，进行基于四个二分指标的分类，即外向和内向（E-I）、感觉和直觉（S-N）、思考和情感（T-F）以及判断和知觉（J-P）。这四个维度组合成了 16 种不同的人格类型，每种 MBTI 职业人格类型在职业选择和发展中都有其独特的优势和适应性。

心理测验：

以下是一些 MBTI 测试题目的示例，以及可能的答案选项：

1. 你更喜欢：

A. 独自阅读

B. 与朋友讨论书籍内容

答案：A 为内向（I）倾向，B 为外向（E）倾向。

2. 你通常如何获取新信息：

A. 通过观察和感知

B. 通过抽象思考和逻辑推理

答案：A 为感觉（S）倾向，B 为直觉（N）倾向。

3. 当你需要做出决策时，你通常会：

A. 逻辑分析并权衡利弊

B. 考虑情感和人际影响

答案：A 为思考（T）倾向，B 为情感（F）倾向。

4. 你更倾向于：

A. 制订并坚持计划

B. 适应变化，灵活处理

答案：A 为判断（J）倾向，B 为知觉（P）倾向。

以上答案的组合即为你的 MBTI 类型。请注意，这只是 MBTI 测试题目的一个简化版本，真实的 MBTI 测试包含更多的题目和更复杂的维度。而且，这些题目通常不是简单的黑白问题，而是要求测试者根据自己的实际情况和偏好进行选择。

首先，从能量获取方式维度来看，外向型（E）的人倾向于从外部世界获取能量，他们善于社交、表达自我，通常喜欢热闹、活跃的环境；而内向型（I）的人则更倾向于从内部世界获取能量，他们善于思考、独处，通常喜欢安静、内敛的环境。这种差异使得外向型的人更适合从事需要频繁与人交往的职业，如销售、公关等；而内向型的人则更适合从事需要深入思考和研究的工作，如科研、写作等。

其次，从信息收集方式维度来看，感觉型（S）的人注重事实和细节，善于观察和描述具体的事物；而直觉型（N）的人则更关注抽象概念和未来趋势，善于把握整体和预测变化。这种差异使得感觉型的人更适合从事需要精确、细致的工作，如会计、编程等；而直觉型的人则更适合从事需要创新和洞察力的工作，如设计、策划等。

再次，从决策方式维度来看，思考型（T）的人注重逻辑和客观分析，善于权衡利弊、做出理性决策；而情感型（F）的人则更注重情感和主观体验，善于理解他人、表达情感。这种差异使得思考型的人更适合从事需要冷静、客观分析的工作，如法律、金融等；而情感型的人则更适合从事需要关心、照顾他人的工作，如教育、咨询等。

最后，从应对外部世界的方式维度来看，判断型（J）的人喜欢有计划、有条理地生活和工作，他们善于制定目标、安排时间；而知觉型（P）的人则更喜欢灵活、自由的生活方式，他们善于适应变化、探索新事物。这种差异使得判断型的人更适合从事需要稳定、有序的工作，如管理、行政等；而知觉型的人则更适合从事需要创新、探索的工作，如艺术、创业等。

综合以上四个维度的分析，MBTI 职业人格类型提供了对个体性格的全面描述和分类。了解自己的 MBTI 职业人格类型可以帮助个人更好地认识自己的优势和弱点，从而选择适合自己的职业方向和发展路径。同时，企业也可以根据员工的 MBTI 类型来合理配置团队，提高团队的合作效率和绩效。

需要强调的是，MBTI 类型并不是绝对的标签或束缚，它只是一种描述和参考工具，每种类型都有其独特的优势和适应性，但同时也存在一些潜在的限制和挑战，它并不能完全决定一个人的职业发展方向。而且，个体的性格和行为可能会随着时间和经历的变化而发生变化，因此在使用 MBTI 进行职业规划和发展时，需要保持开放和灵活的态度。同时，也要认识到每种类型都有其独特的价值和贡献，没有哪种类型是绝对优于其他类型的，重要的是找到适合自己的职业道路，发挥自己的长处，实现自我价值。

（六）丁克里奇生涯决策风格

丁克里奇的生涯决策风格理论是一种关于个人在职业决策过程中表现出的不同倾向和特点的理论。该理论将生涯决策风格划分为八种类型，每种类型都反映了个人在决策过程中的不同偏好和行为方式。

这八种决策风格包括：冲动型、直觉型、计划型、顺从型、宿命型、痛苦型、拖延型和瘫痪型。

1. 冲动型

倾向于快速做出决策，但可能缺乏深思熟虑，导致决策风险较大。

2. 直觉型

更依赖于自己的感觉而非逻辑思考，这可能导致决策受到先入为主的偏见影响。

3. 计划型

会综合考虑内心感受和外界因素，做出明智的决策。

4. 顺从型

倾向于依赖他人的意见，可能导致决策不符合自己的实际需求。

5. 宿命型

将决策权交给命运或外部因素，缺乏自主性和责任感。

6. 痛苦型

在决策过程中会经历长时间的煎熬和比较，难以做出决定。

7. 拖延型

知道问题所在，但迟迟不肯行动，导致问题恶化。

8. 瘫痪型

无法开始决策过程，也无法对决策结果负责。

了解自己的生涯决策风格可以帮助个人更好地认识自己在职业决策过程中的优势和不足，从而有针对性地改进自己的决策方式，提高决策质量和效果。同时，也可以帮助个人更好地了解自己的职业偏好和发展方向，为未来的职业发展做出更明智的决策。

第二节　大学生职业生涯规划

对于大学生而言，职业生涯规划不仅关系到个人的未来职业发展和就业竞争力，也直接关系到国家和社会的长远发展。因此，大学生应该积极参与各种实习实践活动，积累经验、锻炼能力，尽早开始思考和规划自己的职业道路，为未来的职业发展打下坚实的基础。同时，学校和社会也应该提供更多的职业规划和指导服务，帮助大学生更好地了解自己和职业市场，做出明智的职业选择。

参与式活动：

我的职业探索：通过分组讨论的形式，进行职业生涯自我评估，包括各自的职业兴趣、技能、价值观等，通过研究不同的职业和行业，找出与自我评估结果相匹配的职业。

一、大学生职业生涯规划现状

大学生们身处校园，虽然专注于学业和课外活动，但也不能忽视了对未来职业的深入思考和规划。然而，当前大学生职业生涯规划的现状并不容乐观，存在一些问题和挑战。

大学生在职业生涯规划方面存在的问题和挑战，包括缺乏详细的规划、目标不清晰、信息获取渠道有限，以及实践与规划脱节等。具体表现为：

（一）大学生职业生涯规划意识普遍不足

目前，许多大学生对职业生涯规划的概念和重要性缺乏足够的认识。一些学生对自己的兴趣、能力和价值观缺乏深入的了解，对未来的职业方向感到迷茫和不确定。同时，由于学校和社会对职业生涯规划的宣传和教育不够充分，许多学生没有意识到职业生涯规划对个人未来发展的重要性，缺乏主动规划和行动的动力。

（二）大学生职业准备不足，缺乏实践经验

许多大学生在求职时发现自己缺乏必要的职业准备和实践经验。这主要体现在两个方面：一是缺乏专业技能和实践能力，难以胜任相关职位；二是缺乏对企业和行业的了解，难以做出正确的职业选择。这些问题的存在，不仅影响了大学生的就业竞争力，也制约了他们的职业发展潜力。

（三）大学生职业生涯规划缺乏持续性和动态性

职业生涯规划是一个持续性的过程，需要随着个人成长和社会环境的变化而不断调整和优化。然而，大学生通常面临着繁重的课业负担、社团活动和实习任务等，很难抽出足够的时间和精力去思考和规划自己的职业道路，导致他们往往选择将就业问题拖到临近毕业才不得不面对。同时，他们也没有意识到职业生涯规划是一个动态的过程，需要根据自己的实际情况和外部环境的变化进行灵活调整。

（四）环境因素对大学生职业生涯规划的影响

社会环境和家庭因素也在很大程度上影响着大学生的职业生涯规划。一方面，社会的就业形势、行业发展趋势和政策导向等都会影响大学生的职业选择和发展方向；另一方面，家庭的教育观念、经济条件和家庭期望等也会对大学生的职业生涯规划产生一定影响。

案例故事：

小李是某高校计算机专业的应届毕业生，他放弃了到上市公司工作的机会，而尊重家人意见选择了基层乡镇的公务员工作。目前，已在基层乡镇工作 3 年，工作地点

距离城区 30 公里，交通和信息比较闭塞。由于行政工作本身具有纷繁复杂、琐碎、事务性强等特点，小李长期获得不了成就感，开始怀疑自己是否真的适合和胜任这份工作，并萌芽打算辞职考研究生来改变目前的工作和生活环境。但小李依旧忧心：一方面，他怕父母伤心和担忧自己的未来；另一方面，他担心自己不能进入学习状态，如果顺利考上研究生，毕业后又不知该做什么工作。在一些家庭中，父母可能过于强调稳定的工作和收入，忽视了对孩子兴趣和能力的关注，这可能导致大学生在职业选择上缺乏自主性和创新性。

在未来，随着社会的进步和职业发展环境的变化，大学生职业生涯规划将面临更多的挑战和机遇。我们需要不断探索和创新，完善职业生涯规划体系，为大学生的职业发展提供有力的支持和保障。

二、影响大学生职业生涯规划的因素

影响大学生职业生涯规划的因素是多元且交织的，它们共同作用于大学生的职业选择和未来发展方向，这些因素可能在一定程度上限制或推动大学生的职业选择，但最终还是需要大学生自己进行权衡和决策。

（一）社会因素

社会因素直接或间接地影响着大学生的职业选择与未来发展。政治环境的稳定性、经济结构的调整以及文化背景的多样性都会对大学生的就业市场产生深远影响，进而影响到他们的职业规划。

首先，经济增长的速度、行业的兴衰更替以及劳动力市场的供需状况都对大学生的职业选择产生影响。在经济繁荣时期，就业机会增多，大学生有更多的选择空间；而在经济低迷时期，就业压力增大，大学生可能需要更加审慎地规划自己的职业生涯。

其次，政策导向也是影响大学生职业生涯规划的重要因素。政府的就业政策、产业政策以及教育政策等都可能对大学生的职业发展方向产生重要影响。例如，政府鼓励的新兴产业往往会成为大学生求职的热门方向；而政策限制或淘汰的行业则可能导致相关专业就业困难。

再次，社会的价值观念、职业观念以及文化习俗等都会影响大学生的职业选择和职业期望。例如，一些传统观念认为某些职业更为“体面”或“稳定”，这在很大程度上会影响大学生的职业偏好；而一些新兴文化或价值观念，也可能催生新的职业领域或就业形态。

最后，社会科技的发展也是影响大学生职业生涯规划的重要因素。随着科技的进步和创新，新兴职业不断涌现，传统职业也在不断变革，这要求大学生不仅要具备扎实的专业知识，还要具备适应新技术、新领域的能力。

（二）家庭因素

家庭因素在塑造大学生的职业选择和未来发展方向上扮演着举足轻重的角色，包括家庭教育观念、经济条件以及家庭期望等。

首先，家庭是孩子的第一个教育场所，家长的教育方式和态度往往成为孩子职业观形成的基石。如果家庭注重培养孩子的独立性和自主性，鼓励他们探索自己的兴趣和潜能，那么孩子在未来选择职业时就会更加自信和坚定；相反，如果家庭过于强调稳定和传统，可能会限制孩子的职业选择，使他们难以追求自己的真正兴趣。其次，家庭的经济状况可能决定孩子接受教育的程度和质量，进而影响他们的职业竞争力。例如，经济条件较好的家庭更有可能支持孩子选择高风险但高回报的职业；而经济条件较差的家庭则可能更注重职业的稳定性，这是由于不同家庭条件能提供的试错成本存在差异。再次，家庭成员的职业经历和成就往往成为孩子职业选择的参考和借鉴。同时，家庭成员对职业的态度和看法也会潜移默化地影响孩子的职业观。最后，家长对孩子的期望和支持程度也往往决定了孩子在面对职业选择时的信心和动力。如果家长能够给予孩子足够的理解和支持，鼓励他们追求自己的梦想和目标，那么孩子在职业生涯规划上就会更加从容和坚定。

（三）学校因素

学校的教育理念和教学体系对大学生的职业生涯规划具有深远的影响。一所重视实践、鼓励创新的学校，通常会提供丰富多样的课程和实践机会，帮助学生深入了解不同职业领域，从而培养出更具职业探索精神和创新能力的学生。同时，学校教育因素也起着不可忽视的作用，教育体制和职业规划教育的质量直接关系到大学生是否能够得到有效的职业规划指导。

学校的师资力量和教学质量也是影响大学生职业生涯规划的关键因素。优秀的教师不仅能够传授专业知识，还能引导学生发现自己的兴趣和优势，为他们提供个性化的职业建议。同时，教师的教学质量和教学方法也直接影响学生的学习效果和职业规划能力。此外，学校的职业指导和咨询服务体系在大学生职业生涯规划中发挥着不可替代的作用。一个完善的职业指导和咨询服务体系应该包括职业规划课程、职业咨询、实习推荐等多个方面，能够帮助学生更好地了解自己的职业兴趣、能力和发展方向，制定合适的职业目标，提升就业竞争力。

（四）个人因素

个人因素在职业生涯规划中同样占据核心地位，个人的兴趣、特质、职业规划意识和能力都是决定职业发展方向的关键因素。只有大学生真正了解自己的兴趣和能力，才能选择适合自己的职业，实现个人价值。

首先，个人的兴趣与特长是职业生涯规划的核心要素。每个人都有自己的兴趣爱好和专长，这些特质往往决定了个人在职业领域的优势和倾向，大学生应该深入了解自己的兴趣所在，发掘并培养自己的特长，选择与之相符的职业方向，从而在未来的工作中保持热情和动力，实现自我价值。

其次，个人的性格与价值观也是影响职业生涯规划的重要因素。性格决定了个人在职业中的表现方式和适应能力，而价值观则引导着个人的职业追求和决策，大学生应该认真分析自己的性格特点和价值观念，选择与之相符的职业，这样才能在工作中发挥出自己的最大潜能，实现个人和职业发展的双赢。

再次，个人的自我认知和自我管理能力也对职业生涯规划产生一定的影响。自我认知是指个人对自己的了解程度，包括优点、缺点、能力和需求等方面；自我管理能力则是指个人在职业规划和实施过程中，能够管理自己的时间、情绪和行为的能力。大学生应该不断提升自我认知和自我管理能力，以便更好地制定和执行职业生涯规划。

最后，个人的职业期望和目标也是影响职业生涯规划的关键因素。职业期望是指个人对未来职业生活的向往和期待；而职业目标则是个人在职业生涯中追求的具体成果。大学生应该明确自己的职业期望和目标，制订具体的行动计划，不断努力提升自己的职业竞争力，实现职业梦想。

综上所述，影响大学生职业生涯规划的因素是复杂而多样的，它们相互作用、相互影响，共同构成了大学生职业生涯规划的复杂背景。因此，大学生在制定职业生涯规划时，需要全面考虑这些因素，结合自身实际情况，做出明智的职业选择。同时，社会、学校和家庭也应该为大学生提供更多的支持和帮助，共同促进他们的职业发展。

三、大学生职业生涯规划常见心理问题

大学生在职业生涯规划过程中，常常会面临一系列的心理问题，这些问题可能源于对自我、职业以及外部环境的认知不足，也可能与个人的性格、价值观以及经历有关。以下是一些常见的大学生职业生涯规划心理问题。

（一）焦虑心理

许多大学生在面临就业和职业选择时，会感到焦虑和不安。他们可能担心自己的专业是否能够找到满意的工作，担心自己的能力和兴趣是否与职业要求匹配，或者担心未来的职业发展和稳定性。这种焦虑心理可能导致他们在职业生涯规划过程中犹豫不决，难以做出决策。

（二）依赖心理

部分大学生在进行职业生涯规划时，可能过于依赖他人的意见和建议，缺乏自主性和独立性。他们可能过分依赖父母、老师或朋友的看法，而忽视了自己的内心需求和真实想法。这种依赖心理可能阻碍他们去探索适合自己的职业道路，限制其职业发展的可能性。

（三）从众心理

在职业生涯规划过程中，一些大学生可能受到周围人的影响，产生从众心理。他们可能盲目追求热门职业或高薪工作，而忽视了自己的兴趣和能力特点。这种从众心理可能导致他们在职业选择上缺乏个性和创新，难以找到真正适合自己的职业方向。

（四）自负心理

自负是在比较自己与他人成就时，不能正确认识真实自我，夸大自己能力和作用的一种自傲的态度和情绪体验。自负表面上看好像是过度自尊，但其实质是缺乏自尊的一种过度反应。在择业过程中，部分大学生认为自己上了大学就是跃了“龙门”，书读得多，学历高也就等于自己身份高，所以就业的要求就高，这其实是“眼高手低”的表现，其结果是“高不成，低不就”，白白丧失许多就业机会。

（五）自我怀疑和否定

有些大学生在职业生涯规划时，可能会对自己的能力和价值产生怀疑和否定。他们可能对自己的专业知识、技能或人际交往能力缺乏信心，担心自己无法胜任未来的工作。这种自我怀疑和否定可能导致他们在职业规划和就业过程中缺乏自信，错失机会。

（六）职业规划模糊和目标缺失

许多大学生在职业生涯规划时，可能对自己的职业目标和路径缺乏清晰的认识。他们可能对自己的职业兴趣、价值观和发展方向不明确，导致在职业选择时感到迷茫和困惑。这种职业规划模糊和目标缺失可能使他们在就业市场上缺乏竞争力。

综上所述，大学生在职业生涯规划过程中面临的心理问题是多方面的，需要引起足够的重视和关注。通过增强自我认知、寻求专业指导和保持积极心态等方式，大学生可以更好地应对这些心理问题，实现自己的职业理想。

第三节 大学生职业生涯规划策略训练

大学生职业生涯规划对于个人成长和未来发展至关重要，在当前竞争激烈的就业市场中，具备清晰职业目标和规划的大学生往往能更具优势。通过提前规划、明确目标、提升能力等方式，大学生可以更好地应对就业市场的挑战，实现自己的职业理想和发展目标。

一、充分了解就业形势

在当今社会，就业形势的复杂多变对大学生的职业生涯规划提出了更高要求。充分了解就业形势，对于大学生制定切实可行的职业规划、选择适合的职业方向具有至关重要的意义。随着经济的发展和社会的进步，就业形势呈现出以下显著特点。

（一）行业多元化

随着科技的不断进步和新兴产业的崛起，就业市场呈现多元化的发展趋势。除了传统的制造业、服务业等行业外，互联网、人工智能、新能源等新兴行业也逐渐崭露头角，为大学生提供了更多的就业选择。而且越来越多的人开始追求自由化、个性化的就业方式，使得就业市场呈现更加多元化的特点。

（二）竞争激烈化

随着高等教育的普及和大学生数量的增加，就业市场的竞争日益激烈。许多大学生在求职过程中面临学历、能力、经验等方面的挑战，需要不断提升自己的综合素质。

（三）就业灵活化

面对市场变化和竞争压力，许多企业开始采用灵活用工的方式，以应对季节性因素和招聘困难等问题。这种趋势使劳动者可以根据自身需求和市场变化调整就业策略。

为了充分了解就业形势，大学生可以通过以下途径和方法进行信息收集和分析。

1. 关注政府政策与报告

政府发布的就业政策、行业报告和统计数据等是了解就业形势的重要渠道。大学生可以通过查阅政府官方网站、参加相关会议等方式获取这些信息，从而了解行业的发展趋势和市场的需求变化。

2. 咨询行业专家与从业者

与行业内的专家和从业者交流是了解就业形势的有效途径。大学生可以通过参加讲座、研讨会等活动，与行业内的专家和从业者面对面交流，了解行业的最新动态和发展前景。

3. 利用网络平台与资源

互联网是获取就业形势信息的便捷工具。大学生可以通过搜索引擎、社交媒体、招聘网站等渠道获取大量的就业信息。同时，一些专业的职业规划网站和论坛也提供了丰富的职业规划和就业指导资源，可以帮助大学生更好地了解就业形势。

4. 实习与兼职经历

通过实习和兼职，大学生可以亲身体验职场环境，了解不同行业的工作内容和需求。这不仅可以增强大学生的职业认知，还可以帮助他们更好地把握就业形势。

阅读与思考：

人工智能是否会取代传统行业？

在一个小镇上，有一位人称张师傅的老鞋匠。他经营着一家小鞋店，凭借自己多年的手艺和经验，为镇上的居民们制作了无数双精美的鞋子。张师傅制作的鞋子不仅外观漂亮，而且舒适耐用，深受大家的喜爱。

然而，随着科技的发展，镇上出现了一家新的鞋店。这家鞋店使用的是一种先进的人工智能技术，可以自动化设计、制作鞋子。刚开始，张师傅并没有太在意，他认为自己的手艺是无法被机器所替代的。

但随着时间的推移，越来越多的人开始光顾这家新鞋店。他们觉得人工智能制作的鞋子既时尚又实用，而且价格还比张师傅的便宜。渐渐地，张师傅的鞋店生意变得越来越冷清，最后不得不关门大吉。

张师傅失业了，他感到十分沮丧和无助。他曾经引以为傲的手艺，如今却成了他失业的原因。他开始怀疑自己的价值，甚至对生活失去了信心。

然而，在朋友的鼓励和帮助下，张师傅逐渐走出了低谷。他开始重新审视自己的手艺，并思考如何将其与现代科技相结合，创造出更具有竞争力的产品。经过一番努力，张师傅终于开发出了一种结合传统手艺和现代科技的鞋子制作技术，重新获得了市场的认可。

这个故事告诉我们，人工智能确实会对某些行业造成一定的冲击，但这并不意味着我们就会失去工作。相反，我们应该看到其中的机遇和挑战，不断学习和进步，提升自己的竞争力。只有这样，我们才能在未来的职场中立于不败之地。

在充分了解就业形势的基础上，大学生需要制定相应的应对策略，以更好地适应市场需求、实现职业发展。

第一，增强自身竞争力。面对激烈的就业竞争，大学生需要不断提升自己的综合素质和能力水平，这包括加强专业学习、提升技能水平、培养创新能力、积累实践经验等。通过不断提升自己的竞争力，大学生才可以更好地适应市场需求并获得更好的就业机会。

第二，灵活调整职业规划。随着就业形势的变化，大学生需要灵活调整自己的职业规划。他们需要根据市场需求和自身兴趣特长，选择合适的职业方向和发展路径。同时，他们还需要保持开放的心态，随时准备接受新的挑战和机遇。

第三，树立正确的就业观念。正确的就业观念对于大学生的职业发展至关重要。大学生应该摒弃“一步到位”的想法，认识到职业发展是一个长期的过程，需要不断学习和进步。同时，他们还应该关注自己的兴趣和价值观，选择能够带来满足感和成就感的职业。

第四，寻求专业指导与支持。在职业生涯规划过程中，大学生可以向职业规划师、辅导员等咨询职业规划的相关问题，获取专业的建议和指导。此外，他们还可以参加职业规划讲座、工作坊等活动，学习职业规划的技巧和方法。

在未来的职业生涯中，大学生需要保持对就业形势的敏感度和关注度，不断学习和提升自己的能力，以适应不断变化的市场需求。同时，他们还需要保持积极的心态和乐观的态度，勇敢面对职业道路上的挑战和机遇。只有这样，他们才能更好地把握自己的职业发展方向和机遇，为未来的职业道路奠定坚实的基础。

二、科学规划职业生涯

在大学生活中，职业生涯规划是一个至关重要的过程，它关乎每位大学生的职业选择和人生发展。为了有效地进行职业生涯规划，首先需要深入认识职业生涯，并在此基础上制订明确的规划。

大学生可以通过自我探索、实习实践以及信息收集等方式加深对职业生涯的认识。例如通过自我反思、心理测试等方式，深入了解自己的性格、兴趣、能力和价值观；通过参加实习、兼职等实践活动，亲身体验职场环境，了解不同行业的工作内容和需求；通过阅读相关书籍、参加讲座、咨询行业专家等方式，获取关于职业市场的信息。

（一）明确职业目标

在深入认识职业生涯的基础上，大学生应该结合自己的兴趣、能力和市场需求，设定明确的职业目标。这些目标应该具有可操作性和可衡量性，以便大学生能够有针对性地为之努力。

（二）制订行动计划

为了实现职业目标，大学生需要制订具体的行动计划。这包括学习计划、实践计划、能力提升计划等。通过制订详细的行动计划，可以更有条理地推进自己的职业规划。

（三）调整与优化

职业生涯规划并非一成不变，大学生需要根据实际情况对规划进行调整和优化。

在实践过程中，可能会遇到各种挑战和机遇，这时就需要根据实际情况对规划进行灵活调整，以确保其始终与自身发展保持一致。

大学生在制定职业生涯规划过程中应注意以下事项。

第一，立足实际。大学生在制定职业生涯规划时，要充分考虑自己的实际情况和能力水平。不要盲目追求热门职业或高薪职位，而要结合自己的兴趣和能力，选择适合自己的职业方向。

第二，保持灵活性。职业生涯规划是一个动态的过程，大学生需要保持开放的心态和灵活的思维方式。在面临职业选择时，应该根据自己的兴趣和能力，以及市场需求的变化，适时调整自己的职业规划。

第三，持续学习。职业生涯规划需要不断学习和提升自己的能力。大学生应该积极参加各种学习和实践活动，不断提升自己的专业素养和综合能力，以适应不断变化的市场需求。

三、培养相应素质和目标

为了有效地规划未来的职业道路，大学生不仅需要深入了解职业市场和自身情况，更需要积极培养与职业目标相匹配的素质和能力。这些素质包括但不限于专业技能、沟通能力、团队合作、创新能力、解决问题的能力以及自我管理能力等。通过培养这些素质，大学生可以更好地适应职业市场的需求，提升自己在就业竞争中的优势，为未来的职业发展创造更多的机会。培养相应素质的途径与方法有：

（一）提升专业技能

专业技能是大学生职业发展的基础。通过学习专业知识，参加专业实习，考取相关证书等方式，大学生可以不断提升自己的专业技能水平，为未来的职业发展提供有力保障。

（二）增强沟通能力

沟通能力是职场中不可或缺的一项素质。大学生可以通过参加演讲比赛、辩论赛等活动，锻炼自己的口头表达能力；同时，也可以通过写作等方式提升自己的书面沟通能力。

（三）培养团队合作能力

在职业发展中，团队合作能力对于个人和团队的成长都至关重要。大学生可以通过参加团队项目、社团活动等方式，积极培养自己的团队合作能力，学会与他人协作、分工和分享成果。

（四）激发创新能力

创新能力是现代社会对人才的重要要求。大学生可以通过关注行业前沿动态、参加创新创业比赛等方式，激发自己的创新思维，培养创新能力，为未来的职业发展注入新的活力。

（五）提升解决问题的能力

在职场中，面对各种问题和挑战是常态。大学生可以通过学习解决问题的方法和技巧，培养独立思考和解决问题的能力，以应对未来的职业挑战。

（六）加强自我管理能力

自我管理是职业生涯成功的关键。大学生应该学会制订和执行计划，管理时间和情绪，培养自律和坚持的品质。

在培养相应素质的同时，大学生还需要设定明确的职业目标。这些目标应该既符合个人的兴趣和能力，又符合职业市场的需求和发展趋势。设定目标时，大学生可以考虑以下几个方面：

1. 长期职业目标

大学生应该根据自己的兴趣和职业发展方向，设定长期职业目标。这些目标可以是成为某个领域的专家、创办自己的公司、担任高层管理职位等。通过设定长期目标，大学生可以明确自己的职业发展方向，为未来的职业发展做好规划。

2. 短期实践目标

除了长期目标外，还需要设定一些短期实践目标。这些目标可以是完成一项实习任务、参加一次行业会议、提升一项技能等。通过实现短期目标，大学生可以积累实践经验，提升自己的能力和素质，为长期目标的实现奠定基础。

3. 量化与具体化目标

为了使目标更具可操作性和可衡量性，大学生可以将目标进行量化和具体化。例如，将长期目标分解为若干个短期目标，并为每个短期目标设定具体的完成时间和评价标准。通过量化和具体化目标，个体可以更好地评估自己的进度和成果，及时调整自己的职业规划。

四、学习求职面试技能

求职面试是每位学子迈向职场的重要一步，掌握有效的求职面试技能，在面试中展现自己的专业素养、沟通能力、解决问题的能力以及团队合作精神等，对于大学生成功获得心仪的职位具有至关重要的作用。因此，学习求职面试技能成为大学生职业生涯规划策略训练中不可或缺的一环。

(一) 面试前准备

在面试前，大学生需要做好充分的准备。这包括了解公司的背景、文化、业务范围等；研究应聘职位的职责和要求，以便在面试中能够有针对性地回答问题；准备一份简洁明了的简历，突出自己的优势和特点；提前规划好面试当天的行程，确保按时到达。

(二) 自我介绍

自我介绍是面试中的重要环节，需要准备一个简洁、流畅、有亮点的自我介绍，突出自己的专业背景、实习经历、技能特长以及个人品质等方面。在自我介绍时，要注意表达清晰、语速适中，给招聘者留下良好的第一印象。

(三) 回答问题

在面试中，招聘者通常会提出一些关于专业知识、实习经历、个人发展等方面的问题。大学生需要提前思考这些问题，并准备好相应的答案。在回答问题时，要注意条理清晰、逻辑严密，同时结合自己的实际情况进行回答，展现自己的专业素养和综合能力。

(四) 沟通技巧

面试中的沟通技巧同样重要。大学生需要学会倾听招聘者的问题，理解其意图，并给出有针对性的回答。同时，要注意语言表达的准确性和得体性，避免使用过于口语化或生僻的词汇。此外，还要注意非语言沟通的运用，如面部表情、肢体语言等，以展现出自信和热情。

(五) 薪资期望

在面试过程中，招聘者通常会询问应聘者的薪资期望。大学生需要对自己的价值有清晰的认识，并提前了解行业的薪资水平。在回答薪资期望时，要客观、合理，避免过高或过低的期望给招聘者留下不良印象。

参与式活动：

组织模拟面试活动，让学生们有机会实践面试技巧，提高他们在真实面试中的表现。同时，这也是一个让他们了解就业市场的好机会。

提升求职面试技能是每位求职者都需要关注的方面。面试是一个双向交流的过程，既要展示你的能力，也要了解公司和职位是否适合你。通过以下方法，可以不断提升个体的求职面试技能，增加在面试中脱颖而出的机会。

第一，参加模拟面试。模拟面试是提升求职面试技能的有效途径。大学生可以参加学校组织的模拟面试活动，或者自行组织同学进行模拟面试练习。通过模拟面试，大学生可以熟悉面试流程、掌握面试技巧，并在实践中不断改进和完善自己的表现。

第二，观看面试技巧视频。网络上有很多关于求职面试技巧的视频教程，大学生可以通过观看这些视频来学习面试技巧。这些视频通常包含了专业的面试技巧解析和真实的面试案例，能够帮助大学生更好地理解和掌握求职面试技能。

第三，注意非语言沟通。面试中的非语言沟通同样重要。保持自信的姿态，即使遇到不熟悉的问题，也要保持镇定，尝试用已有的知识和经验进行回答。注意眼神交流、保持微笑以及适当的肢体语言，都能提升你的面试表现。

第四，反思与总结。每次面试结束后，大学生都应该及时反思和总结自己的表现，分析自己在面试中的优点和不足，思考如何改进和提升自己的求职面试技能。通过不断反思和总结，大学生可以逐步提高自己的面试水平。

在探索大学生职业生涯规划的旅程中，我们深入剖析了当代就业形势的显著特点，强调了职业生涯规划的重要性，并探讨了提升求职面试技能的方法。然而，每个人的职业生涯都是一部独特的史诗，充满了挑战、机遇和无限的可能性。所以，每一位大学生都要积极面对职业生涯规划的挑战，勇于探索未知，不断提升自己的能力和技能。最后，职业生涯规划不是一蹴而就的过程，而是一个需要不断学习和调整的长期任务，愿每一位大学生都能够在职业生涯的道路上，勇往直前，成就非凡！

阅读推荐：

1. ［美］理查德·尼尔森·鲍利斯：《你的降落伞是什么颜色》，李春雨、王鹏程、陈雁译，中国友谊出版公司 2018 年版。

2. ［美］雷恩·吉尔森：《选对池塘钓大鱼》，彭书淮编译，机械工业出版社 2004 年版。

3. 吴芝仪：《我的生涯手册》，经济日报出版社 2008 年版。

电影推荐：

1. 《无问西东》(2018)，导演：李芳芳。

2. 《奇迹·笨小孩》(2022)，导演：文牧野。

3. 《中国合伙人》(2013)，导演：陈可辛。

参考文献

[1] 车文博. 心理咨询大百科全书 [M]. 杭州：浙江科学技术出版社，2001.

[2] 陈红，邵景进. 大学生心理健康教育 [M]. 北京：人民邮电出版社，2021.

[3] 陈晓，周晖. 自古圣贤皆“寂寞”——独处及相关研究 [J]. 心理科学进展，2012，20 (11)：1850-1859.

[4] 陈晓，宋欢庆. 大学生日常生活的独处：基于生活经验取样法（ESM）[C] //第二十五届全国心理学学术会议摘要集. 2023：757-758.

[5] 程科，黄希庭. 健全人格取向的大学生心理健康结构初探 [J]. 心理科学，2009，32 (3)：514-516+520.

[6] 董惠娟，张爱珠. 大学生心理健康教育 [M]. 西安：西安交通大学出版社，2015.

[7] 樊富珉. 大学生心理健康与发展 [M]. 北京：清华大学出版社，1997.

[8] 樊富珉，王建中. 当代大学生心理健康教程 [M]. 武汉：武汉大学出版社，2002.

[9] 樊富珉，费俊峰. 大学生心理健康十六讲 [M]. 北京：高等教育出版社，2020.

[10] 高媛媛，季海菊. 新时代大学生心理危机特征、成因及干预 [J]. 北京教育（德育），2023 (3)：83-88.

[11] 胡如艳. 大学生宿舍人际关系困扰与积极独处行为的关系 [J]. 中国冶金教育，2024，(1)：90-93.

[12] 居斯塔夫·勒庞. 乌合之众 [M]. 胡小跃，译. 杭州：浙江文艺出版社，2015.

[13] 简·M. 腾格，W. 基斯·坎贝尔. 人格心理学 [M]. 蔡贺，译. 北京：人民邮电出版社，2022.

[14] 克里斯托夫·安德烈，弗朗索瓦·勒洛尔. 恰如其分的自尊 [M]. 周行，译. 北京：生活·读书·新知三联书店，2015.

［15］刘燕．审美与自我呈现：青年女性容貌焦虑的深层逻辑［J］．教育理论与实践，2022，(5)：85-92.
［16］罗兰·米勒．亲密关系［M］．王伟平，译．北京：人民邮电出版社，2015.
［17］吴滢，周依依．浅析萨提亚冰山理论提升大学生身体自尊的可行性［J］．心理月刊，2023，18 (19)：227-230.
［18］姚晶，刘伟，李娜，等．青少年创伤后成长研究进展［J］．全科护理，2023，21 (33)：4659-4662.
［19］胡谊，张亚，朱虹．大学生心理健康教育［M］．上海：华东师范大学出版社，2019.
［20］安莉娟，张丽娟，田艳燕．大学生心理健康教育［M］．北京：首都师范大学出版社，2021.
［21］张建华，张可．大学生心理健康教程［M］．北京：科学出版社，2014.
［22］许燕．人格心理学［M］．北京：北京师范大学出版社，2020.
［23］杜安·舒尔茨，西德尼·艾伦·舒尔茨．人格心理学：全面、科学的人性思考［M］．张登浩，李森，译．北京：机械工业出版社，2016.
［24］维克多·埃米尔·弗兰克尔．活出生命的意义［M］．吕娜，译．北京：华夏出版社，2010.
［25］格雷厄姆·穆西奇．养育与天性：儿童的依恋、情绪、大脑和社会性发展［M］．李凌，孙璐，译．北京：中国轻工业出版社，2023.
［26］PeerA. Lessem. 自体心理学导论［M］．王静华，译．北京：中国轻工业出版社，2017.
［27］魏瑞虹，万宇辉．童年期不良经历影响终身健康的理论模型及实证研究进展［J］．中国儿童保健杂志，2023，31 (12)：1320-1324.
［28］赵婧宇，赵思宇，孙妍珺，等．童年期不良经历与大学生非自杀性自伤行为的关联性［J］．江苏预防医学，2023. 34 (6)：683-686.
［29］彭聃龄．普通心理学（第五版）［M］．北京：北京师范大学出版社，2019.
［30］谭芳．大学生心理健康教程［M］．北京：化学工业出版社，2016.
［31］黄希庭，郑涌．大学生心理健康教育与咨询［M］．北京：高等教育出版社，2002.
［32］黄希庭，郑涌．大学生心理健康教育［M］．上海：华东师范大学出版社，2020.
［33］李锦云．大学生心理健康辅导［M］．北京：北京大学出版社，2010.
［34］徐爱兵．现代大学生心理健康教育研究［M］．北京：中国原子能出版社，2022.

［35］徐英杰．大学生心理健康教育［M］．厦门：厦门大学出版社，2017.
［36］刘嵋，刘岳．大学生心理健康教育［M］．成都：电子科技大学出版社，2020.
［37］刘慧梅，周雨．从休闲到休闲哲学——基于西方词源学考释的休闲哲学［J］．浙江大学学报，2023，53（5）：94-106.
［38］冯忠良．教育心理学［M］．北京：人民教育出版社，2000.
［39］胡谊，张亚，朱虹．大学生心理健康教育［M］．上海：华东师范大学出版社，2019.
［40］乔纳森・布朗，玛格丽特・布朗．自我［M］．王伟平，陈浩莺，译．北京：人民邮电出版社，2015.
［41］唐婷婷．中国文化背景下的假自体及其对心理咨询师的影响［J］．心理学通讯，2018，16（3）：263-266.
［42］王世民．大学生心理健康［M］．北京：科学出版社，2017.
［43］王慧芬．大学生心理健康教育管理与实践［M］．北京：中国商务出版社，2023.
［44］王清，王平，徐爱兵．大学生心理健康教育［M］．苏州：苏州大学出版社，2022.
［45］王红菊，尹红霞．大学生心理健康教育［M］．成都：电子科技大学出版社，2020.
［46］向红．大学生心理健康教育与发展研究［M］．北京：北京工业大学出版社，2023.
［47］郗浩丽．虚假自体障碍导致抑郁三例［J］．校园心理，2018，16（3）：231-233.
［48］辛勇，陈幼平，杨慧琴，翟瑞．大学生心理健康教育［M］．北京：科学出版社，2017.
［49］许红艳．大学生心理危机预警指标体系及信息评估系统的建构［D］．重庆：西南大学，2008.
［50］杨健梅，于昊，杨见奎．大学生心理健康教育［M］．北京：九州出版社，2021.
［51］杨超．大学生心理健康教育［M］．上海：上海交通大学出版社，2016.
［52］虞芷筠．积极独处量表在中国大学生中的信效度检验［J］．中国临床心理学杂志，2023，31（2）：384-387.
［53］张大均，吴明霞．大学生心理健康［M］．北京：清华大学出版社，2019.
［54］章劲元．大学生心理健康十二讲［M］．武汉：华中科技大学出版社，2022.
［55］张萍，彭德珍，于婷．大学生心理健康教育［M］．重庆：重庆大学出版社，2022.

[56] 赵雪莲．大学生心理健康教育实务 [M]．北京：清华大学出版社，2017.
[57] 郑旺，黄泰安，张颖书，等．大五人格与中国人的主观幸福感：对近 20 余年本土研究的元分析 [J]．中国临床心理学杂志，2023，31 (3)：714-722.
[58] 朱晓晴，吴欣妍，黄嘉笙，等．自我悲悯团体干预对大学生应激感受的作用及机制 [J]．中国临床心理学杂志，2022，30 (5)：1251-1256.